未来

与最聪明的人共同进化

CHEERS

HERE COMES EVERYBODY

智造中国

Made-in-China
Made China

马兆远　著

北京联合出版公司
Beijing United Publishing Co.,Ltd.

测一测

后工业化时代制造业的转型之路，你了解吗？

扫码鉴别正版图书
获取您的专属福利

- 以下哪项不是后工业化时期的特点？（　　）
  A. 以高耗能、劳动密集型的重工业为主
  B. 满足每个人基本的生存需求
  C. 个人需求从物质上的温饱进入工作和发展层面的需求
  D. 人们的生活普遍进入小康阶段

扫码获取全部测试题及答案

- 老工业区衰退是世界范围内普遍存在的问题，以下哪项不是衰退的原因？（　　）
  A. 高耗能、高污染的先期工业已不再适应当地的发展
  B. 资源枯竭
  C. 无法及时转向新兴产业
  D. 人口大量聚集

- 以下哪个不是后工业化时代中国制造所具备的优势？（　　）
  A. 工程红利
  B. 升级红利
  C. 科技红利
  D. 制度红利

赞 誉

　　鸦片战争以来的中国近现代史，某种意义上就是追求工业化的历史，一百八十年长路走来，今日中国已经拥有全世界最大的工业产量、最多的生产设备、最多的工人和工程师，走智能制造的升级路似乎成为政商学的共识，但共识未必是灼见。作为严肃学者的马兆远老师曾开出以俗语传物理大道于凡人的路子，现又以物理思维和科技哲学为工业升级开出了一个新药方，以新型工科教育架构智能制造的人才基座，无论是对行业的中观问题，还是对个人成长的微观问题，都能启发幽思、开出新路。

梁在中　三一集团董事、树根互联股份有限公司董事长

　　在飞速发展的历史进程中，我们先后经历了"到中国来制造""全都在中国制造""以中国为中心的制造"的几轮跨越，而未来，我们将对"中国以'智慧'带动全球制造"的新时代更加充满期待。

周航　天使投资人

在中国制造转型升级的下半场，马教授为我们提供了一个全新的视角和解题思路：面向智能制造、具备工程思维的高技能人才的培养。

今天的技能人才工作内容，早已不再是拧拧螺丝、开开机器这种简单的重复劳动。中国掌握高尖技术的"创新工匠"目前十分紧缺，其中的原因有培训教育力量不足，也有近年来社会对"蓝领技工"有所歧视。如何发挥中国的人力资本优势，构建全社会人力资本向技术领域流动的激励机制，从而引领中国技术人才培育和培训的新潮流，将是中国制造转型升级的重要依托。

贾伟 洛可可创新设计集团董事长

在全球工业智能化升级转型的关键时期，这本书可谓是应运而生、顺势而作，为传统工业的智能化改造拨开了迷雾、厘清了脉络，甚至是提供了方案，对实体企业转型升级、顺势发展将起到非常重要的指导作用。

马相杰 双汇集团首席执行官

中国纺织服装产业发展到今天正处于极其关键的转型期，在这个个性化需求日益增长的时代，产业与科技的结合注定是个必然，马兆远教授将转型升级中至关重要的智能制造全体系以及可持续发展的模式完整地呈现了出来，为整个纺织服装产业发展提供了完善的指导以及强有力的支撑，更是产业发展中难能可贵的宝典！

高敏 汉帛中国有限公司总裁

马兆远博士的这本书栩栩如生地描述了 21 世纪初发生在英国谢菲尔德大学 AMRC 的真实案例，见证了深度产学研合作的智能制造升级创新和大学教育新模式。现在中国正面临科技创新驱动的数字化转型和产业升级的百年大变局，我相信马博士这本书所传达的先进经验和理念将在祖国大地上启动新一轮的产学研用科技创新模式，为中国的经济发展创造更辉煌的奇迹。

王树勋 南方科技大学金融系主任、讲席教授

中国是个制造大国，但还不是制造强国。目前，由于工人工资的上涨，劳动密集型产业逐渐减少，但新的高端制造业却还没有实现。而一旦无法实现制造业的升级换代，就容易卡在中等收入陷阱里。那么，中国制造业究竟该如何升级？马兆远博士的新作《智造中国》提供了中国制造业升级的路线图，公共政策制定人员和制造业的企业家们不可不读！

郑毓煌 清华大学营销学博士生导师、世界营销名人堂中国区评委

谁能在产业技术升级的过程中解决中产阶级的就业问题，谁就有可能掌握跨越中等收入陷阱的密码。物理学家马兆远对谢菲尔德经验的近距离观察，在我的阅读范围内为我提供了对这一问题的最好回答。

梅赐琪 清华大学通识教育委员会副主任、写作与沟通教学中心主任
公共管理学院长聘副教授

后工业化地区的新机遇

基思·伯内特爵士（Keith Burnett）

英国皇家学院院士

纳菲德基金会主席

英国物理学会候任主席

2500 多年以前，古希腊哲学家赫拉克利特观察到一切事物都处于永恒的变化中。"一切事物都处在流变之中，"他说，"没有什么是静止不变的。"

做了近 50 年的科学研究，我确信赫拉克利特是对的。在我的人生经历中，我看到太多的变化，这些变化包括个体和我们对世界的理解。

1970 年的我还是个年轻人，第一次搭飞机从故乡威尔士飞到巴黎，准确地说，是搭了好几次飞机。因为这一趟旅程我就换乘了三架飞机，花了整整一天的时间。很多年以后，我飞到北京所花的时间比那次飞到巴黎要少得多。从飞机座位前的电子屏幕上，我还可以看到这趟旅程飞越了无数山脉和海洋。

这几十年来，还发生了很多其他的技术飞跃。在我小的时候，计算机很庞大，如今经过一步步的小型化，出现了可以随身携带的笔记本电脑和智能手机。通过互联网，人们可以分享更多的知识。

作为一个年轻人，我曾经见证了人类第一次踏上月球并且安全返回。通过电视这个新媒介，所有国家的人都从太空的角度看到了地球，意识到我们生活在一个共同的家园里。很多年后，我又见证了中国发射了自己的空间站，这代表中国的科技取得了非凡的进步。

但是我发现，有些变化在给我所熟悉的人们和社区的发展带来益处的同时，也带来了困扰。

我在威尔士的朗达山谷里长大。那里因为发展煤炭和钢铁工业而闻名，这也为当地提供了很多就业机会。我的岳父参与设计和建造了当地最大的钢铁厂，我的父亲曾为一家工业陶瓷厂工作。制造业就围绕在我的身边。

后来，我离开了朗达山谷去牛津大学读书，而我的故乡也在经历着变化。工业逐渐衰退，随之而来的便是工人失业和经济困难。原来很多适合当地年轻人的工作岗位逐渐消失，人们似乎只能去别的地方或别的行业中找工作了。

但我从不认为成为一个科学家就可以脱离熟练工人所具备的工程技术能力。我的父亲使我清晰地认识到，即使动脑过日子也不能离开动手的技巧。将理论与实践分离开来一定是错的。

作为一个物理学家，我深深地了解这一点。所有有成就的科学家都会告诉你，他们之所以可以得出重要的发现，无论是研究宇宙还是病毒，无论是设计大型粒子对撞机还是基因排序，都要依靠出色的动手能力。我们的通信依赖半导体技术，空间站依赖高质量的金属和加工这些金属的技能。

因此，我意识到，在这个"第四次工业革命"的时代，把我现在所做的研究和我儿时就已熟悉的制造业结合在一起会给社会带来巨大的影响。这个时代把我们的最新技术突破与传统制造业中真正做实业的人和地区联系了起来。

对于像我的故乡威尔士一样受锈带问题困扰的后工业化地区，这是一个新生的机会。发生同样问题的地区还有英格兰北部和中国的工业中心，这些地方也面临着来自海外更廉价的劳动力和工作机会流失的挑战。

让我尤其兴奋的是，这也意味着为年轻人创造更多的机会，重塑工人的尊严，他们可以在新工厂里使用数字技术，同时结合他们已经具有的工程技术来重新塑造未来。在曾经的旧工厂和矿区，新的研究机构给社区创造了更多的就业机会，也为当地企业带来了订单。一度颓废的工业城市如今焕发了生机。

能推动这种转变的人需要有远见和敢为天下先的勇气。而回报将体现在愿意做出转变的人的工作和生活中。在这个过程中，我们也会发展更加绿色的工业技术，把一个充满更加新鲜的空气和充足的自然资源的地球留给后人。

子曰，智者动，仁者静，智者乐，仁者寿。这本书结合了我们已知的经验和最新的研究发现，来讲述在这一转变中我们如何把事情做得更好，从而进一步改善人们的生活。

　　这本书旨在帮助中国的政府、工业界、研究人员和工程师了解后工业化社会中的制造业升级这种转变是如何实现的。我在牛津大学的学生马兆远教授为此付出了巨大的努力，像他当年从事物理学研究一样富有热情。他相信这种转变会使中国和全球其他地方受益。因此，我向读者推荐这本书，希望它有益于我们为未来人类建设一个更好的社会和世界。

（特此附上推荐序的英文原文）

　　Over two and a half thousand years ago, the Ancient Greek Philosopher Heraclitus observed that the one constant in life was change. "All is flux," he said. "Nothing stays still."

　　As a scientist for almost five decades, I can confirm that Heraclitus was correct. In my lifetime I have seen enormous changes for individuals and our understanding of the world.

　　As a young man in 1970 I took my first flight to Paris from my home in Wales. It should I say flights. The journey was broken into three parts and took a full day. Years later it took me less time to fly to Beijing, tracking my journey on the monitor in front of me as I travelled over mountains and oceans.

　　There have been so many other breakthroughs too. The large computers of my youth were miniaturized until they could fit on a desk or even into a phone. They were networked together so knowledge could be shared.

As a young man I saw a man set foot on the moon and then safely return to our planet. Through the new medium of television, all nations viewed our earth from space and realised we shared a common home. Years later I would watch China launch its own space station, a sign of its extraordinary technological development.

But some of the changes I saw brought problems as well as benefits for the people and communities I knew best.

I grew up in the Rhondda Valley in Wales, a place famous for mining and steel manufacture which provided local employment. My father-in-law helped design and build one of the great steel works of the region and my father worked for a company that made industrial ceramics. Manufacturing was all around me.

I left my valley to study at Oxford University but my home region was already changing and facing industrial decline. With it came unemployment and economic difficulties. The jobs which has once been so plentiful for local young people dried up. It seemed that the jobs of the future would be found in other places and lines of work.

But I never accepted the ideas I was learning as a scientist should be separated from the technical abilities of skilled workers. My father had made it clear to me that the life of the mind should not be separated from the skills of the hand. To separate theory from application was an error.

I knew this was true from my work as a physicist. All good scientists will readily tell you that their ability to make important discoveries about the nature, the universe or the makeup of a virus is dependent on outstanding technical skills, whether that is in creating a particle collider or sequencing DNA. Our communications needed breakthroughs in semiconductor technologies. The space station needed an understanding of high performance metals and how these could be manufactured.

So it was I came to recognise the powerful impact of bringing together research and the manufacturing industries of my childhood in what has been called a fourth industrial revolution–one that unites our break through technologies with the places and people who make things.

This approach I saw might be the power to bring new life to the struggling post-industrial wastelands of my home valley in Wales, of the North of England or to the manufacturing heartlands of China–now also facing cheaper labour costs from overseas and the loss of employment.

What was especially exciting to me was the possibility that this approach might create opportunities for young people and restore the dignity of the workers who would forge their futures in new factories in which digital technologies would work hand-in-hand with existing skills and craftsmanship. On the very site of former factories and mines, new research campuses could grow which would create jobs for communities and orders for companies. The tired industrial towns and cities could have new life.

Those who make such a change possible need vision and a willingness to do things differently. But the rewards will be seen in the work and lives of those who make this transition. In the process we might also develop greener design industrial processes which do less damage to our environment, which keep the air cleaner and preserve the resources of our planet for generations to come.

The great teacher Confucius said, "They must often change, who would be constant in happiness or wisdom." But the change this book is proposing unites what we have long known with what we are just discovering, how to make things better and improve our lives in the process.

This text was written to help the industrialists, policy makers, researchers and workers of China to understand how this shift might take place. It is the work of my former student Professor Ma who has dedicated his energies to this challenge just as he first did to the study of Physics, convinced that this change might benefit the people of China and beyond. I commend it to his readers in the hope that it will help future generations make a better society and world.

中国智能制造升级的创新模式

写这本书，更像是我的回炉重造，像是在一个新领域里做博士论文，跟同一位导师又仰之弥高、钻之弥坚了一遍。我自己也把这本书当作产品说明书，书里的言论也大多出自我跟我的博士生导师基思·伯内特爵士之间关于这个全新领域的对话。我在牛津大学物理学博士毕业之后，去美国做博士后研究，然后回国工作。伯内特爵士也离开物理界去另外一所大学做了校长，把物理作为周末的娱乐。在做校长的这十几年时间里，他做了另外一件在今天看来对地区、对世界、对时间有意义的事情。这件事可能要比一个好的物理学家在自己的实验室能做的事情更加伟大。它是一场社会实验，也许会深刻地影响未来的世界。

物理学家养成了一种自信，除了物理学研究之外，并不会刻意限制自己的问题范畴，需要用什么就拿过来什么，不会就去学，按照问题需求去找解决方案。我回国的这些年，越发意识到实业的重要，越发觉得国家不仅需要科学精神，还需要工程精神。2015 年，我怀着一颗切·格瓦拉（Che Guevara）般的心辞掉了中科院研究员的工作，从而有机会作为一个实践者从前线了解中国的实体工业。语不惊人死不休嘛，不做"标题党"，怎么能引人注意呢？这次实践的结论是：中国制造业成本激增，劳动密集型产业消失，过早的老龄化和实体经济衰退会让中国陷入"中等收入陷阱"。过去的 10 年间，新的高端制造业并没有在中国系统地展开，中国制造业尚处于青黄不接的阶段。接得上，则成为发达国家；接不上，则会卡在中等收入陷阱里。顺利跨过中等收入陷阱并不容易，1950 年以后，人口过千万而跨过中等收入陷阱的国家只有韩国一个，它充分利用了中国崛起的大趋势。那中国又该怎样？

从 2019 年开始，中国和很多发达国家一样，面临着后工业化国家共同的问题。美国有锈带，中国有东北三省，英国有英格兰北部地区。高耗能、高污染、劳动密集型的产业不再适合后工业化社会，传统的工业城市面临着转型升级的压力。这除了意味着温饱问题的基本解决，也意味着如果不能安置旧产业中的劳动力，便会导致大量的工人无所事事，从而滋生许许多多的社会问题。美国的毒品问题和在中国泛滥的快消娱乐都是这些社会问题的具体体现，年轻人可以刷短视频过一天，让美国总统痛心疾首的是，在美国街头毒品比糖豆还便宜。

2016 年，伯内特爵士来到南京。我过去与他见面。久别重逢，学生向恩师汇报了回国后这几年的工作与生活，无意间从他那里学到了一个以我这些年的实践经验来看绝好的甚至是唯一的解决方案。于是，我如盗了火的普罗米修斯，如带来好消息的赫尔墨斯，总之，发现了宝藏，像阿基米德一般迫不及待地跑上街喊："我知道了我知道了！"解决问题的核心就在于怎样为后工业化时代的人们提供新的工作。

伯内特爵士在谢菲尔德大学做校长就塑造了一个活生生的案例，这个案例的价值已经远远超越了产学研转化机制打通的价值。它告诉我们，一个大学可以支持一个研究所的发展，这个研究所会为工业企业提供研发服务，吸引全世界最优秀的制造企业在周围投资建厂。这些工厂转化了老就业，吸引了新移民，重振了一度衰败的锈带城市。研究所也为这些工业企业培养了本地的年轻人，他们通过在这里学习工业技术改变自己的命运，也改变这个地区的未来。

这个案例同时说明了在后工业化社会中高校应该起到的作用。"科学是美丽的"，但科学是工业文明的衍生品。尤其是对于刚刚度过工业化而处在后工业化早期的中国，工业文明是一大优势。借助这一优势建立科学体系，让科学能够推进工程进步，从而为工业升级做好服务和引导，才是接下来中国在度过"中等收入陷阱"阶段要做的最重要的事。制造业的复兴或者说制造业的升级，中国是应该跟上去的，甚至是可以谈引领的。我不相信弯道超车，更不相信换道超车。保守主义有保守主义的坚持，在这本书里我们就能看到日拱一卒的成就和活生生的案例。

面对人工智能这个新物种的到来，我们同样负有对时间和人类历史的责任。正如美国物理学家理查德·费曼（Richard Feymann）所讲，今天的物理学是历史上的哲学的延伸，物理学家本就有责任去认识世界、影响世界。100年前，从物理系诞生了所有的工程系；100年后，面临着新物种和新技术的诞生，我们有义务去了解它，去左右它。当然，我们会重视蓝天研究（Blue Sky Research）的重要性，但总要有人用长远的目光看待眼下的事。我们了解科技的兴衰，了解技术底层，让科学不再成为象牙塔，让它真正地重新回到人们所关心的民生中，回到人类生活的日常探求中，只有这样，科学才会引领人类的未来。我们对科学是有历史责任的。

　　培养新一代能够跟新物种并肩工作的新人类，是当下教育者的责任。至少，我不想当我的孩子们辛辛苦苦学会了今天所教给他们的技能，长大工作后却发现机器做得比他们更好。但如果说大学是帮助人们面对未来、重新回归社会活动的中心，那么就要有人走出去，图将来，也要有人留下来，打基础，谋当下。

　　对实验物理学家的训练让我深刻地认识到，单纯的构想是没有太大价值的。德国在提出工业 4.0 的构想之初，连自己都不知道要怎样去实现它，但在谢菲尔德我看到了它实现的路径。我们所需要做的事情，不是创新模式，而是借鉴和放大一个已经验证成功的模式。闭关锁国并不能解决后工业化的问题，特朗普主义 ① 与全球竞争让制造业回流、"美国优先"，闭关锁国的办法在清朝早就被证实无效了。解决后工业化问题的唯一办法就是用更开放的心态参与全球的沟通和交流，创造新技术，提供更多的工作机会。伯内特爵士在谢菲尔德大学所尝试的先进制造研究中心（Advanced Manufacturing Research Centre，简称 AMRC）模式，不仅仅是一个牛津人针对旧工业区所提出的解决方案，更是为后工业化时代社会问题的解决提供了普遍的借鉴意义。这个模式不仅可以解决英国所面临的问题，也可以解决全世界所有国家将要面临的全球性问题。

　　当我在这本书里谈到 AMRC 的时候，不是一种外来和尚会念经的心态，而是我从自己游历于欧美国家和中国的高校和研究机构的经历中，看到了这是

---

① 特朗普上任后，美国主流媒体将在他身上看到的孤立主义、保护主义等特征统称为"特朗普主义"，它指的是以"美国优先"为宗旨、以经济民族主义和外交单边主义为特征的执政主义。——编者注

为数不多的成功案例之一。时至今日，中国确实可以、也应该有大国自信来影响人类的未来。广泛吸取已有的经验，走自己的路，为自己的民族和人类的未来负责，我们需要用开放的心态，了解和借鉴人类的所有文明，为我所用。而中国经济的健康发展，将是世界经济未来一百年最重要的主题。

MADE-I- -CHINA
MADE CHINA

第 1 章

防止锈带蔓延，亟待解决的后工业化问题

先期工业转移到成本更低的地区，后工业化地区如果经济长期停滞，就业不足，就会造成民众严重的心理落差，进而催生大量的社会问题。怎样面对后工业化的挑战，怎样避免因为先期工业转移而产生和蔓延的锈带区，甚至改造锈带区，达到共同富裕，将是未来全球共同面临的问题。

MADE-IN-CHINA
MADE CHINA

一个地区完成了先期工业现代化，人们的生活进入了小康阶段，在本书中被定义为进入后工业化时期。在后工业化社会里，社会的总体财富已能够满足每个人基本的生存需求，个人的需求从物质上的温饱进入工作和发展层面的心理需求。进入这一阶段之后，以高耗能、高污染、劳动密集型为特点的先期工业的制造业和与之相关的工作机会逐渐流出该地区。如果这个阶段时间过长，实体产业外迁，又得不到新兴产业的补充和替代，便会导致经济停滞，本地就业机会不足，年青一代看不到未来的希望，继而导致极端民族主义、反全球化和地区不稳定。中国人均 GDP 在 2019 年达到 1 万美元，这意味着全球从此将会有近 1/2 的人口和 3/4 的经济体面临着相同的问题。

锈带蔓延与惊醒的美国梦

第二次世界大战结束以后，美国经历了经济繁荣、出生率高涨的婴儿潮一代①。一个普通的美国人只要高中毕业，就能在离家不远的工厂找到一份工作。只要努力，就能在几年后获得不错的薪水。这样的薪水，能够让他买得起房子，结婚生子，一大家子围坐在餐桌旁吃晚餐，晚餐后的代表甜点是苹果馅的美国派。这是 20 世纪五六十年代典型的美国梦。这样的美国梦支撑了美国中部工业地区的崛起，这些地区以制造业为支柱产业，尤其是钢铁、汽车等大型制造业工业。但在进入后工业化时代的 21 世纪，这个梦会碎，因而梦醒。

"锈带"这个词来自美国中西部和东北部五大湖区，泛指曾依靠煤炭、钢铁等先期工业发展起来的城市在后工业化的过程中大面积衰退的区域性现象。锈带在美国特指东起俄亥俄州，西至艾奥瓦州，北至密歇根州，以底特律、匹兹堡、克利夫兰和芝加哥等为代表的大工业城市所在的广大区域。20 世纪七八十年代起，这些地区的先期工业行业急剧衰退，工业企业大量倒闭，失业率长期居高不下，旧的生产设备闲置，最后变得锈迹斑斑。曾经繁盛的工业日渐衰退，继而出现区域性经济不振、人口大量流失的现象，昔日的城市繁荣不再。由于这些地区曾经以与钢铁相关的制造业为主要产业，这些衰退的地区被人们形容成像钢铁生锈一样的锈带。老工业区衰退是世界范围内普遍存在的问题，在工业化历史较长的欧美等国家则表现得更加突出。英格兰北部工业区、德国鲁尔地区也都出现了传统产业大面积衰退、经济增速下滑、失业率上升等问题，昔日的重工业和制造中心地区都沦为了锈带。

中国最大的工业地区东北三省这些年也存在类似的状况，尤其是近些年，这些状况就像瘟疫般迅速南下，甚至产生了"华北东北化"这类说法。新中国

---

① 在美国，"婴儿潮"一代是指第二次世界大战结束后，1946 年初至 1964 年底出生的人，人数大约 7800 万。——编者注

成立以后，东北三省曾经是中国最重要的能源和自然资源基地，是新中国工业的火车头。然而，随着改革开放的深入，东北地区的经济发展速度逐渐落后于东部和南部沿海地区，发展呈现停滞状态。东北三省的许多城市出现了 GDP 负增长的现象，人口外流问题十分严重。依据第七次人口普查的数据，仅 10 年间，黑龙江省的人口净减少就达到了 700 万。在人口、就业、生活保障等民生问题的压力之下，转型是这些锈带区唯一的出路。但是，究竟如何转型，似乎一直以来都没有明确的答案。

锈带曾经的辉煌是从资源型产业开始的，它以第一次和第二次工业革命为契机，在资源产地聚集了大规模的重工业，从而形成了产业集聚。20 世纪后半叶，由于这些地区已经完成了基本的工业化，人们的生活水平得到了提高，对生活质量的要求也进一步提升。以高耗能、高污染、劳动密集型为特点的先期工业已不再适应这些地区的发展，再加上这些早期开发地区资源枯竭、无法及时转向新兴产业，从而导致经济增长速度下降，这些产业集聚区失去了原有的地位和作用，逐渐成为经济衰退区。锈带"生锈"的原因主要有以下三个方面。

第一，产业比较优势丧失。锈带的形成与地区产业的发展阶段相关。第一次工业革命以后，煤炭成为工业发展的主要动力。英格兰北部工业区因盛产煤炭，相继建立起了以煤炭资源为核心的工业体系。在这样的产业基础上发展起了炼焦、电力、煤化工等先期工业，进而为钢铁、化工等大型工业奠定了基础。此后，在钢铁、化学产品和充足电力供应的基础上，这个地区建立和发展了机械制造、航运、汽车等现代工业。英格兰北部工业区凭借丰富的煤铁资源在这一时期发展成为"工业革命的摇篮"和"世界工厂"。然而，第二次工业革命以后，世界能源需求的格局发生了转变，英国煤炭和钢铁产业成了昨日黄花，从而造成煤炭和以煤炭为支撑的重化工业产业在英国失去了原有的地位，其产业优势也随之丧失。

第二，环境严重恶化。锈带区的产业大多结构单一，具有高耗能、高污染、劳动密集型等特点。在高速发展期，资源消耗速度过快造成了过度开采，这势必会导致发展后期出现不同程度的资源枯竭问题。此外，重化工业资源消耗大、废物排放多，而锈带区在发展初期普遍未将环境问题视为主要问题。有些工业品类的环境治理成本很高，相关技术升级未必能够与产业规模扩大相匹配。当人们对环境提出了更高的要求时，这些产业就必然会面临被淘汰的局面。从工业资源优化配置的角度出发，人们自然也会要求这些工业品类在空间上转移到环境成本更低的地区。后工业化地区需要在这些先期工业品类上减少产量，同时提高产品品质，使工业生产规模和环境治理在平衡状态下稳步发展，从而实现制造业的转型升级。做到这一点并不容易，很多地区的环境治理技术并不能与工业发展同步进行。日积月累，锈带区的环境污染和生态恶化程度都远远高于其他地区，变得不再适合工作和生活。随着人们对生活品质提出更高的要求，因为环境问题导致的人口大量减少也使得这些地区失去了发展的活力。

第三，工业技术未能顺利实现升级迭代。在发展的关键阶段，锈带区往往未能及时适应新兴技术的变化而实现产业升级。最初锈带区大多率先发展并使用当时的新兴技术，利用先发优势，凭借规模扩大促使单位成本降低。区域内的大多数企业都采取了极为同质化的技术扩大生产规模，这在显著提高了通用技术使用效率的同时也造成了恶性竞争。为了保持销售总量的优势，薄利多销的经营思路使得产业所收获的利润过低，从而失去了技术升级所需的资本储备。在阶段性的辉煌过后，当地并没有随着产业技术的推陈出新而淘汰旧的产业。地区的整体产业技术体系出现了老化现象，成本更低的地区在这些产业上取代了老工业区的角色。

在全世界范围内分布着众多的老工业区，仅有少数的一些老工业区在经历了转型的阵痛之后走向了复兴，而大多数老工业区的发展却长期停滞不前。如何促进锈带复兴是长期困扰各国政府的一道难题，"东北现象"与"锈带"有着诸多的相似特征。

制造业的消失，无论是成为锈带，还是极少数地区转型为金融城或以金融性房地产为主的产业区，都会导致地区严重空心化，从而引起普遍的社会问题。以美国为例，第二次世界大战后美国的产业结构占比中，制造业从 20 世纪 50 年代的 50% 下降至目前的约 30%；从就业人口占比来看，制造业从 20 世纪 50 年代的约 30% 下降至目前的 10% 以下，其中锈带区制造业的就业人口占比从 20 世纪 50 年代的 54% 下降至目前的 30% 以下。当今美国的一系列社会问题，包括毒品问题、贫富差距、种族问题和地域矛盾，以及右翼民粹运动兴起，都是长期锈带化的后果。从今天全世界的整体局面来看，这样的现象不是个例。在欧洲，其后果表现为法国的黄马甲运动、英国的脱欧，在中国，其后果表现为香港和东北地区长期的经济不振。我们会发现，随着工业化在全球更多的地方得以实现，这样的情况并非得到缓解而是迅速地蔓延开来。

第二次世界大战后和冷战初期的美国迎来发展的黄金时代。自 20 世纪 70 年代起，第二次世界大战给美国所带来的战时工业红利开始渐渐消退。这一时期是美国制造业空心化的关键时期，大企业不断合并扩张，小规模生产者被逐渐淘汰，农业人口减少，制造业蓝领工人不断流向服务业，资本则转向资本密集型产业，劳动密集型产业迁往城郊、南方各州甚至海外。随着全球化进程的不断推进，美国工业产品的海外市场逐年缩减。核能、计算机技术的突破带来的红利也逐渐淡去，制造业创新不足的问题更加突出。同时，日本、韩国和中国台湾等地的工业化对美国的制造业也产生了巨大的冲击。

20 世纪 80 年代的信息革命以后，美国不断地从传统制造业向高端制造业、从制造业向服务业转换；借助产业链国际化的趋势，脱离制造业生产，将工厂外包，仅在美国保留研发和运营人员。传统工业区的居民陷入了结构性失业的处境，信息革命又加剧了这种贫富差距，最后造成东西海岸与传统工业区、工人与城市知识分子、精英阶层与普通民众之间的对立。工人阶层快速转向保守主义，与支持本土企业、反对外来移民的保守派共和党越走越近，其高支持率正是美国锈带区贫富分化的直接政治后果。

2008 年的金融危机集中暴露出金融产业过度扩张的危害。奥巴马时代的制造业振兴计划虽然重点关注了建筑行业、汽车行业等约占制造业 20% 的"大型产业"，但对其他行业的扶持力度却很有限。奥巴马对新技术如绿色能源的推广，一定程度上也损害了传统制造业的利益。作为一种特殊的历史现象，特朗普依靠锈带区的工人阶层——高中文化的白人选民的支持上任，传统制造业、化石能源行业的普通工人对特朗普的言论表示出前所未有的强烈共鸣。特朗普上任后推行了一些重振美国制造业的政策，同时与全球的经济主体大打贸易战，为美国的制造业争取市场。这些政策在最初两年显著改善了美国制造业的状况，但从 2019 年下半年开始，美国制造业再次陷入衰退，锈带区的就业重现负增长，民众对特朗普的支持也因此受到动摇。拜登上任后重拾奥巴马的政策，将补贴重心放在芯片等高精尖制造业上，但这恐怕也难以根治美国制造业空心化的顽疾。正如我们在本书后半部分所分析的那样，美国的教育资源出现的系统性分配偏差，使得这类补贴措施依然是治标不治本，会面临长期的挑战。

锈带区的转型发展面临着诸多实际的困难，主要表现为收缩、改造传统行业压力巨大；企业多元化的经营局面难以打开；中小型企业发育不充分；产学研结合区域创新对接不通畅，人力资源外流，尤其是高水平的科技人员外流严重；城市基础环境建设薄弱；等等。由于锈带区内的企业往往规模大、行业集中度高，衰退产业分流出来的大量失业工人难以向其他行业转移，高失业率成为锈带区难以摆脱的最大困境。此外，一些政策性因素也阻碍了锈带区的转型。例如，河北省在经济转型初期，即以调整煤钢产业结构为核心的"再工业化"时期，政府对传统产业进行补贴来保证这些产业不被淘汰，投入巨大而收效甚微。类似的政策性补贴没有及时淘汰旧产能，最终导致产业升级失败的例子在全世界后工业化地区随处可见。

高耗能、高污染和劳动密集型产业是先期工业的典型特征，具备这些特征的工业种类同样大量存在于中国东南部沿海地区。这些地区在中国制造的早期，往往一个村镇集中于一个单一产业，产业密集度非常高。广东省中山市古镇镇 4000 多家 LED 生产厂，全球 70% 的 LED 灯具都产自这个镇。浙江省诸暨市大唐镇年产袜子 220 亿双，世界上每 3 双袜子就有 1 双出自这里。这些集聚型产业模式导致产品差异化低，产业发展以劳动密集型为主。当劳动力成本上涨时，这些产业就会整体消失，搬迁到劳动力成本更低的地方，从而使得原来的产业集群地区成为新的锈带。

从如今美国中部的工业生态系统中，我们看到的也是一个千疮百孔的现实。工厂空空荡荡，门窗已经破损，厂房坍塌，但这些并不是最严重的，推动新企业诞生的创新能力和环境也在这些地区消失了，这才是问题所在。虽然经济学家约瑟夫·熊彼特（Joseph Schumpeter）曾说，大量的创造性破坏是经济进步的前提，但是我们还需要知道，大规模破坏之后所留下来的资源，尤其是人力资源，是否足以支撑新的经济在这里生根、发芽，进而茁壮成长。就中国东北地区的经验而言，经历了过去 30 年的迁移，年青一代人口的恢复已经成了首要前提。无论这些地区曾经的产业规模有多大，主营哪个行业，它所在的地区都必须有完整的人员培训体系、大学、多样化的供应商、行业协会以及技术研究中心等资源。根据这些资源的密度、多样性、丰富程度，我们就可以把一个有活力的工业生态系统和一个枯竭贫瘠的工业生态系统区分开来。除了硅谷、得克萨斯州的奥斯汀、马萨诸塞州的波士顿等地区以外，美国现有的工业生态系统也没有足够的资源和技术支持创新，从而支撑地区产业顺利完成升级。

全球化趋势是导致发达国家制造业长期不振的另一个老生常谈的原因。这种解释强调两个方面：进口商品和本国商品竞争；公司和工作机会向外迁移。以美国为首的发达国家，其制造业的衰退现状存在很多原因，对于到底是什么导致制造业衰退到如此地步的、衰退是从什么时候开始的、将来的发展轨迹是怎样的，往往众说纷纭。但要理解一个地区的制造业为什么会萎缩，事实上不需要把全球化和外包业务牵扯进来，也不能简单归咎于发展中国家的低工资水平。因为某一行业的生产效率提高，从事这一行业的人数就会减少。同时，内生企业的结构变化和金融资本喜好也起到了关键的作用。

美国在高科技产品上的贸易逆差也在逐步扩大，2011 年已占到美国贸易总逆差的 17%。这样看来，就算是高科技行业中的制造业，别的国家也比美国强。每当这个时候，美国总是会把出现这种现象的原因归咎于别国政府：它们不断地对本国企业进行补贴、保护本国货币，这对美国的制造业造成了伤害。但是，美国政府自己也在做着类似的补贴，就产业的发展和布局而言，美国政府也有其自身的责任。

新技术、新工艺的采用都使生产力得到了大幅提高，这足以带动地区的制造业实现产业升级。同时，生产力提高除了满足人们的基本需求以外，还会产生人们之前没有预见到的新产品和新服务。资本、产品和相关服务产业可以在全球范围内实现自由、低成本地流通，从而达到全世界不同地区利用各自优势共同进步的目的。过去，同一家公司需要做的各种事情必须在公司内部完成，但是数字化新技术能够把功能拆分开来，通过互联网电子文档交换，让各有所长的多家公司独立实现各自的功能，再通过整个供应链的互动把这些功能进行汇总。芯片设计和制造就是一个很好的例子。过去，一家公司的工程师和技术人员必须在一起工作，这样才能步调一致，保证高质量的芯片生产。而如今，工程师完成了一个掩码电路设计后，就可以把它保存在电子文档里，然后发送到远在他国的生产基地进行生产。

新技术带来了新机会，同时资本市场也发生了变化，对"轻资产"型的公司给予更高的估值，这也进一步加快了传统企业结构的分崩离析。在这种新的全球化生产组织方式下，企业不再需要在各自的围墙内实现所有的研发与生产功能，因此发展便可以快很多。新企业可以很快进入市场，作为老企业的新竞争对手迅速成长起来，市场竞争也就更为激烈了。

金融市场在产业迁移中也扮演了重要的角色。经过这些重组后，被并购的企业变成大公司的一个部门，员工变少了，功能范围也缩小了，企业更专注于"核心"专长，最重要的是企业架构变成"轻资产"的模式。在这样的企业架构中，生产设施被认为是拉低企业股票市场估值的不良资产，这使得企业策略从内部生产流程转向环节外包。在通过数字化技术把生产外包给承包商的同时，企业对产品质量实施高度控制。相对欧美国家而言，中国、墨西哥和一些东南亚国家的工资水平较低，这些国家有着大量的熟练和半熟练的产业工人，他们经过简单的培训就可以重复地以高强度的体力劳动来操作这些设备进行生产。资本推动这些生产供应链上的境外企业来承担产品生产中的重资产部分。

美国人一向看重自强自立、自己动手解决问题的能力，但是今天美国制造业孤立无援的境地则是一种新现象。20 世纪 80 年代开始的企业架构重组使美国垂直一体化的制造企业大大减少。随着企业架构的改变，大企业所创造的公共资源大大减少，也不再在工业生态系统中发挥连接作用。由于制造业的全球化分工，区域性的技术人才储备、稠密的供应商网络、职业学校、地方银行、工会、行业协会等公共资源都随即萎缩枯竭。创新的资源都只能从企业内部获取，企业外部并没有什么可以支持它们的互补资源，企业在所需的技术进步中孤军奋战。本地企业在创新方面所需的资金和新创企业在技术商业化方面所需的资金不可同日而语，很多企业的创新项目没有进行到底就半途而废了。相反，人们担心的是持续的创新会彻底摧毁本地制造业所提供的就业机会。在美国，机器人取代了工人，在美国以外的国家和地区，则有大批的低成本劳动力在一些岗位面前更有竞争优势。

MADE-IN-CHINA
MADE CHINA

智造 中国

玛格莱斯的美国之旅

著名演员米瑞安・玛格莱斯（Miriam Margolyes）的美国之旅《英国老太游美国》（*Miriam's Big American Adventure*）是英国广播公司（BBC）在 2018 年所拍摄的一部纪录片。玛格莱斯是哈利・波特系列电影里植物学教授的扮演者，76 岁的她决定去美国中部自驾游以了解美国今天的锈带区。整个旅行历时两个月，玛格莱斯访问了很多不同背景的美国普通人，包括芝加哥的成功人士、街头小混混、中部各州的监狱长和犯人、夏令营少年、新入美国籍者、农民、牛仔、三K党①遗老和新一代嬉皮士等。以审慎冷静的视角，她一路审视评注，一定程度上揭示了特朗普当选为美国总统的民意基础，让观众得以从各个侧面了解当下的美国。更重要的是，她所游历的美国中部各州，正是后工业化锈带的核心地区。这可能会是未来人类的一个缩影，尤其会是后工业化国家和地区的主要生活形态，包括美国、欧洲各国和新晋的中国。铜鉴衣冠，这对于我们理解美国、思考未来中国所面临的问题，都有很好的参考价值。

　　第一集：玛格莱斯访问了芝加哥。这里有实现美国梦成为百万富翁的第一代移民，也有生活在芝加哥南边日日面对凶杀和毒品的美国黑人青年。玛格莱斯所接触的每个人都是天性善良的好人，但他们都带着枪，因为"你不保护自己，就可能会在街头被别人打死"。这不是一个折叠的美国城市，而是一个物理上分开的城市，贫民区和富人区往往只有一街之隔。她也参加了一个新移民的入籍仪式。新移民来自卢旺达，在美国学习工作了 20 多年。玛格莱斯对他所表达的对美国梦的狂热和成为新美国人的自豪并不能完全认同。

---

① 三K党，是美国历史上和如今的一个奉行白人至上和歧视有色族裔主义运动的党派，也是美国种族主义的代表性组织。——编者注

第二集：玛格莱斯访问了伊利诺伊州的一间县级监狱。监狱长是特朗普助选团的一名成员："特朗普给了我们重拾传统美国梦的信心，你看看我所出生的这座城市，以前多么繁荣，现在却到处都是毒品。我所管辖的这个监狱里，有 3/4 的人都是因为毒品相关的问题进来的。"玛格莱斯帮着女囚营房分发食品，打扫卫生。囚犯们个个都是普通的美国邻家女孩，有梦想、懂是非，却因毒品而被困在监狱里，进进出出，永远无法摆脱。"我全家都在这儿，我们总共有 16 口人。"夏令营里的少年们，受教育的影响而成为一批又一批标准的美国人，他们热爱美国，学会分享和勇敢，学会思考人生。虽然这看起来并不像七八岁的孩子应该思考的问题，但他们却引发了玛格莱斯很多感慨。

第三集：美国南部牛仔之乡。一个老牛仔说："我们当然会支持特朗普，你当然宁愿一个有钱人进入白宫工作，而不是一个人进入白宫工作而变成有钱人。"玛格莱斯访问了所谓的"准备者"们。这些人是随时准备着发生世界大战时可以"自立为王"，在自己的森林里与世隔绝的人："我们不相信政府，我们这些传统的美国人从来就是这样，只有我自己才能保护自己。你看我这应急的箱子里的东西，够半年用了。这样的箱子，我在这片林子里的各个地方藏了十几个。"

这部纪录片里都是一些很普通的美国人，他们有着各种各样的背景，发表着各种各样不那么伪装的、真诚的、发自内心的言论，而玛格莱斯又是一个可以毫无顾忌地说出自己想法的、在剑桥读过书的犹太老太太。她与各种背景下的锈带区的当代美国人之间的对话精彩而深入，原来今天的他们是这么想的！

后工业化社会的产业结构变化

制造业的进步会让某一行业的岗位大量减少。以农业为例，所有的发达国家在 19 世纪时都经历了农业人口的大幅下降。美国的农业人口不足 2%，他们不仅给 3 亿美国人生产了食物，还出口大量农产品到欧洲、非洲和亚洲。生产效率的提高降低了制造业产品生产的成本。某一类产品的生产价格再低，也不可能刺激需求无限增长，人就能吃这么多东西，即使再便宜也吃不下了。需求的增长赶不上生产力提高的速度，最后已不再需要这么多人服务于该行业的生产了，那么该行业的工作岗位数量自然就会降低。更多的价值可以从与生产相关的服务业增值中获得，在服务业中创造更多、更细致的工作机会。类似的情况曾发生在英国工业革命的早期。1841 年，英国有 68.7% 的工人从事棉纺织业，而到了今天，这个数字已不到 1%，其中的大部分还要归属于时尚服务领域。随着棉纺织业生产力的提高，服装再便宜也不会刺激消费者因为便宜而大量消费，你就能穿这么多件衣服。但围绕服装的服务行业却因此延伸出来，创造了新的工作机会，棉纺织业本身的就业率大幅下降，但新的需求又在这个基础上被创造出来。纺织这个工种用人减少，但流行设计用人增加，因为需要满足新的消费需求，以创造丰富多彩的新行业。美国历史上曾经出现过影响巨大的通用技术。20 世纪早期的电气化就是一项影响社会经济方方面面的新技术。电气化带来了技术、技能的重新分配，这方面的变化是巨大的，同时创造了很多相关的新的工作岗位，一直至今。

长期以来，企业力图在“制造”和“服务”之间画一条清晰的界线，把不同阶段的生产活动区分开来。但进入 21 世纪以后，这条界线就变得非常模糊了。无论是在苹果这样的大公司，还是在俄亥俄州一个生产输油管道修理专用管套的小公司，情况都是如此。这家小公司会将它的技术员和管套产品一起送到石油公司的海上平台，技术员把使用管套的方法面对面地告诉将要潜入水中修理管道的潜水员。如今，能够创造最大价值的活动是由服务和实实在在的产品所组成的整体，这是竞争对手难以复制的。

激光在 20 世纪 90 年代末迅速被推进工业界，以至于一些早期提供高质量激光的公司纷纷在激光工业市场投入大量研发和生产力量。德国公司 Toptica 却是一家坚持为高校和研究所的实验室提供稳定性极好的半导体激光的公司。这家公司一直维持在 100 多人的规模，为全球大多数的实验室提供了科研用的主流半导体激光器，业务保持着每年 15% 至 20% 的稳定增长。Toptica 公司之所以能够胜出，原因在于其对行业用户的专业服务。Toptica 公司有一支专门为用户服务的工程师队伍。一旦用户遇到问题，只需一个电话或一封邮件，工程师就会马上帮助他们解决。这种为用户提供的"一对一"的全球即时服务是大型激光企业做不到的。Toptica 公司的客服有很多是相关专业毕业的博士，他们在用户的实验室里与用户讨论产品需求，甚至能为用户的实验提供非常好的建议，并从讨论中获得产品改进的意见。像 Toptica 这类与用户紧密合作和用户信任的企业在德国并不算少数。德国人普遍对经济充满信心："我们不仅有超强的制造能力，还有能力把制造和服务结合起来寻求新的解决方案。"许多经济分析学家所期望的建立在网络之上的虚拟型知识服务至今都没有实现，高价值的服务只存在于 Toptica 公司这样的工业企业中，而非世界上的任何一个角落或者云端。

对产品从创新到投放市场的整个过程进行研究分析就会发现，创新其实经常发生在生产制造和服务的过程中。在研究实验室、大学、公立实验室、工业科研机构将科研成果市场化的过程中，制造业起到了巨大的推动作用。在产业发展的道路上，制造业不但把很多重要的专利开发成了产品，还将产品商业化了。

各种形式的制造业都可以为很多地区创造价值。无论国家大小，是发展中国家还是发达国家，是正在进行工业化的国家还是后工业化的国家，大家都意识到了制造业对本国经济发展的重要性，都在重新提倡发展制造业，扩大基础建设的规模。随着时间的推移，跨越国境的商业互动就像千丝万缕的纽带一样把这些经济体交织在一起，劳动分工也变得越来越细。谁在制造什么，谁在赚着什么样的钱，谁在提供怎样的服务，谁和谁有着贸易往来，这些活动的界线也变得越来越模糊。所有的这一切都意味着，我们所讨论的创新和生产制造有着密切的关联，而服务则渗透到从技术发现到产品实施以及后期使用和消费的所有环节里。

当信息本身变得廉价而容易获得时，作为第三产业的服务业的价值就会下降，社会活动的价值便回到了制造业。为什么这么说？服务业的很大一部分体量组成在于挖掘信息不对称所产生的价值。金融服务业通过对市场信息的把控来获得利润，咨询服务业也通过对信息的分析来获得利润，大大小小的零售业更是这些信息不对称的诞生地。工业 4.0 的核心在于数字世界和物理世界之间的映射和交互。通过这两个世界的关联引入数字生产、柔性制造，提升精密制造能力，最大限度地使物理世界的生产符合消费需求，从而降低生产成本，节省设计资源，提高生产效率，最终实现按需生产。这样的按需生产在最大程度上降低了信息不对称，使得基于信息不对称的服务业逐渐成为数字工业的一部分。

随着人工智能技术的逐渐落地，制造业的这种趋势也会渗透到服务业中。当数字化逐渐深入传统工业，数据本身便可以被标准化为制造业的一部分。例如，在金融服务领域里将流程标准化后，人工智能将能取代一部分金融服务业的工作。人类未来的生产和生活的方式以此为契机和模板，都会围绕以工业

4.0 为特色的制造业展开，由此渗透到农业和其他传统产业中，集约化的农业也正在向工业化转移。

　　传统的农业作为第一产业、工业作为第二产业、服务业作为第三产业的方式事实上已经不符合后工业化社会的实际情况（见图 1-1）。一方面，农业从经济总量占比到从业者比重，都下降到了 10% 以内；另一方面，随着机器人和自动驾驶、自动农用设备大规模投入使用，甚至以人造肉和人造鸡蛋为代表的人造食物的生产工业化，很难说农业还具有传统上的意义。这样，农业也成为制造业中的一部分。

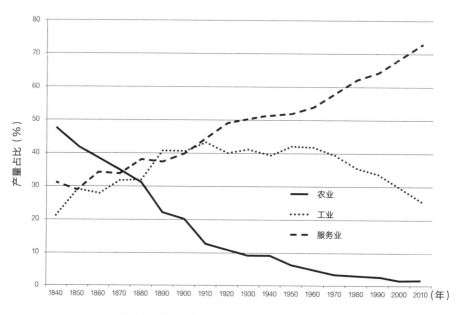

图 1-1　美国农业、工业与服务业之间的产业分配

资料来源：History Lessons Understanding Decline Manufacturing. *The Washington Post*, 2012.02.

因此，如果重新划分的话，社会生产结构可以划分为知识生产、制造和消费三个阶段，而包括金融服务业、信息服务业等的服务业是融在每个阶段中的（见图 1-2）。

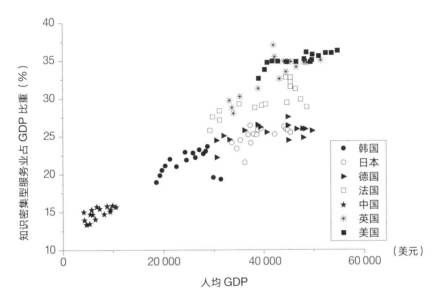

图 1-2　知识密集型服务业比重随经济增长而持续扩大

资料来源：世界银行发布的《2016 年科学与工程指数》报告。

这样划分之后，以下几方面的内容构成了本书的写作逻辑。

第一，当我们强调原创的知识生产和消费模式创新的重要性，而忽略了制造阶段的重要性时，就会对地区的产业结构造成深刻的伤害，使得制造业的能力减弱，对产业升级转型造成长久的影响，进而有可能会造成精英阶层和产业阶层的普通人的对立，引发锈带区的一系列问题。

第二，作为知识生产的主体，大学和其周边的研究机构在社会中扮演的角色会再度被放大，仅仅作为象牙塔或者教育机构的一部分，将不能满足社会发展对其的要求。在人才培养上，大学也应适应这种结构调整而培养大量活跃在制造行业的、适应未来生产模式的新型工程师。

第三，从物品生产到金融产品的生产，都发生过由于生产相对过剩而导致的经济危机，而且程度越来越强烈，对社会的影响也越来越深。与此类似，会不会因为知识生产过剩而导致经济危机？我们将会在本书中看到，这种可能是存在的。但就我们从以前的经济危机中学习到的宏观调控经验来看，知识生产被社会共享的有效机制将会有效避免未来这种经济危机的发生，这就是本书将要介绍的"智造"模式。

后工业化社会的企业组织模式

树形结构，先期工业为主的企业组织形式

先期工业为主的企业组织形式通常是垂直一体化的树形结构。由树干出发，干上开枝，枝上结叶，叶上生脉。一个庞大而有序的组织管理起所有的事务，部门和部门之间、人和人之间都有的错综复杂的关系。我的儿童时代就是在这样的大院里度过的。从生产的一厂、二厂、三厂，到子弟教育的幼儿园、小学和中学，从菜市场到理发店，完全可以不出大院就能满足你生活中的几乎所有需求。在这样的国营单位大院里，生产和生活所需的各个方面，组织全都包了，单位都给解决。这样的结构具有策略上的优势。当资源有限的时候，它可以非常有效地调动资源来实现特定的目标。汇聚优势资源，多快好省地打好攻坚战。这样的组织形式在历史上一度非常有效，屡屡能够集中力量办大事，

毕其功于一役。然而当整体够大够复杂的时候，它本身也是要消耗资源的。

英国有个谚语的大概意思是，在一个官僚体系中，每个人都会制定自己的一套官僚标准。道理很简单，每个人都要证明自己的岗位具有存在的必要性。他会让自己的工作满额，甚至超额，这样他就会再找一个帮手，继续把工作的额度填满。这是一个不断放大的正反馈过程，系统会因为复杂而变得越来越复杂。每个人都不会让自己看起来是多余的，从而会制定更复杂的规则使工作量超额。依据"信息论之父"克劳德·E. 香农（Claude E. Shannon）的定律，信息处理是一个物理过程，每次信息交换都会消耗物理资源。在如此精密而复杂的官僚体系里，每一次沟通都需要成本。为了信息传递准确且执行无误，体系的资源消耗是巨大的。这种消耗会随着体系层级或网络结构复杂程度的变化而成几何级数增加。

在资源总量有限的情况下，体系本身的维系需要消耗大量资源，于是只能减少每个参与组织的个体的资源分配。在封闭体系内，这实际上是不需要担心的。在质量方面无须计较的前提下，生活中的所有物质需求都可以得到满足。人类有一种神奇的力量，当"精神愉悦"可以得到培养的时候，尤其是很多人在一起培养的时候，人就会被群情裹挟，会忽略物质的享受，会不计回报做出牺牲。然而面对个体觉醒，这样的组织将面临新的巨大的挑战。每个个体在强调自己的个人价值时，个人与组织在利益分配上形成对立，个人有可能获得的那部分被庞大的组织本身消耗掉了。

作为对比，我们以硅谷为例。这个加州大学伯克利分校和斯坦福大学之间的狭长谷地，在过去几十年创造了一种新的文化：创业，再创业。通常情况是，这两个大学的教授和学生，依靠自己的科研成果或想法，成立一家小公司。公司一开始不需要很大，在自己家里、车库里、办公楼的一间小屋子里，几个志同道合的朋友，一个高科技公司就这么成立了。经营这样的公司，与传统人海战术的管理形式有很大的不同，因为高科技公司里的研发人员个人能力强、个性突出，整齐划一的大集体管理形式往往束缚了创造力和主动性。区别于制造型大企业的经营管理模式，高科技企业的管理变得非常精细，精细到每个人。员工的个人权利和个性需要受到最大程度的尊重，创造力和工作热情都会受到极大的鼓励。除了为研发人员提供足够的自由度和空间外，企业还建立了完善的股权激励机制，让雇主和员工之间从单纯的雇用与被雇用关系，变成稳固的伙伴关系，从而双方的经济利益也联结在一起，员工的长远利益与公司相同，员工今天的努力就能变为明天更大的财富。这些小公司在做大之后，往往会引入职业经理人作为公司的高管，使得公司的运营和管理更为系统化和专业化。管理企业，不再只是一种行政上的事务，转而成为一门独立的技能，管理者也成为员工中的一个，不再是高高在上的"管理"者，而是服务于研发和生产的协调者。这是后工业化时代公司经营的典型模式，劳资矛盾逐渐淡化，员工成为公司的所有者和执行者。后工业化时代，以硅谷为代表的高科技产业区内的公司一般有四个特点：高科技为原动力；公司人数少，但资本规模大，管理个性化；广泛聘用职业经理人，管理专业化；具有完善的股权激励机制。

后工业化时代里的个体觉醒大潮无法逆转。信息所带来的开放，就像潘多拉的盒子一样，打开了，就永远没法再关上。这使得继续维持树形结构体系的成本大幅度上升。除了组织形式本身所消耗的，同样需要照顾到组织内部个体的利益。从这个角度来说，中国东北地区的经济衰退，与当地占经济主要组成部分的大型企业组织本身的结构缺陷不无关联。年轻人不会再像老一代人那样仅仅受到奉献精神所鼓舞而做出牺牲。个人价值可以以多种方式来实现。于是每年就有上百万的年轻人离开东北，庞大而繁杂的组织在新的环境下难以维系。人口的持续流失，不仅让旧的工业生态系统难以维系，也破坏了新技术得以新生和落地的基础。

章鱼结构，后工业化社会的企业组织形式

后工业化社会的企业组织形式越来越趋向于另一种模式：章鱼结构。在这个地球上，与人的神经网络结构最不相似的高智商动物，便是章鱼。章鱼可以被看作强单元的弱组织集团。每个单元既可以独立处理问题，又可以通过简单的神经网络相互联系，对环境做出集体反应。在这个系统里，大脑作为中枢系统并不需要太发达。在每个肢体和感官的节点上，信息已经做了最大可能的处理，这样一来，传递信息的网络就会简单很多。由此，可以类比现代复杂生产的另一种组织形式，在此以波音为例。

一架波音 747 客机，有 600 多万个零件，这些零件来自全球 4 万多个供应商。波音自己并不做零件，只做生产交易的组织者和标准制定者，与供应商之间通过商业契约来形成协作。这样做的好处是结构简单，组织对资源的消耗减少。节省下来的资源会留存在参与这个庞大分工的各个分支组织里。这样的分支组织通常不需要太大，大的时候一样会细分下去，成为小而独立的分支组织。在这些细分组织里，通常几十人或一两百人为波音生产某一零件。

整个体系通过交易形成了市场化的配置，层级减少很多，原本消耗在结构上的资源就可以留存在细分组织内部。在组织内部工作的个人便因此获得了丰厚的报酬，能够长时间留在同一组织里工作，对技艺进行更深入的研究，从而做出更好的产品。这就形成了我们所说的欧洲众多小而美的工业企业。在技术要求相对稳定的情况下，这样的组织形式会有天然的稳定性和可靠性，尤其是

在需要整体协作的复杂的先进制造业中。当然，这样的组织也会有其自身的缺陷。

小而美的制造企业，后工业化社会的基本组织单元

小而美的制造企业指的是人数规模较少，但利润相对较高的制造企业，它们是后工业化社会的基本组织单元。这些企业在欧美等发达国家大量存在，它们是先进工业制造业中主要技术和配件的提供商，作为基础支撑着整个高端工业制造。先进工业制造业指的不是生产拉链、裤子、鞋、钢铁或煤炭等、供应链相对简单的先期工业企业，它往往需要大量供应商的复杂协作。

先进制造业的产品生产需要复杂的开发流程管理和供应商的全方位配合，是一个集体创造的过程。大型企业无法保证面面俱到，既要保证质量，又要保证数量，即使可以安排整个完整的供应链或者复杂生产的流程，也无法保证每个环节都万无一失。大企业在现代工业产品的分工中多数时候都扮演着生产组织者和质量控制者的角色。小而美的企业相比大企业而言人数少很多，便于管理和运营。尤其是对于掌握特殊技能的工程师和设计师来说，在这些小而美的企业中，他们能通过扮演重要的角色实现个人价值，能对客户的需求提供更加完善和细致的服务。他们在细分的市场和产品服务上具有核心竞争力。随着工业 4.0 的深化，这类小而美的企业会越来越多，成为工业生产中的主要组成部分。

但小而美的企业要从事生产制造活动，同样会面临其他的挑战。例如，生产设施的升级改造所需要的技术一般都很复杂，创新周期拖长就会导致企业对资金的需求大大提高。这些小而美的中小型企业，尤其是那些技术门槛较高的

企业都有一些很独特的技术优势。这些企业会担心竞争者抄袭它们的技术，同一领域的新创企业甚至巨头企业都想要占据先发优势。在这种情况下，保护知识产权对新创企业来说至关重要。新创企业在把创新从构想转变为原型机，再到规模生产，最后到产品销售的整个过程中，要不断地做出很多重要的决定。每一步都存在新技术开发中会遇到的风险。

从企业合作以实现技术共享的角度来说，新创企业和现有企业究竟是合作还是竞争，通常会是个困难的决定：新技术是否容易被模仿，怎样在与其他资源互补性企业在生产、营销和市场推广等方面进行合作的同时保障技术的所有权。新创企业需要的很多互补资源通常会在同一行业的大企业手里，这些大企业会有侵占新创企业的创新技术的动机。这样一来，新创企业就处于一个两难的境地，要使创新实现最高的生产效率，就必须向大企业透露很多产品细节，但同时又担心透露太多会对自己的知识产权造成威胁。因为大企业既可能会成为它们的合作方，也可能会成为竞争对手。如果新创企业善于开发，大企业可以充分发挥其互补资源的优势，新创企业和现有企业合作的好处就大于竞争。新创企业通常是在探索发现阶段和开发生产阶段寻找互补资源。它们必须辨别出哪些资源是一般资源，是可以取代的资源，哪些资源是对它们特别有帮助、能够为它们提供竞争优势的关键资源。对外合作开发中的每一步都存在风险。

组织形式上，后工业化的地区也会具有不同于先期工业时代的企业组织形式。章鱼结构成了这一阶段的主流形式，但章鱼结构的组织形式同样会面临因结构而导致的缺陷。当技术进步需要提升工艺水平的时候，参与章鱼结构的组织本身就会面临困难：它们缺乏可调动的资源来从事深入的研发。在这个时候，树形结构的大型组织反而会更有优势，组织越大，这种优势就会越明显。研发的费用可以从各处调配出来，大家勒勒腰带就有了。对于小而美的企业而言，这样的资源却并不容易获得。

面对技术变革，树形组织也有其自身的挑战。当组织内部的部门即使经过大量的研发投入也不能满足新的生产要求的时候，实际的困难就发生了。是继续投入研发还是壮士断腕向外寻找资源？组织内部的研发单位或者分支机构是亲儿子，是不可以说甩掉就甩掉的，外部的资源即使有也会跟内部形成竞争而很难获得公平。解决办法往往就是，大型组织动用集体资源，把外部的技术买断，交给内部的生产单元，来增加内部的技术能力。事实上，这样做的成本是很高的，因为除了买断的交易成本之外，后续而来的是组织的进一步扩大，基于树形结构的运营成本就会进一步增加。

这个时候，章鱼结构的好处就是，供应商之间是交易形成的合同。当一部分零件的使用寿命从 8 年上升到 10 年，其余剩下的供应商们也不得不提高零件的使用寿命，被裹挟着进行技术革新。如果工艺和技术不再能满足新的需求，就可以解除交易，寻找新的合作伙伴，这样一来，大组织的成本往往就会低很多。但这终究不是一个好的解决之道，尤其是对于复杂的先进制造业而言，例如波音。这些企业与供应商之间的联系除了产品质量和合同之外，还有长期合作形成的认证和供应稳定之间的联系，替换一个供应商所付出的代价有时反而会非常高。

随着工业 4.0 的来临，尤其是数字化设计的推波助澜，技术革新的速度越来越快，难以避免，这对树形组织和章鱼结构这两种组织形式都提出了深刻的挑战，躲不开，逃不掉。

后工业化带来的社会问题

2019 年，随着中国的人均国民生产总值超过 1 万美元，这意味着全世界将有近 1/2 的人口、3/4 的经济总量的地区面临着类似的后工业化地区发展问题。先期工业转移到成本更低的地区，后工业化地区如果经济长期停滞，就业不足，就会造成民众严重的心理落差，进而催生大量的社会问题。这在美国、欧洲和其他发达国家和地区都有着不同程度的表现。从后工业化的角度来看，我们就可以理解最近这些年接连发生在发达国家的各种形式的社会问题了。怎样面对后工业化的挑战，怎样避免因为先期工业转移而产生和蔓延的锈带区，甚至改造锈带区，达到共同富裕，将是未来全球共同面临的问题。

美国毒品问题

在今天的美国，有超过 2200 万人都存在滥用毒品的问题，这对公共健康所造成的影响是惊人的。2017 年，美国由于鸦片类药物引起的药物使用过量而导致的死亡人数超过 7 万。这意味着与毒品有关的死亡案例从金融危机开始，在短短 10 年内翻了一番。由此带来的经济损失同样是巨大的，有估算表明，在美国，仅滥用酒精、非法药物和鸦片类药物而造成的犯罪、生产力损失和医疗保健的成本每年会超过 5000 亿美元。

自 20 世纪 70 年代以来，美国一直在进行针对毒品的打击。到 2020 年，美国为解决毒品问题总计花费了 1 万亿美元，累计逮捕了 4500 万名与毒品相关的犯罪人员，其中绝大多数违反禁毒法的逮捕为持有毒品（84%）。全美将近 1/3 的监狱关押是因为毒品犯罪。2014 年，美国国家药物滥用研究所（National Institute on Drug Abuse）报告称，平均每月有 2460 万名 12 岁以上的美国人使用非法药物，占人口总数的 9.4%，比 2002 年的 8.3% 有所增加。2014 年，美国的海洛因使用人数接近 100 万，比 2003 年增加了 3 倍，与海洛因有关的死亡人数自 2000 年以来增加了 5 倍。欧洲学校对于酒精饮料和其他毒品调查项目（European School Survey Project on Alcohol and Other Drugs）以及美国药物滥用监测工作的结果显示，与欧洲青少年相比，美国青少年的毒品使用率更高。平均而言，有 18% 的欧洲学生使用过非法药物，而美国学生的这一比例为 35%。自 1999 年以来，美国涉及鸦片类药物的药物使用过量死亡人数翻了两番，死亡总人数超过 50 万。

美国疾病预防控制中心的数据显示，进入 21 世纪，美国男性和女性在海洛因使用方面的差异已经缩小。从 2002 年到 2013 年，女性使用海洛因的比例增加了 100%。同时，年收入 5 万美元以上家庭的海洛因使用率增加了 60%。根据美国国家酒精中毒和毒品依赖研究委员会的数据，女性是美国酒精和毒品使用增加最快的人群。2013 年，有 650 万美国人滥用处方药，其中一半以上是女性。在 12 岁至 17 岁的女孩中，非医学使用处方药如止痛药、酒精、甲基苯丙胺和许多其他非法药物的使用情况与同龄男孩相当。

从历史上来看，吸毒一直被认为是穷人的问题，但是实际情况并非如此。2007 年，在美国加州进行的 "儿童健康调查" 发现，与来自贫困社区的同龄人相比，来自富裕家庭的孩子更容易吸毒。富裕家庭的孩子有自身的一系列问题，更多的零花钱、父母缺勤和学业压力是造成这些问题的主因。2012 年，发表在《酒精与毒品研究》（Journal of Studies on Alcohol and Drugs）杂志上的文章表明，社会经济地位高的年轻人比贫穷的同龄人更容易饮酒和使用大麻。其他研究人员从理论上探讨了 "富裕儿童综合征" 所造成的影响，父母因社会和职业义务导致以家庭为中心的互动减少。家庭富裕的年轻人与保姆待在一起的时间远超过与父母共处的时间，再加上父母过分安排他们的生活，都会造成年轻人因缺少家庭亲密关系而患上精神疾病。

老年人也在滥用毒品。美国的老年人群体因涉嫌毒品犯罪而被捕，因吸毒过量而丧命的比例比过去更高。从 1990 年到 2010 年之间，年龄在 45 岁至 64 岁之间的人群因意外服用过量药物而导致的死亡率增加了 11 倍。2013 年，有 12 000 多名婴儿潮年代出生的老年人死于药物服用过量。据美国疾病预防控制中心估计，2020 年有 570 万名 50 岁以上的人需要戒毒。美国老年人的药物滥用和成瘾现象有所增加，最明显的解释是慢性疼痛的增加导致鸦片类药物处方的增加，这为海洛因的滥用铺平了道路。美国国家健康研究中心的报告显示，美国成年人中有 11.2% 的人患有慢性疼痛，17.6% 的人则患有严重的疼痛，有 1.26 亿美国人报告了某种程度的疼痛而使用药物控制。与过去相比，各个年龄段的美国人对毒品使用的危害都有不同的认识。大麻尤其如此，美国已有几个州将其合法化以用于娱乐和医药用途。1969 年，美国盖洛普咨询公司（Gallup）对全国 1028 名成年人进行的一项调查显示，只有 12% 的人赞成大麻合法化。2001 年，这一数字激增至 31%。2015 年的一项民意调查显示，有 58% 的人赞成大麻合法化。

关于美国滥用药物人群增多的最简单的解释也许是社会群体的精神状态问题。工人阶层的几项调查报告显示，美国工人正面临着与工作安全、收入和歧视威胁等相关的巨大压力和焦虑。美国心理学会发现，有 61% 的成年人抱怨工作中每天都会受到不公平的待遇，从而引发了更大的精神压力。另一项包括 500 名美国工人的调查显示，有 90% 的工人感觉财务压力很大，超过 50% 的受访者表示"中等"或"严重压力"。在 2018 年中美元首会面之后，双方同意采取积极行动加强执法、禁毒合作，包括对芬太尼类物质的管控。在此之前，普通中国人甚至不知道芬太尼这种精神类抑制药。

总之，毒品已经成为困扰美国社会的重要问题。后工业化社会出现的毒品问题，就其群体心理和个体心理原因而言是非常简单的。人的追求除了温饱之外，还需要有好的工作来满足其生活追求，实现个人价值，占用个人时间，并且劳有所值，获得心灵满足。这个需求在后工业化社会中尤为突出。中国香港有句老话叫"手停口停"，说的就是在先期工业社会中，一个人必须努力工作，否则就会饿肚子，个人时间被果腹的目的充分占用。在后工业化社会中，这个目的被社会的集体财富所满足，生活水平达到小康，但原有的工作机会也会随着后工业化的产业结构变化而消失。保住体面的工作岗位给普通人造成了巨大的心理压力。在美国，更多的失业者会染上毒瘾，它是人们打发时间的"有效"方法。从这个角度来讲，你很快会发现，在中国，一夜之间迅速崛起的短视频和网络游戏对年轻人也产生了类似的效果。

然而人类是一种能够自己觉醒的生物，在纸醉金迷的生活中醒来的深夜里，人会自我反省，审视自己对生命的浪费而感到自责。如果不能有充实的、自我价值实现的通道，这种自责就会积蓄为抗争的力量。

英国脱欧

2020 年，英国正式退出欧盟。虽然在英国，脱欧支持率只有 52%，但 10 年前这是谁也想不到的。脱欧支持者认为，欧盟早就是一个功能失调的空架子了。欧盟未能解决 2008 年以来一直存在的经济问题，整个欧洲在经济上停滞不前，区域性的发展不均衡长期存在。失业率高达 4.2% 的南欧人和德国人、英国人之间的生活水平差异是很明显的。脱欧者认为待在一个停滞不前的国际组织中将不会解决英国自身的任何问题，反而会让英国逐渐变得跟这些国家一样麻烦重重。另外，英国有着强大的金融服务体系，是世界的金融贸易中心。这些人判断脱离欧盟之后，即使欧洲对英国施加贸易壁垒，对英国的影响也不会太大。对英国而言，金融领域的客户才是最重要的。欧盟没有建立全球财务中心，而英国的金融角色可以追溯到两个世纪以前。欧洲人需要伦敦的金融中心，而英国的经济没有对欧洲形成很强的依赖关系。

第二次世界大战后建立的跨国金融、贸易和战争防御组织也失去了普通英国人对它们的信任。欧盟、国际货币基金组织和北约就是很好的例子。许多反对欧盟的人认为这些机构形同虚设，不具有任何作用。不仅如此，这些组织里的成员也逐渐失去了对本国政策的控制权。对精英政府的不信任和对社会管理失控的恐惧使英国脱欧成为看起来较合理的一个解决方案。

英国脱欧的另一个原因是在世界范围内崛起的民粹主义。欧洲的难民危机是这些问题集中爆发的最后一根导火索。欧盟领导人认为，援助难民是道义上的义务。但是脱欧者认为移民安置是每个国家自己的问题，欧盟的统一分配政策影响了接收难民的国家人民的内部生活，应该由这些国家自己来决定是否接收难民，至少可以决定接收难民的数量。回避解决欧盟所面临的难民问题是英国脱欧投票的重要推动力。民粹主义者把拥有英国国籍作为一种民族权利。相反，欧盟对中东难民的整体安置方案剥夺了每个成员国自己做决定的权力。

大多数英国脱欧者认为，伦敦的金融业垄断和政府的不作为给许多人带来了灾难。他们认为伦敦金融城的成功并没有使作为普通人的自己得到什么好处。至关重要的是，英国脱欧是"普通人"反对英国"建制派"①而做出的一次投票。普通选民认为政客、商业领袖和知识分子等建制派不应成为国家系统的最终控制者。这些选民认为建制派鄙视普通人的价值观，而脱欧代表的是民粹主义者和底层普通工人阶层的利益。纵观历史，类似的思潮在欧洲并不是新现象，也不是英国独有的现象，它正在席卷欧洲、美洲和亚洲。随着特朗普主义的崛起，它在美国也出现了。

法国黄马甲运动

法国黄马甲运动同样是一个很好的参照案例。金融和房地产满足了社会顶层建制派的财富追求，但却将大多数人丢在了社会底层。唯有制造业可以解决这些问题，给年轻人更多的奋斗目标和因为创造而获得的内心满足。

黄马甲运动从 2018 年 11 月以抗议法国政府宣布加征燃油税开始。总统伊曼纽尔·马克龙（Emmanuel Macron）因其领导风格以及他的个人立场而被普通法国民众认为是"富人的总统"，一个精英阶层的代表，典型的建制派。他毕业于法国享有盛誉的法国国家行政学院，许多前任法国总统都毕业于此。这所学院也是法国银行家的摇篮。马克龙出于环保的初衷，希望通过大力加征燃油税来促使人们减少使用汽车。但是，这项法案被认为忽略了法国农村地区的普通百姓的需求。在法国农村地区，公共交通远不如中心城市发达，在满足日常出行上并不能替代家用汽车。正如一位抗议者总结的："马克龙关心的是

---

① 建制派（establishment），是一种来自台湾的很有意思的译法，它不过是我们常说的精英派，即社会中因个人奋斗或上代积累所建立起来的社会地位的上层。在这本书里，我将采用这个翻译。

世界的尽头，我们关心的是每个月的尽头。"

　　抗议者吉丝蕾恩·库塔德（Ghislain Coutard）提出了使用黄马甲工作服作为抗议活动标志的想法。他说："早几年前我们就应该觉醒了。多年来，政府存在太多滥用权力的情况。很长时间里，工人阶层遭受着不平等待遇，而我们却没有站起来挑战这种不公。"在法国，经济不平等现象越发唤起了人们的"阶层意识"。人们认为法国社会中有两种对立的人群：上层社会的精英阶层与下层社会的普通民众。国民联盟① 极右翼领导人玛琳·勒庞（Marine Le Pen）提出：普通法国人正在遭受着社会制度所造成的广泛不平等待遇。在历史上，法国一直以人人平等来定义其国家信仰。黄马甲抗议者将自己的抗议行为解读为延续法国历史上人人平等的传统，抗议行为意味着对法国 1789 年大革命传统精神的追随。

　　那么法国社会到底有多不平等？ 1983 年至 2015 年法国最富有的 1% 的人的平均收入翻了一番，其余 99% 的人的收入仅增长了 25%。考虑到法国自 1990 年以来基尼系数的变化，收入不平等确实在 2006 年至 2011 年从 29.7% 增至 33.7%。但是，此后收入不平等程度有所缓解，甚至有所下降。根据世界银行的数据，法国的不平等程度远低于许多其他西方国家。但由于越来越多的法国雇员签订了短期合同而成为实际上的临时工，于是他们获得社会保障就变得更加困难。例如，从 2000 年到 2018 年，合同持续期不到一个月的临时工数量从 160 万激增至 450 万，这些短期合同工里只有一半的人有资格获得失业救济。除了贫富差距增加的客观原因之外，财富分配两极的人们的阶层流动性也在下降。经济合作与发展组织 2018 年的数据显示，收入分配最底层的

---

① 法国的一个极右翼政党。——编者注

人要花上六代人的时间才能达到法国人的平均收入水平。

经济和社会流动的结构性障碍加剧了普通工薪阶层对精英阶层的排斥。2008年，全球金融危机发生后，欧洲国家开始普遍质疑建制派富人和普通穷人之间贫富差距的合法性。银行家奖金过多以及金融服务部门舞弊行为使不平等问题源源不断地凸显出来。被低估的99%和"他们"——代表精英阶层的1%之间越来越不平等。类似的情况在2019年的智利、玻利维亚、伊拉克、伊朗和约旦也发生了，最后导致了这些国家的社会动荡。

《纽约时报》中的一篇文章描述道："法国社会已被深刻的不平等割裂开来：城市与乡村社区之间，全职员工与临时工之间，名校与普通大学的毕业生之间，甚至是拥有退休金权利的退休人员与被排除在社会福利计划之外的人群之间。"从新闻报道中也可以明显看出，法国人认为他们的生活水平多年来一直在下降。黄马甲运动的抗议者说："在这个所谓的富裕国家里，一些人尽管努力工作，到晚上却还是要露宿街头。"即使这些贫困的法国人并没有达到国际标准定义的贫困线，主观贫困的感觉也会使普通人感到生活艰难，这在法国工人阶层中非常普遍。这场运动被视为"人民民粹主义"，参与者代表了被"排斥、剥削、过度征税、羞辱和忽视"的普通民众，这场运动本身则唤起了法国由来已久的民族传统和身份认同。

法国的一项重要文化理念是对社会底层的人抱有深刻的同情，这也许就是为什么法国的公共福利传统非常慷慨。制定强有力的国家福利计划是法国的夙愿，它是法国民族认同的核心价值观。实际上，1789年法国大革命期间提出的口号"自由、平等和博爱"，在今天许多依旧存在的公共建筑上和学校教育里都处处提醒着普通法国人，法国的民族身份与社会平等的理念息息相关。特别是，法国大革命是一个重要的历史烙印，它囊括了"人民与精英"的对立思想。由于"平等"体现了法国的民族身份，人们认为法国社会中日益严重的不平等现象令人不安，人们感到法国大革命中的先烈的血白白流了，两个多世纪以来普通法国人为之奋斗的所有理想都被抛弃了。在这种背景下，人们怀疑法国政府在促进人的基本平等方面做得还远远不够，法国正在放弃其核心价值观。

黄马甲运动的抗议者把他们的运动与 1789 年的法国大革命作对比，在黄马甲运动的示威游行中，可以看到很多大革命时期的象征符号：人们高举着法国国旗，唱着激昂的《马赛曲》，戴着 18 世纪革命者常戴的红色弗里吉亚帽，甚至还抬着大革命时期常用来砍掉贵族头颅的断头台道具。黄马甲运动的抗议者认为自己是在保护法国人民免受精英贵族的欺压，从而将自己定位在道德的制高点上。

2018 年 11 月，法国全境 2000 多处地区发生了总数将近 30 万人的示威活动。在 2018 年 11 月至 2019 年 3 月期间，共发生了 483 起严重的警察对示威者的暴力案件。警察的暴力行为反而加强了抗议者代表公平正义的感觉。抗议者的行为进而延伸到抢劫和暴动，但他们并没有随意破坏财产，而是谨慎地选择了目标。许多暴力行动针对的是引起法国阶级冲突的标志性财产：巴黎香榭丽舍大街旁的豪华品牌商店。

马克龙总统很快宣布了更具争议的《反破坏法》，以制裁暴力抗议行为。该法案禁止涉嫌暴力的抗议行为，赋予警察等执法人员权力，使其可以在没有法院命令的情况下搜查拥有武器的抗议者，并规定抗议者用口罩遮盖面部是非法的。这无意中使抗议者认为抗争运动具有更大的公义性。抗议者声称："我们绝对不会放弃。我们将为运动中受伤的人们而战。他们不会白白流血。"无论建制派精英阶层是否向黄马甲运动的抗议者表示同情，抗议者早就不信任他们了。

黄马甲运动成功吸引了法国社会民众的广泛同情和关注。它代表了法国社会民众的集体不满，这些群体认为建制派精英阶层和普通民众之间的差距越来越大。"我们"的定义包括共同受害，即"不是他们"的任何人。黄马甲运动的口号之一也体现了这种情绪："我们是人民！"抗议者所穿的工薪阶层工作时常穿的黄马甲也成为表达对精英阶层不满的共同身份的象征。

法国大城市中的"富人"被排除在外，因此人们对"外围的我们"与"城市中的精英"的认识也不同。工人阶层主要集中在农村和小城市，而建制派精英阶层则倾向于生活在巴黎这样的大城市中心地区。新的劣势群体加入了传统的劣势群体；那些在金融危机之前日子还过得去的普通人，例如护士、老师和卡车司机等，感觉到他们的生活状况在金融危机之后持续下降。人们认为"精英"不在他们那边，"建制派"与"普通人"之间的区别使这一运动最终演变为阶级冲突。黄马甲运动的明显结果就是，越来越多的中产阶层、工薪阶层和贫困人群产生了对以政治家为代言人的精英阶层的普遍不满。这种政治阶层被广泛认为与普通人的现实生活"脱节"。正如一位黄马甲运动的抗议者所说："如果政治家不为我们工作，我们就应该抛弃他们。这场斗争将是艰巨的，是我们人民与建制派精英的斗争。不斗争他们就永远不会放弃他们的特权。我们会为自由平等斗争到底！"

中美制造业竞争

特朗普在任期间，美国与中国的贸易竞争一再升级，双方争夺的焦点很明确，即高科技和制造业领域。特朗普希望通过减税、美国优先等政策使制造业回流到美国，从而解决美国病入膏肓的社会问题。这一举措无疑得到了普通美国人的广泛支持，继而发展成"特朗普主义"。即使特朗普不再继任总统，其解决美国当下的社会问题的举措和思想都会深刻地影响着美国的未来。

特朗普主义是美国民粹主义的一种具体表现形式，结果体现为一直延续至今的反移民情绪和有关歧视亚裔的阴谋论。"让美国再次变得伟大！""让墨西哥掏钱盖墙，把偷渡者挡在他们那边！"特朗普主义在建制派之外找到了广泛的民意支持。亿万富翁特朗普经常吹嘘他拒绝了说客的数百万美元，并称竞选对手是政治献金捐赠者的"傀儡"。他一再强调自己太有钱了，太了解建制派这个群体了，所以完全不必讨好包括他自己在内的共和党领导人所代表的精英阶层。特朗普主义吸引着一大群反建制派精英阶层和游离于社会边缘的失业、半失业工人阶层。它体现了一种完全新形式的特殊的美国民粹主义，是爱国主义、民族主义、对中产和底层阶级的夸大承诺和偏激的外交政策的混搭。

与所有民粹主义一样，特朗普主义通常会使用让人听着痛快而愤激的口号，但对具体的施政方案却轻描淡写。针对历史性的警察暴行这一棘手问题，特朗普回应"黑人的命也是命"的口号说"所有的生命都很重要"，从而在竞选活动中轻松获得民众的掌声。特朗普抨击奥巴马的全民医保说："保险公司正在发财，因为他们控制着政客。"特朗普主义成为一种独特的政治现象，在美国当下特殊的政治环境中具有惊人的吸引力，也远远超越了美国共和党传统的保守政治意识形态。无论如何，特朗普主义体现为对全球化的反感和不遗余力地推进制造业的回流。特朗普清楚地知道，只有制造业回流到美国，他才能兑现对支持者的承诺，才能保证他的连任。

2016 年，美国总统大选中特朗普宣称要推动海外制造业的回归，为美国创造更多的制造业岗位，许诺未来 10 年里将创造 2500 万个就业岗位。上任不久后，特朗普宣布降低企业在美投资设厂的生产税，让企业产生内在动力，将联邦企业所得税税率从 35% 下调至 15%，并在能源和金融等领域取消或放宽对制造业的限制。实施这些举措的目的都在于振兴美国的制造业，使得美国的经济结构更为合理，以保持长久的国际竞争力。

美国制造业曾经使得美国稳居全球领先地位，在全球经济、政治和军事领域都扮演了重要的角色。然而，从 20 世纪 90 年代开始，美国的制造业大幅下滑，在 2008 年全球经济衰退期，下滑更为明显。近 30 年来，美国私人对制造业的投资逐渐萎缩，很多资本都流向快进快出的软件和互联网企业，制造业的就业人数也大幅减少。

特朗普上任之后，美国业界对发展制造业的态度发生了巨大的转变：企业不能再依照苹果公司的发展模式只做设计和销售，而将制造部分甩出去外包完成，制造业再也不能与任何价值链分离，各个环节必须紧密连接在一起。换言之，就是高额利润要有，配套制造环节也要有。政府所主导的公共投资，大力推进早期应用研究在本土转化，包括政府和社会资本合作（Public-Private Partnership）模式的大力推广等。与此同时，政府也大力鼓励私营资本投资制造业。

美国 70% 的出口货物都是工业制品，特朗普把矛头指向了世界贸易组织，指责中国利用世界贸易组织的规则，实施了"不公平的贸易"。自从中美贸易冲突发生以来，美国已经不再回避"贸易保护"这些字眼了，甚至开始热衷于在各个场景下直接使用它。尤其是在拜登上任之后，美国政府针对中国提出了更为严厉的指责："不仅采用了不公平竞争，在某些情况下还采取了完全非法的手段。"美国的再工业化从来不是只有工业化本身。特朗普给予了制造业全新的希望："当我们发展美国制造业时，我们不仅增加了工作岗位和工资，更重要的是，我们在培养新的美国精神。"①特朗普的这句话还原了"制造业是国家脊梁"的形象。

在我看来，美国的国家利益可以从三个层面来理解：一是在全球范围内保护和促进美国企业的商业活动；二是确保美国在核心技术和军事能力上始终处于领先地位，甚至维持压倒性的优势；三是维护并在全球范围内推广美国的意识形态、价值观念和生活方式。随着中国经济实力和综合国力的提升，世界经济不可避免地形成新格局，这会对目前的全球经济治理体系产生重大的影响，中美之间的摩擦和潜在冲突也因此难以避免。确保美国在技术上拥有领先或压倒性优势这一惯性目标，如今让美国感受到了前所未有的压力。中国，作为其主要的竞争对手之一，已经提出《中国制造 2025》的计划，重点指出要依托未来技术大力发展包括机器人、节能与新能源汽车、航空等领域在内的新兴行业，从而引领经济的持续增长。这些方面也正是美国未来发展强大的根基，如果不能在这些领域拥有或维持压倒性的优势，美国的国际竞争力将会被大大削弱。

美国认为中国借助《中国制造 2025》计划正在快速追赶并挑战美国的技术优势。因此，美国也根据《中国制造 2025》开具征税清单，加大投资和技术转移的限制，并计划采取进一步打压和围堵的政策。2018 年 4 月 16 日，美方宣布对中兴通讯进行出口管制，继而引发了不断升级的"中美贸易战"。面对全球高新技术的兴起，美国难免会恐慌。拜登上任后，政府的部分官员甚

---

① 出自 2018 年美国发布的《先进制造业美国领导力战略》报告。——编者注

至担心知识产权被窃取以及技术被转让给中国。例如，人工智能作为一个特殊的领域，有可能会被用于军事方面，拜登因此扩大对高科技领域出口和国际交流的监管。无论这种监管扩张是不是美国政府在对中国投资实施更严格限制之前的临时举措，但任何试图切断中美两国科技公司关系的措施，都可能会对整个行业产生巨大的影响。

　　和全球贸易发展一样，当经济衰退到来时，每个国家的第一反应都是保护本国的产业，提高竞争性关税。美国也不例外。但是，这样一来，不仅跨国贸易会受到阻碍，贸易活动会局限于越来越小的范围，而且经济收缩也会加剧，从而引发进一步增加关税的压力，最后形成恶性循环，导致全球化的新一轮经济危机的爆发。发展和推广制造服务业，扩张制造业新技术，培养先进制造业所需要的新劳动力，建立可控的弹性产业供应链，拜登上任后的工作重点仍然是如何激活美国制造的创新力，从而维持美国在全球先进制造业中的竞争优势。

大国的中等收入陷阱

　　地区制造业的发展路径大致遵循着一个产业递增、转移和分化的过程，工业产业按照纺织、制成品、家电等（第一阶段），到化工、机械、造船和汽车等（第二阶段），再到航空、航天、芯片等高端制造业（第三阶段）进行逐级递进。这个路径的选择既依赖工业技术难度和工业基础积累，也依赖生产要素成本的比较优势叠加。当然，还有一个重要的因素是工业化空间受制于国家的国际政治地位和国际权力。中国已经处于从第一阶段向第二阶段过渡的过程中。工业4.0的出现，尤其是信息革命推动下的数字化经济，对制造业本身的传统模式会产生新的影响。这种影响对中国来说既是挑战也是机会。中国势不可当的人工智能、工业大数据等信息技术领域的投资大潮，无意中掩盖了制造业基础投入严重不足的问题。

　　改革开放 40 年来，经济快速发展，中国成为名副其实的"世界工厂"。但中国大部分的制造业大而不强，多数还处于全球产业分工中的低附加值部分，很多地区的制造业还面临着高耗能、低效率，给资源和环境所带来的巨大压力。对外部技术的惯性依赖，自然资源、环境资源的消耗和劳动力成本的提高都挤压着中国制造业的生存空间。中国制造业面临着转型升级的巨大挑战。出于对制造业高端市场的追求，一些企业走出国门，试图通过对海外品牌和技术的收购来完成转型，但成功的案例寥寥无几。资本会主动向成本和价值注地流动，生产成本过高的时候，它就会自然流向成本低洼地区。就中国的现状而言，高端制造业并没有因为中国长期发展相对低端的制造业而生根，而低端制造业和劳动密集型产业会流向劳动力价格更为低廉的印度、东南亚和非洲地区。低端制造业高耗能、对资源和环境造成破坏，一个国家的后工业化如蝗虫过境，例如钢铁制造业消失之后，美国五大湖地区都出现了工业衰退的锈带区。对中国而言，如果制造业衰退，中国会陷入中等收入陷阱吗？

　　17 世纪 60 年代，英国政府为了牢牢控制北美殖民地的贸易，颁布了一系列法令：

- 1660 年《航海条例》规定，从北美殖民地输出或输入的商品要用英国的船只载运，船上要有 3/4 以上的水手是英国人。盐、松脂、亚麻、五谷、橄榄油、糖、酒等海外物品，必须由英属领地集中后转销至各地。北美殖民地的烟草、糖、棉花、靛青等"列举品"只能卖给英国。
- 1663 年《主要产物法令》进一步规定，在欧洲出产或制造的物品都必

须先运往英国，由英国征税，再用英国船只从英国海港启程，转运到北
美殖民地。北美殖民地把"列举品"以外的产品运销欧洲时，船只回程
必须经停英国海港才可载货返程。

- 1699 年颁布《毛织品条例》，禁止北美殖民地输出毛纺织物、使用土
  产皮质帽，以及出口自己生产的帽子。
- 1750 年的《制铁条例》，禁止北美殖民地建造新的切割铁工厂或熔铁
  炉，输出到英国的生铁和条形铁可以免税。
- 1754 年禁止北美殖民地制造布匹，布匹必须从英国输入。

由此，北美殖民地彻底成为英国的原料生产基地和英国本土工业产品的倾
销地。毫无疑问，这对殖民地的经济造成了严重损害。"殖民地"三个字不仅
仅是指送人过去建立领地，更重要的是指将领地塑造成可以为所欲为地保证母
国利益的自留地。也正是这样的经济压榨，迫使北美 13 州奋起反抗，为美利
坚的独立埋下了种子。

过去，中国制造能够异军突起，关键在于劳动力成本的低廉，因此中国在
产业政策上选择了全球产业链低端的加工制造，给全世界打工。这种模式成就
了中国制造过去的成功，但这也是今天中国制造和实体经济陷入尴尬和困境的
主要原因。过去，中国的发展模式最大的经验就是用廉价的劳动力来对接全球
产业链的低端。一旦人口红利结束，这种模式的各种弊端就会显现出来。税费
负担也好，社保等人力成本上升、融资难也好，都不是中国实体经济被打垮的
根本原因，其根本原因是我们过去取得成功的经济模式丧失了足够的全球竞
争力。

人力成本迅速上涨，劳动密集型的产业离开中国，高端制造业尚未准备

好。我们接下来要面临的是成熟的高端制造业的技术和产品不断从发达国家输入，由中国提供制造业的消化能力和工业产品的消费市场。这将使中国陷入全球最大的中等收入陷阱。中国将不会拥有科技进步的大部分利润，反而会成为终端产品的消费国。这无非是工业 4.0 时代的一种新的"殖民"形式：高端制造业技术取代了殖民时期美洲从英国进口的糖、布和铁制工具，廉价劳动力取代了从美洲输出到英国的原材料。即使我们很有钱，但如果跟不上全球科技的发展，也会掉队，美国独立战争时期的清政府就是这样。我们希望用自己巨大的市场来获得谈判的公平或优势，但一个没有购买力的市场是没有价值的。简单来说，需要解决的核心问题就是钱从哪儿挣来维持这种长期的购买力。俄罗斯、澳大利亚、巴西有丰富的自然资源，但中国没有。如果不能维持中国制造，空有庞大人口的消费市场是没有价值的，印度就是这样的一个例子。

制造业大国面临的挑战

中美双方都把对方当作制造业的竞争对手，中国的形势不容乐观。今天土地、交通运输、能源，这些制造业所需的基本条件在美国的成本已经低于中国。随着人工智能等工业 4.0 相关技术逐渐深入到各个行业，人力成本也会迅速下降。根据第七次人口普查的结果，中国人均年龄已达到 38.8 岁，而美国只有 38 岁，这使得在不远的将来，美国的劳动力成本会更低。

这一系列的变化，最终极有可能导致中美制造业综合成本相当或美国更低，资本自然会流到成本低洼地区。留给中国的时间窗口也许只有 5 到 10 年，在本书中将其称为"特朗普窗口"。特朗普在任期间的一系列政策，包括继任的拜登的政策，都在努力推进和加速这一进程。到那时，好牌都在对方手里，中国就被动了。

中国尽早参与高端制造业的升级，参与到工业 4.0 当中，提升高端制造业的研发能力，对中国避免后工业化国家的空心化至关重要。作为新兴市场，中国的发展将受到一系列技术进步的推动——包括智能制造和数字制造系统、工业机器人、人工智能、增材制造、高性能材料、半导体、混合电子、光电子学、高级纺织品、生物制造、食品和农业制造等。其中，许多技术的进步带来了双重机会：一方面，它可以通过提高生产力来提高其他产业的竞争力；另一方面，这些新兴技术本身的市场每年也将有可能达到巨大的市场规模。需要明确的是，新旧动能的转换，中间需要有切换和黏合作用的产业升级运行机制，不是与旧产能完全脱钩，更不是替代；不是简单的"腾笼换鸟"，而更多的是如何迭代升级。

从技术角度来看，工业 4.0 的最终实现还面临着诸多挑战。例如，如何使工厂里成千上万的传感器与生产过程更好地融合；如何创新规划工具，使智能工厂的规划周期更短、更自动化；如何保障信息安全，消除制造企业对大数据、云计算信息安全问题的担忧；等等。多年以来，西门子等大型企业是工业 4.0 的坚定倡导者和主要推动者，德国的中小型制造企业则态度迟疑，而众多的中小型企业恰恰是德国工业发展的关键支撑。因此也传出了德国工业 4.0 雷声大雨点小的声音。实施过程中确实会遇到很多实际的困难，工业 4.0 在德国缓慢推进。这也给中国的制造业升级留下了喘息的机会。

让高端制造业回流是特朗普和拜登这两任美国总统的工作重点，唯一的区别在于是否与欧洲结盟。低端制造业的劳动力成本所占比例往往是偏高的。如果美国希望低端制造业的综合成本低于中国或其他国家，难度就会很大。相比之下，高端制造业是技术密集型的，美国政府正利用各种手段巩固美国在这方面所具有的优势，遏制高端制造业移向中国的趋势。比如航空发动机、芯片制造等高科技产品系统里，人力成本所占比例是很低的，美国首先侧重于吸引这部分的制造业回流。但低端制造业的划分并不绝对，对流程进行改造，对生产设备进行升级，可以使传统意义上的低端制造业转变为高端制造业。英国广播公司系列纪录片《走进工厂》（*Inside the Factory*），访问了欧洲不同行业的现代工厂，包括薯片、酸奶、巧克力饼干、铅笔等，深入地剖析了很多传统的制造业经过改造后大幅度提高利润和生产效率的例子，这对制造企业升级改造来说具有很好的参考意义。

特朗普在任期间的美国政府也大幅度提高了对制造业知识产权、国际贸易，以及大型实验室对外开放的限制。美国政府明确了各个部门的发展规划和权利义务，例如，美国人口与健康服务部、美国国家卫生研究院和国家科学基金会的研发支持主要集中在基础研究领域，旨在产生新的制造工艺并提供可落地的培育系统；国防部、能源部、航天局、商务部国家标准与技术研究院和农业部则既要支持基础研究，也要支持先进制造的早期应用研究。从国防视角来看，这些措施强调了供应链安全的重要性，旨在推动中小型企业进入国内供应链体系，从而减少对国外某些产品的依赖。中国在"自主可控"上所花费的大资金和大心思，是众所周知的。美国在供应链的"可控"上，同样没少下功夫。拜登希望依靠巨额的经费投入为未来国防能力的提升提供种子基金，相关项目和优先项目都要支持制造业发展的根基，并且，把保证供应链安全的大型工程作为公共和私营部门的投资对象。

美国在追求先进制造业快速发展的同时，也在大力培育与其相适应的STEM（science，technology，engineering，mathematics，简称 STEM）人才。拜登再次强调了 STEM 人才的重要性，并期望实现对制造业人才教育的全面覆盖。从小学到高中再到大学，提供再培训、学徒、高等教育等各种学习资源，并为接受教育者提供各种各样的能力认证证书。为此拜登宣布了增加 1.9 万亿美元的预算用于成人教育，使义务教育的年限从 12 年延伸至 14 年。美国在为先进制造技术的发展推进人才培养战略时，其要点是在教育和生产之间为学生建立强有力的联系。发展先进制造业，优先发展 STEM 教育。制造业的工作仍然代表着美国人通往中产阶级的道路。不同的是，先进制造业的工作，需要雇员接受符合制造业要求的 STEM 教育，这使 STEM 技能成为未来制造业劳动力评估中的关键要素。

产业迁移而不是"溢出"

1850 年，英国工业总产值占世界工业总产值的 39%。第二次世界大战前夕，美国的工业产量占全球工业总产量的 38%。2018 年，中国的工业总产值占全世界的 30%。19 世纪的英国，工业产业链最全。第二次世界大战后的美国，工业产业链最全，什么都能造。在战争最激烈的 1943 年，美国批量生产了 50 艘卡萨布兰卡级航空母舰，平均每周就会有一艘航空母舰下水。

英国溢出到美国了吗？没有。工业转移到美国了，伦敦变成了金融城。美国溢出到中国了吗？没有。工业转移到了中国，纽约变成了金融城。因制造业的发展而崛起为亚洲四小龙之一的中国香港溢出到大湾区了吗？没有。制造业转移到了大湾区，香港变成了金融城。对中国香港而言，背靠中国内地，金融和房地产可以支撑这个 700 万人的经济体。对英国、美国或中国而言，金融和房地产远远不够。在伦敦和纽约以作为世界金融中心而自豪的时候，金融危机来临了。

金融永远只会让金字塔上最顶尖的那 1% 的人获得高额回报。金融城外一英里远的普通老百姓只会成为折叠社会之外的人：活着就好，挣钱养社会这件事不需要他们。但人这种生物是闲不住的，除了吃饭之外，人还要打发时间。英国广播公司的纪录片《英国老太游美国》里，玛格莱斯访问了美国中部铁锈区的县监狱。监狱里关了 1000 多人，3/4 的人因为吸毒反复进进出出。美国人把毒品当消遣的糖豆吃——打发时间的好东西。反正社会富裕程度达到了，没工作也饿不死。中国高速增长的短视频直播行业、手游行业，现在也产生了类似的作用。法国黄马甲运动的抗议者如此，英国脱欧如此，电影《小丑》（*Joker*）和《雪国列车》（*Snowpiercer*）反映的正是这样的社会矛盾。

高耗能、高污染、劳动密集型的先期工业必然会转移，难道什么都自己做吗？转移之后，所谓产业链最为完整的假设必然不复存在。这并不遥远，东北地区传统工业的垮塌就是一个例子，20 年来东北地区已经成了中国版的锈带。

越南等东南亚国家的劳动密集型产业迅速崛起，正在进行工业化。这些国家借鉴了中国前 40 年的经验。事实上，去当地投资建厂的外来投资者也大多是中国第一代制造业兴起的获益者。不仅外资在撤离大湾区，内地资金也在撤离。这些老板把大湾区的厂关掉，原班管理人员和设备转移到东南亚，再用 20 世纪八九十年代用过的办法教会当地政府如何配合产业落地。这样就可以把钱挣回来吗？是有可能的，但大湾区几亿人的工作机会是丢失了的。中国这样大的国家体量，靠金融和对海外的投资是非常不安全的，2008 年冰岛的教训历历在目。

疫情有哪些影响，还要再看看，当下乐观实在太早。崛起中的初等发达国家登台亮相并没有赢得满堂彩，台上的老演员们自顾不暇地把自身遇到的困难甩锅给新演员。但毕竟世界有近 1/2 的人口、3/4 的经济体都进入了后工业化时代，大家所面临的问题是一样的。此时此刻，我们至少可以判断，制造业的升级依旧是以后很长时间里中国的主题，也只有这一条路，能让中国有可能避免后工业化国家的空心化，从而度过"中等收入陷阱"，从全民小康走向全民幸福的共同富裕。

"溢出"迎合了大部分人趋于安逸的心理，是"厉害了"的人们所喜闻乐见的，但这也是"毒品"，无远虑者必有近忧。我不知道该如何收尾这章内容，路正长，戏才登场。想起一首应景的诗，为日拱一卒者共勉：

西风烈，
长空雁叫霜晨月。
霜晨月，
马蹄声碎，喇叭声咽。
雄关漫道真如铁，而今迈步从头越。
从头越，
苍山如海，残阳如血。

**MADE-IN-CHINA
MADE CHINA**

智造中国

前工业时代的后工业化问题解决方案
——金字塔的建筑者

如果没有现代科学的发生，人类某个地域的文明大概在发展
1000 多年之后就会达到一种物质生产饱和的状态，社会发展稳定，
最终停滞。生产力能够满足人的基本需求后，不同文明阶段的社会进
入"后工业化"时期，同样会面临一些与今天类似的问题。这里，我
们还真的能够找出可以参考的历史片段，看看古埃及人是怎样解决
"后工业化"问题的。

古埃及作为人类历史上一个特殊的存在，除了具有丰富的考古学
意义、满足现代人对古埃及人生活的好奇心之外，还有着特殊的社会
学意义。从公元前 3150 年南北埃及完成统一立国，到公元前 30 年
被古罗马征服，在长达 3000 年的历史中，古埃及人民创造了光辉灿
烂的文化。以史为鉴，可以知兴衰，古埃及就是一个特别好的人类
社会兴衰的样板。19 世纪初，英法学者破译了罗塞塔石碑（Rosetta

Stone）之后，古埃及留存至今的文字大部分都可以被现代人看懂。写下这些文字的古埃及祭司们恪守礼仪，几千年来都努力不改变这些文字的书写方式和含义。因此，当我们面对埃及法老坟墓中的文字和壁画的时候，可以看到一部活生生的历史。与其他古文明相比，古埃及文明对当今社会的意义在于，它是现代智人的一个完整的文明，从兴起到衰落，很多事情都可以对今天的世界发展有所启示，因此也是社会学家和政治家所关心的话题。

谁建造了金字塔

谁建造了金字塔？古希腊人很早就知道了金字塔的存在，古希腊伟大的历史学家希罗多德（Herodotus）在《历史》（*The Histories*）这本书中，这样描述奴隶们修建金字塔的场景：每 10 万奴隶分成一组，每组轮流工作 3 个月。由于希罗多德在史学上的伟大贡献和地位，这种说法长期占据主流。一直以来，人们都认为金字塔是古埃及法老的奴仆们拿着鞭子，赶着几十万的奴隶，让他们没日没夜地干了几十年。但是，他错了。希罗多德距今 2000 多年，当他看到金字塔的时候，金字塔已有 2000 多年的历史了。所以说，他对金字塔的了解和我们对古希腊的了解一样，很多都来自当时已有的传说。

居住与墓藏

埃及学者曾经怀疑，在金字塔建筑工地的周围有专门的工人居住地，直到维多利亚时代末期才找到考古证据。1888 年，英国考古学家弗林德斯·皮特里（Flinders Petrie）在对位于伊拉洪（Ilahun）的森沃塞特二世（Senwosert II）中的王国金字塔群进行田野发掘中证实了这一猜想。考古发现，距金字塔群不远的居民点卡洪（Kahun）有着完整的城镇建设，有整洁成排的泥砖砌成的房屋。同时出土的还有丰富的纸莎草纸、陶器、建筑工具、衣物和儿童玩具等日用品，这些体现了普通埃及人日常生活的考古碎片在法老的墓葬里很少能见到。

城镇与作为神圣区域的金字塔群由"乌鸦之墙"分隔开。这是一个巨大的石灰岩边界，将凡人的生活之地与法老神圣的死亡之地分隔开。金字塔建筑者所生活的城镇处在这堵墙之外。村里死去的人被埋在远离乌鸦之墙的公墓中。他们的坟墓各种各样，包括微型金字塔、阶梯式金字塔和圆顶坟墓，甚至有从国王建筑工地"借来"的昂贵石料。埋葬在这些坟墓里的也有参与建造金字塔的工匠、管理人员以及低阶的神职人员等。

几千年来的盗墓者或多或少忽略了这些普通人的坟墓，盗墓者觊觎的是法老陵墓中的黄金而非这些普通人的生活片段。因此，许多墓葬和里面的骨骼都完好无损地留存了下来，这使科学家得以了解古埃及人的生活、工作和死亡。迄今为止，在已经研究过的 1000 多具遗体中，大约一半是女性，儿童和婴儿占总数的 23%。不难知道，建筑工人与家人一起生活在金字塔附近的城镇和村落里。

医 疗

考古学家把在居住地附近的遗址中找到的 1000 多具人骨运送到位于埃及的国家考古研究中心进行专门研究分析后发现，很多骨骼上都存在医学治疗的痕迹。例如，科研人员在一个 40 岁左右男性的头骨上发现了两个孔并推测，较大的孔是发炎造成的，较小的孔可能是外科手术留下的痕迹。"我们在头骨上检测出了癌细胞，因此推测较小的孔可能是在进行移除癌细胞手术时留下的。"科研人员还通过 X 光照片，发现了一个男性臂骨曾经断裂了，但他得到了很好的治疗，断裂的手臂被完好地接上了。如果建造金字塔的这些人只是奴隶，那么不太可能对他们进行如此费时费力的手术治疗。

考勤簿

这些建筑工人过着怎样的生活呢？伦敦大英博物馆所收藏的一块石板上记录了大约 40 名工人的日常工作情况，包括他们缺勤的日期和原因，相当于现在的考勤簿（见图 1-3）。这块石板发掘于古埃及工匠村庄德尔麦迪那，人名用黑色染料书写在石板上，人名后面用红色染料书写缺勤日期和缺勤原因。从这上面来看，工人们缺勤最常见的原因是生病，约占了一半。例如一名叫席巴的工人因为被蚊虫叮咬生病，缺勤了 7 天。其他请假原因包括参加家庭社交活动，例如生日、婚礼、宴会、扫墓等。在众多的缺勤原因中，有一种在现在看来非常不靠谱的请假理由——宿醉，一名叫列钮泰夫的工人由于宿醉而缺席了第二天的工作。通过这块工作记录石板可以看出，建造金字塔的工人们过着一种想去就去不去也行的非常自由和轻松的生活。

图 1–3 古埃及工匠"考勤簿"

资料来源：大英博物馆。

管理任务

在大金字塔西侧还发现了一座墓室，年代可追溯到古埃及第四王朝，墓主凯伊是建造大金字塔的胡夫法老时期的一位祭司。墓室入口处的墓志铭上，刻着保障农民粮食的契约。墓志上记载，凯伊按时付给建筑工人面包和啤酒，这些开心的工人以神之名表示非常满意。这说明，法老承担起为工人提供衣食住行的全部责任，工人们则充满感激地全身心投入工作。由此可见，金字塔建造工程是在双方均接受的雇佣契约下进行的。

考古学家计算了在吉萨（Giza）的工人数量，大多数人都认为大金字塔是由大约5000名专业工匠（采石工、搬运工和泥瓦匠）建造而成的。他们领导着15 000到20 000名二级工人（坡道建造者、工具制造者、砂浆搅拌机操作者以及提供诸如食物、衣物和燃料的后勤服务的工人）。这样一来，共有20 000到25 000人花了20年或更长的时间建造了这座金字塔。这5000名专业工匠是受薪的长期劳动力，他们和家属一起生活在永久性的城镇里。还将有多达20 000名的临时工从外地赶来，每年进行3至4个月的轮班工作，住在金字塔旁边建造的临时城镇里。

工程主管的坟墓里有与工人的组织和管理有关的铭文。从中我们可以看出，金字塔的兴建是按照久经考验的程序组织开展的，目的是通过有效组织将庞大的工作量减少到每个劳动力可以承担的强度。对任务和劳动力进行精细分割，合理组织和使用临时工，成为工程主管的主要工作。他将金字塔的建筑工人分为左右两派，然后再细分为5个更小的班。在吉萨金字塔的建造过程中，20 000多名工人先被分成10个约2000人的大团，大团再细分为1000人的有昵称的派：

壁画上的埃及文显示，吉萨第三座金字塔的两派建筑者将自己命名为"门考罗伙伴"和"门考罗醉汉"。这些派再被细分为大约 100 个小组，每个小组大约 20 名工人，这些工人被分配了特定的任务和项目负责人。这样就把 20 000 人分成了高效、易于监控的单元，把看似不可能的伟大工程一点点变为现实。当法老发出建造金字塔的号召时，工程指挥人员充分利用了高效的管理手段来召集工人、订购物资和分配任务。

临时工

成千上万的临时工被安置在金字塔旁边的城镇里。在那里，他们以口粮的形式获得了生活报酬。劳动者在古王国时期（公元前 2686 年～公元前 2181 年）的标准配给量是每天 10 个面包和一小杯啤酒。我们可以想象得到，一个劳动家庭每天能吃 10 个面包的生活是很充裕的。主管和地位较高的上司每天有权得到数百个面包和许多啤酒。这些食物不能长期保持新鲜，因此我们必须假定其中的一部分是名义上的定量，实际上是以其他商品甚至是某种类似于货币的形式来支付。无论如何，金字塔的临时城镇和所有其他埃及城镇一样，很快便发展形成了自己的经济形态，每个人都用自己不需要的口粮来换取他们所需要的其他商品和服务。熟练的专业工匠和抄写员虽然不能获得金钱报酬，那时还没有发明钱，但法老会以不同的方式付给他们报酬，大量的啤酒和宽大的房屋，他们可以选择隔一天做别的事情，例如做医生或牧师。

吉萨金字塔建筑工人所居住的城镇是一个巨大的、凝聚力强的居民区，城市被分为整齐的块状，包括一些工人的住房，它们由铺有排水沟的街道隔开。考古学家马克·莱纳（Mark Lehner）发现了一个面包店，该面包店里的模具数量足以同时烤制数百个面包；一个鱼类加工作坊里有成千上万条鱼骨残骸。考古学家尚未发现仓库等长期存储食物的设施，所以这些食品要及时消耗掉。他们在周围不同的区域里也发现了大量动物骨骼，包括鸡、鸭、绵羊和猪，以及最出乎意料的牛骨。金字塔临时城镇里的房屋和空地周围可以饲养鸭子、绵羊和猪，但养牛要有牧场。牛作为一种昂贵的奢侈品，只可能是在远离尼罗河三角洲的牧区放牧，然后赶到吉萨进行现场宰杀。

密歇根大学自然历史博物馆的分析师理查德·雷丁（Richard Redding）根据在聚居地附近发现的牛羊骨数量判断："即使每天吃肉，这些肉也足以养活数千人。"雷丁对牛骨的数量感到震惊，这些牛多数是两岁以下，而且往往都是公牛。这说明这些建筑者不仅数量庞大，而且享用着最好的牛肉。这也说明这些人不是奴隶，而是熟练的工匠，享受着非常好的待遇。雷丁同时提到在埃及的另一处考古发现，那里似乎是某种大型的畜牧场，用来饲养大量的牛。考古发现，当地有大量被牲畜吃掉的植物遗迹，却很少发现牛骨。因此，雷丁推测这些牛是在畜牧场里饲养的，被赶到了吉萨金字塔附近。在吉萨发现的大量牛骨印证了这一点，在埃及腹地和遥远的边境上的农场和牧场是为金字塔建筑者服务的，牲畜和粮食源源不断地从这些地方运来，满足这些工匠略显奢华的日常生活。

开罗大学医学院的莫麦娜·卡玛（Moamina Kamal）比较了从工人骨骼中采集的 DNA 样品和从现代埃及人中采集的样品后，认为建造胡夫金字塔是一个真正的全国性工程，古埃及各地的工人都被召唤到了吉萨。她没有发现外来种族的踪迹，尤其是通常人们以为的战争中俘获的作为奴隶的外国人。

事实上，卡玛发现几乎每个埃及家庭都直接或间接参与了金字塔的建造，金字塔建筑者显然不是奴隶。他们很可能遵从了某种制度或信仰，法老王安排他的人民在这项重大的国家工程上每年轮班工作 3 至 4 个月。从一定意义上说，金字塔工程是一项庞大的信仰和文化的同化工程。离开了可能只有几百人的村落的埃及人，来到一个拥有 10 000 或更多来自不同地域的陌生人的小镇上共同生活和劳动。工人除了在建造中交流新技能，3 至 4 个月的轮班工作结束后，他们会以更广阔的视野和新的民族认同感回到各自的居住地。这种全国性的定期文化交流平衡了人们对本地文化习俗的忠诚，我们有一个更大的国家！我们为伟大的法老工作！

研究人员在质疑希罗多德版奴隶主压迫奴隶的说法时，推测金字塔的建筑者可能是志愿者，认为金字塔的伟大象征意义和它在宗教上的崇高地位，激励着人们自愿参与到这项伟大的国家工程中。

那么法老为什么要建造金字塔？除了宗教原因以外，还有着特别积极的社会意义。尼罗河每年定期泛滥，给尼罗河三角洲地区带来肥沃的土壤，古埃及人种地半年所获得的粮食是足够全年食用的。因此古埃及人发明了当时用来打发时间的毒品——啤酒。但酗酒会引发大量的社会问题，吃饱饭无所事事也更是个麻烦，会给法老对国家的治理增加无穷无尽的难题。所以，剩下的半年就让全国所有的人都参与到法老伟大的金字塔建造工程里，大型基建给予人们工作！这不得不算是古埃及维系3000年文明的秘诀。

MADE-IN-CHINA
MADE CHINA

MADE-I-CHINA
MADE CHINA

第 2 章

智能制造升级的创新模式
——AMRC

AMRC 模式解决了工业技术转型和升级中的核心问题，由会员企业共同承担研发风险，又由于工程师团队研究经验的积累，整体风险也在稳步降低，开发成本的评估也越来越准确。大学参与真正的工业生产，回到社会活动的核心，成为新思想和新技术的源泉，引领工业和社会的进步。

　　2008 年，席卷全球的金融危机让英国得到了深刻的教训：一个国家是无法仅依赖金融和房地产行业立国的，而应以制造业为基础继续为社会提供价值服务，让年轻人能够找到工作和生活的意义。后工业化阶段的产业转型升级，让制造业回流成为发达国家的共识，每个国家都有不同的策略，做了不同程度的尝试。

　　金融危机发生之前，英国媒体和公众常常只关注"一英里内"发生的事情。这一英里指的是伦敦金融城的半径。金融城里灯红酒绿、纸醉金迷的生活似乎代表了一个国家的终极繁荣。年轻的人们也以进入这样的圈子为奋斗的目标，21 世纪初，牛津大学的孩子们说起要去做投资银行家时总有一脸骄傲的神情。一英里之外呢？那是蓝领和普通白领的地盘，他们不是社会的精英，他们是会被渐渐遗忘的。这个世界属于纽约的华尔街和伦敦的金融城。

　　然而，这一切的繁华在 2008 年结束了。

　　20 世纪初，英国开始渐渐把自己从一个工业国转型成为一个金融帝国。

在伦敦操纵资本就足够养活这个国家了，一英里以外的人的贡献是可有可无的，他们的工作不值钱，对 GDP 贡献不大。无污染、低耗能，青山绿水，后工业化的地方就应该是这样。然而金融危机无情的现实告诉英国人，像英国这样庞大的经济体，依赖金融和房地产是极其不安全的：金融抵御风险的能力太低。一旦金融危机来了，便是摧枯拉朽，经济上使一个国家受到重创。

从 2010 年开始，英国前首相卡梅伦就提出了制造业振兴计划，以系统地提升英国的制造业水平，恢复英国在制造业中的地位。为下一个百年做规划，英国要成为一个制造业高端技术的输出国。这一点英国有自信，对部件或技术的精益求精是德国和日本制造业擅长的，先进制造业如生产大飞机中的整体协作，迄今为止，只有英国和美国能够驾驭。英国的制造业振兴走的是务实主义的老路子，先不谈伟大的口号和宏伟的规划，走走看，做做案例，尝试尝试。于是在这样有心栽花专门插柳的氛围下，谢菲尔德大学的 AMRC 逐渐发展成为英国制造业振兴计划的样板工程（见图 2-1）。

图 2-1　英国女王伊丽莎白二世和菲利普亲王参观 AMRC

注：右一是 AMRC 的首席执行官基思·里奇韦（Keith Ridgeway）教授，他正在为英国女王和菲利普亲王做介绍。

资料来源：AMRC。

　　经过 10 多年的实践，谢菲尔德大学为英国众多制造企业打造了一个研发共享平台。2016 年，罗罗公司（Rolls-Royce）在 AMRC 附近投资了新的发动机制造厂。2017 年，麦卡伦在附近建厂，波音也在 AMRC 园区投资建设了欧洲的第一个工厂（见图 2-2）。英国新建的欣克利角 C 核电站（Hinkley Point C nuclear power station）采用了 AMRC 生产的核设施。作为英国第四大城市的老钢铁工业城市谢菲尔德，经历了 20 世纪 80 年代之后制造业衰退的大萧条时期，最近十几年也迎来了翻天覆地的变化。大量高端制造业回流，AMRC 周边的老矿区的就业率从 20 世纪 80 年代初只有 4% 上升到今天的 86%。

图 2-2　兴建中的谢菲尔德波音工厂

资料来源：AMRC。

2017 年，我作为大学的新科教授到谢菲尔德大学报到，伯内特爵士让他的司机全天陪我到处看看。司机约翰 50 多岁，很健谈，他出生在谢菲尔德，在这个地方长大，做了 29 年的警察，退休之后专职给校长开车。约翰可以如数家珍般地告诉你这个城市里的每个建筑和每个角落的历史。约翰说，在他小的时候，谢菲尔德是个工业城，雾霾严重，白天看不清对面的人。后来城市去工业化，矿山关闭了，钢厂关闭了，雾霾消失了，而失业率却一直在增加。环境变好了，但经济大萧条也困扰着这个老牌的工业城。AMRC 今天所在的园区以前是一个废弃的煤矿区，20 世纪 80 年代这个煤矿区爆发了英国现代史上最著名的罢工事件，抗议群众和军警之间发生了大规模的流血冲突。今天，大量的先进制造业工厂迁至此地，大学办的 AMRC 周围也汇集了越来越多世界知名的大公司。大学里的年轻人毕了业就能找到工作，连原本上不了大学的本地青年也在 AMRC 接受培训，成为这些制造业大公司的技术工人。制造业的复兴改变了几代人的命运，而谢菲尔德的城区和郊区也重新焕发了勃勃生机。

约翰一边开车一边说："我为我们的大学而骄傲，更为我们的校长而骄傲。"作为导师的学生、伯内特爵士家族中的一员，如今的大学教员，坐在车后座的我，当时颇为感动。

夕阳西下，车窗外正经过的是新建的居民区和购物广场。一个大学兴建了一个先进制造研究中心，这个研究中心让高端制造业回流从而振奋了一个城市。这个城市不再是一英里之外衰败的旧工业城，你会看到它将迎来新世纪的辉煌。

MADE-IN-CHINA
MADE CHINA

智造 中国

一场新的工业革命

伯内特爵士 [1]

想象一下，在工厂里，材料科学家和设计工程师坐在一起，他们的电脑屏幕上展示着新材料的图片，这些新材料可以被制作成新的产品。机器人在周围手舞足蹈，将图片呈现的东西变成现实世界里的产品。

这个工厂，我们称之为 2050 工厂（见图 2-3），比起你想象中的普通工厂，它更像是《星际迷航》（*Star Trek*）里的"进取号"星舰或一个巨型苹果商店。

图 2-3　2050 工厂

资料来源：AMRC。

---

[1]　本书中所有伯内特爵士的专栏均出自新华出版社出版的《融通大道》一书。

2050 工厂的这种状态，将成为创新园区的常态。园区里培训着来自当地的数百个年轻人，以服务于未来的工业革命。

在工厂所在的科技园区里，规模或大或小的公司可以利用园区的研究资源提高生产效率并获得订单，而这些资源在其他地方可能无法获得。这对已经准备将生产设备搬出英国的公司来说有着巨大的吸引力，它们可能会因此而向园区聚集。好消息是，这样的未来工厂已经建成了。它既不是建在中国，也不是建在硅谷，而是建在第一次工业革命的发源地，英国的约克郡。

暂时忘掉工业衰退的萧条景象吧，这是一只创新凤凰的涅槃。2016 年，位于罗瑟勒姆镇（Rotherham）的谢菲尔德大学 AMRC 的 2050 工厂开始运营。现在它正和美国、印度以及中国的航空项目开展合作。西门子、英国宇航公司、罗罗都是它的会员。

没错，正是在约克郡，我们建成了第一个完全可重构的工厂，为企业提供研发服务。它的建成融合了 AMRC 和核能先进制造研究中心（Nuclear AMRC，简称 NAMRC）的知识和经验。这两个研究中心都是政府通过"创新英国"（Innovate UK）项目成立的工业创新中心。

英国的企业和年轻人都会从中获益，因为我们有完整运作的培训中心，有来自上百家公司的 550 名学员，这些学员由工厂赞助来这里接受培训，在浓郁的研发氛围中学习未来社会发展所需要的技能。

到 2020 年，英国首相将投资 20 亿英镑来加强英国的基础研究建设，尤其用于工业战略方面的研究，我们为此欢欣鼓舞。在这片前身是焦化厂，如今已是成熟的工业研究园区的土地上，我们正在恢复英国的工业供应商身份，并创造更多高技能的工作岗位。旧的煤矿区奥格里夫将再一次迎来黎明的曙光。但我们为什么需要一场新的工业革命呢？这不仅是为了振兴已经衰败萧条的北方工业基地，还与整个英国的利益息息相关。要找出这个问题的答案，我们需要看看全球其他经济体的情况。德国、日本和中国一样，保持稳健的经济增长。其原因何在？因为这些国家的政府一直投资科研、创新和相关培训。他们在产品的价格和质量上都占据了优势，这导致我们的进口远超出口。他们赢了，我们输了。这也是为什么在政府秋季预算报告中做出改变对我们而言至关重要。如果我们做出了正确的选择，利用拥有本土优秀的创新公司和全球最好的科研机构这一优势，将其与国家目标相结合，不仅可以重塑我们曾经的工业实力，还有机会创造世界所需的新产品。

这是我们所面临的挑战，我们不能失败。我们面临的选择很残酷。我们应该像应对老龄化那样利用债务手段和金融服务，摆脱对国外引进技术的依赖，建立一个制造创新的时代：一个可以创造真实财富、可售产品和全球合作的时代，一个充满自信和雄心的时代，一个为我们的子孙创造就业机会，并让这个伟大民族再次扬帆起航的时代。

后工业化社会转型之路的探索

金融危机之后，德国政府一直在鼓励研究机构和创新部门合作制定国家科技战略，通过技术创新确保德国强有力的竞争地位。2011 年 1 月，德国科学研究联盟通信促进小组提出了工业 4.0 的概念。这个概念很快就被德国政府采纳，作为高科技战略行动计划的一部分。同样，为了适应新一轮的工业革命，摆脱金融危机的影响，世界各国都在积极采取行动。美国提出"先进制造业伙伴计划"、英国提出"工业 2050"、法国提出"新工业法国计划"、日本提出"社会 5.0 战略"，他们都将发展智能制造作为本国构建制造业竞争优势的关键举措。《中国制造 2025》也明确提出，要以新一代信息技术与制造业深度融合为主线，推进智能制造作为主攻方向。工业 4.0 需要实现大量的数字技术和人工智能技术，产品的设计、生产流程和消费过程，都可以在数字空间层面先行实现。这需要极强的研发能力：更新速度快，综合成本低，社会资源浪费少，对物料和生产流程的精确控制，以及在生产流程中引入人工智能技术来降低人工成本。除了优化流程之外，数字技术的引入也使得技术的迭代速度大幅度提高。工业 4.0 必然会给传统制造业尤其是以低端制造业为主的产业带来巨大的挑战。工业 4.0 对制造业的重新塑造，对转型中的中国来说，更多的是压力，当然也可能是机会。

章鱼结构的公司内部、公司与公司之间的组织形式逐渐成为后工业化社会的主流。这样的结构有利于个体收入的最大化，因此也会最大限度地激发个体的创造力和满足感。随着工业 4.0 技术的深入，数字空间和物理空间的映射技术允许更多行业实现设计与生产分离。但是这些小型企业，由于资金和体量有限，难以在研发和生产业务之间做出长期的部署和均衡。

设计与生产分离

先期工业化时代的企业常常将研发到生产的过程做垂直整合，把需要做的各种事情在企业内部完成。今天的企业可以做到全球化分工，利用信息技术把产品的各个功能模块拆分开来，通过互联网交换电子文档，让分布于全球的各有所长的多家公司独立完成各自的功能。企业间构成章鱼结构的协作方式，通过供应链的互动整合各自的功能，芯片的设计和制造就是一个很好的例子。传统行业里，工程师和技术员必须在一起工作，这样才能步调一致，保证生产出来的产品是高质量的。但在芯片行业，工程师完成了一个掩码电路设计后，就可以把它保存为电子文档，发送给远在别国的生产基地进行生产。通过这种办法，研发人员和设计者可以利用世界范围内的生产能力来实现产品的交付。这使得后工业化地区涌现了一大批高科技的中小型公司，这些公司聚焦于原创技术开发和设计，而生产往往会在发展中国家进行，通过信息化协作共同应对来自全球的消费需求。表面看来，这是一种非常好的现象，但我们不知道的是，把创新和制造从区域层面分隔开之后，新兴高科技行业是否还能维持其高效的创新能力？

事实上，在不同的行业中我们会发现，把创新和制造分隔开来，放在不同的企业或地点进行，会使企业得不到最新技术结合制造过程带来的全部好处。以美国医药行业的研发为例，发明新药的企业不具备如何使新药从试管阶段到规模生产的知识，作为新药研发中的早期测试性生产的环境早就不在美国了。要在美国进行早期生产特别困难，因为美国没有具备相应技术专长的工人、仪器和最先进的厂房设施，其资源也已经落后于欧洲的一些国家。这一点在新冠疫苗的生产中特别典型。作为美国食品药品监督管理局批准紧急使用的唯一美国自行研究、本土自行生产的 Moderna 新冠疫苗，其量产的速度远远不能满足实际的需求。

一些以教育和科研为主要产业的地区也发生了同样的状况。我们鼓励大学在能做好基础研究的同时也能做好产业转化,把科研投入转化为生产力,鼓励大学生创新创业,但在高校周围很少会有具备相应技术专长的工程师和相应的产业环境。新冠肺炎疫情中,牛津大学迅速研发出了牛津疫苗,以其高效且对存储运输条件要求不高而被全世界寄予厚望。牛津疫苗与辉瑞疫苗有着不相上下的有效性,但相对于辉瑞疫苗需要 -70℃ 的冷链存储,牛津疫苗只需要普通的冰箱就可以存储。这样一来,牛津疫苗批量化生产的成本只需辉瑞疫苗的1/7,适应大规模施打,满足欠发达地区的使用。然而直到 2021 年初,辉瑞疫苗已经为美国 1 亿人施打之后,牛津疫苗的量产问题还一直困扰着疫苗短缺的欧洲。这与高校早期研发与药厂制造工程师的专业知识脱节不无关系。

设计和工程化的分离使得创新创业的大多数项目停留在商业模式的创新上,产业转化成了闭门造车,无论科研创新还是产品创新都成了无源之水、无本之木。工程环境的缺乏对科研本身来说是有严重伤害的,因为大部分的科学研究还是实验科学,是要通过自己设计实验设备和实验方案来实现的,不掌握先进的工程技术,难以做出好的、突破性的基础研究。

小而美的制造企业的升级挑战

众多小而美的企业是后工业化社会的主要形态,而波音这样的大企业的管理和协调也主要以这类小型供应商为主。小而美的企业往往具有创新的动力和压力,但新技术开发需要更多的知识和人力资源,因此也需要更多的资金投入。对中小型企业来说,要让其中某一企业拿出足够的资金把创新推到商业化的阶段，是非常困难的。它们依靠自身的内部资源发展新技术，在工业生态系统中很难或者根本找不到可以利用的互补资源，与大学的联系也很少。行业协会帮不上太多忙，也没有科研机构来协助它们开发新的技术。在中国的传统大型企业中，这种情况也很常见，美国的很多制造企业也是如此。但这些资源是德国工业生态环境中的标准配置。

制造企业的新技术开发需要大量的资金投入，新的生产线可能需要几年才能建好，常规的风险投资在这样的项目上不会取得短期回报。制造企业技术研发的风险很高，而企业花钱的速度往往又很快，远不如一个软件公司的项目更让投资机构放心。资金募集年限要求投资机构不得不在企业刚把产品和流程都定下来准备进入商业化生产的关键时刻把钱抽走。最后的结果是，连技术开发者和创业者也都不愿意在这样的制造企业上耗费精力了，因为这样的企业若拿不到投资，就无法顺利发展。

对于中小型企业而言，要把新技术和创意开发成市场接受的产品，企业所持有的创新技术不是简单地将相关元素组合在一起，而是需要反复琢磨，最后才能变成可以投放市场的产品。这些反复琢磨的活动通常会在供应链相关的企业之间相互进行，这可以进一步带来很多新的资源、激发新的想法。这些活动的性质决定了企业在沟通中使用的大多是前沿的技术知识，这对创新过程和地区的创新能力提升都有着重大的意义。

波音是一个典型的后工业化时代的企业。一架波音 747 飞机有 600 多万个零件，这些零件来自全球 4 万多个供应商。波音作为这 4 万个企业的大脑，核心能力在于其强大的整合能力。这种整合能力不只是把上游研发转化为下游产品那么简单，它包含很多具体的任务。概念层面的广博知识要和具体的产品设计相结合，整个系统由前沿科技和久经考验的现有科技相结合，关键分支系统的设计必须和这样一个整体系统架构的设计相吻合。具备这种整合能力的企业，必须能够跨越好几个分支系统进行总体的概念设计。执行设计时，要把整个系统分解开来，把具体的开发和生产任务交给分支系统的专家来完成。分支系统建好后，再把整个系统重新组装起来，再测试，再开发，这一切都要在规定的时间和财务预算内完成，并且与严格的质量控制标准相吻合。这么多任务不可能只在一家企业内部完成，通常是由很多企业共同参与完成的。在完成任务的过程中，各家企业会把内部所有的资源都动用起来，包括设计师、系统整合团队（这个团队既要负责整个系统又要负责分支系统）、零件供应商，以及无数的分包商。想要这些复杂产品系统（complex product systems，简称CoPS）取得商业成功，最后顺利投入使用，最重要的是，如何提高不断重复设计、分解、重组、预设失败、再设计的过程中的效率。

大规模的火力发电厂、核电站、高铁车辆、离岸石油钻探平台和智慧城市系统等这类先进制造业系统，统称为复杂产品系统。这些复杂产品系统都需要多种技术、多个辅助系统和五花八门的零件，系统要想成功运转，所有这一切就必须同步运行。CoPS产品不是大规模生产的，它们都是单个开发、安装和使用的，偶尔也会进行小批量生产。这种小批量生产都是为某个政府、机构或大型工业客户定制的。这些系统都需要极端的资本聚集，动辄需要上百亿投资和长达几年的时间进行开发和建设，需要很多的设计工程技术和跨学科的专业人员才能使它们正常运转。对于大多数制造业产品的生产来说，产品的生命周期不是以月或年来计算，通常是以10年为单位来计算的。这些系统一旦建好，运行时间就会很长。因为这些系统所承担的任务是非常关键的，人们对它们的稳定性、安全性和供应稳定的要求很高。在衡量某个项目是否成功时，这些要素和成本一样，都起到了决定性的作用，但同样这也构成了这些行业的竞争壁垒。那么在章鱼结构组织的工业企业合作的前提下，新技术的研发怎样实现呢？

当创新是大型企业的研究成果时，这些大型企业具备相应的资源，能够把它推到大规模商业化的阶段。后工业化社会里，创新更可能来自从大企业拆分出来的小公司、大企业的供应商、或者大学和政府的实验室。在创新通向商业化的道路上，每一步都需要资金，原型机制造、试生产、测试和演示、早期生产、大规模制造，这些企业或实验室能够拿到所需的资金吗？企业只拥有创新想法往往还不够成熟，必须进一步把创新商业化才行。在这种情况下，商业化过程所需的资源又从何而来？

先进制造业的产品如商用大飞机的发展，是一个整体演进的过程。它的局部技术进步的实现，意味着要牵动各个部分的升级换代，这就对它们原本稳定的供应商也提出了发展创新的要求。即使是作为波音供应商的小而美的企业也不是高枕无忧的，在整体产业链的提升过程中，它需要跟随自己的上层和下层产业链的发展而不断创新，推动自己的上下游，实现整体进步。

但风险投资并不会成为这些小而美企业的合作者。风险投资永远是被资本的利益所驱动的。它天生的时间趋向秉性与制造业中小而美的企业的天性不同。这也导致了在小而美的企业中风险投资很少能够成功。

作为创业者、投资人和科学家，我也给很多制造业提过建议，这些项目要么停留在创意阶段，要么就还在实验室阶段，离真正的工业应用还有很大的距离。项目初始阶段的技术持有人常常会为了拿到投资而把一项技术吹嘘得天花乱坠，一定要改变世界。可是现代工业的进步和升级绝不是靠一项技术的突破就能实现的。就算是马上能够推向市场，但行百里者半九十，这最后的一公里才最为凶险，能不能简单放大生产能力，能不能真的满足客户的需求，能不能保证市场的占有率，能不能立竿见影收回钱，这些都是投资者要考虑的问题。

投资回报通常有两种形式。

分　红

大部分企业往往采用分红的形式回报投资人。公司运营稳定，在同行业中几乎没有竞争，这样的企业的利润是极好的，例如一家企业如果每年有 200 万的净利润，那么它就可以把这 200 万的净利润拿出来给各个股东分红。

但随着技术进步和竞争的出现，这家企业需要技术革新，例如需要 300 万的资金用于研发新技术。这个钱由谁来出呢？如果找外来投资，投资人投资之后，一般希望 3 年收回成本。按照分红的模式，他每年需要收回 100 万元，那么他应该至少占有公司 50% 的股权，才能在每年 200 万的净利润中得到 100 万的投资收益分红。

对小而美的企业而言，在利润中分出一半给投资人意味着对公司控制权的丧失。代表投资人的投后管理人员进入企业参与企业运营，也就是所谓的"门口来的野蛮人"。他们对行业本身的熟悉程度大多比不上这些小而美的企业原有的运营者，若直接参与到企业的运营中，大多数情况下对企业来说是危险的。对投资人而言，炒房炒成了房东，需要花大量的精力从事投后管理，还会面临投资随时砸在自己手里的风险，这也不是投资该有的目的和方式。

公司价值收益

这种方式也是常见的。投资人投入资金来获得公司的股权，通过促进公司价值的提升而获得收益。这种方式特别适合互联网企业和生产消费品的企业，公司价值提升快，将资本运用在营销方面，效果立竿见影，从而带来更高的收益。但这种模式并不适合大多数的制造业，即使是高科技企业。大多数具有核心技术的高科技公司虽然会有好的利润，而且利润稳定，但并不具备投资人所期望的爆发式的高成长性。

换句话说，互联网项目和消费品项目的典型特征是边际成本下降很快，甚至会下降到零。开发一个应用程序，理想的流程是：根据创意找人写好代码，上传，等着用户一个一个下载。用各种办法，包括补贴，达到引流的目的，如果有直接能卖的东西当然最好，没有的话就以此来收集大数据以期获得将来可以利用的收益。但随着软件开发门槛的降低以及同质化的应用程序增多，说服用户下载并维持用户黏度就变成了一个边际成本极高的事情。就消费品的设计和生产而言，因为是面对消费市场的产品，用户对它的要求往往不如工业产品高，所以各类产品如雨后春笋般层出不穷。这也引发了严重的同质化竞争，总有喜欢便宜点儿、对质量要求不那么高的用户。大家做的东西都是一个模子出来的，卖的不是产品而是品牌，所以公司只有提升自身的价值才有可能在这种竞争中脱颖而出，获得更高的收益。靠什么来提升？投资。

对于高成长性的投资来说，资金进入之后，如果能在三年之内将公司的价值做到几十倍的成长，那么我们就会说这是一个成功的投资案例。例如，同样是花 300 万进入一家企业，只占有了 10% 的股份，这时公司估值 3000 万。3年后投资要退出时，公司估值假设达到了 3 亿，10% 的股份可以以 3000 万的价值退出。300 万的投资已经获得 10 倍的收益，但为了达到这样的估值，被投资公司每年需要达到接近 115% 的增长。对于一个典型的工业企业来说，尤其是拥有稳定客户的高端制造业的供应商企业，这样的增长速度是难以想象的。那么能不能只以 300 万退出？当然不能。风险投资是有风险的，对于好的项目，一定要获得几十倍的收益来平衡失败的项目的投资损失，在总体投资中获得收益。

因此，从投资回报的这两种方式来看，高端制造业中的中小型企业与风险投资天生是不同性的，从收益模式上来看是无法匹配的。对小而美的企业而言，由于缺乏符合风险投资性质的投资退出机制和盈利模式，因此不具有风险投资价值，它们必须靠自己。我们无法站在道德的制高点要求风险投资把资金投向工业类的中小型企业中，以支持工业企业提高生产能力和技术水平。赚钱本就是风险投资的本性，一个无法盈利的机制是难以长久维系的。风险投资管理者需要在 3 到 5 年内完成募投管退（募资、投资、投后管理和退出）的一系列动作，小而美的工业企业虽然利润逐年提高，但也无法达到风险投资的退出机制和平均风险所要求的高增长。即使有了产品的突破，它的市场也往往会受到上下游供应链用户的限制，给波音供货的生产商，不会因自己的零件造得更好了而使得波音逐年翻倍地卖飞机。

新技术的开发具有一定的风险，即使这些新技术很可能已经在实验室环境中验证过了，但能否实现产业化也还是存在巨大的风险。从投资回报来看，制造企业的成长具有长期性，很难像互联网企业那样几年内有成倍的增长，这使得风险投资在一般的投资退出周期内难以获得足够的投资回报。这些小而美的制造企业往往是大型复杂生产中的一环，即使技术有了提高，订单也并不会因为这个技术的提高而大幅度增加。虽然单个产品的利润依然很高，但由于有市场天花板的存在，投资机构觉得缺乏想象的空间。在这个过程中，企业必须决定是否要在生产设施、市场推广和销售渠道方面对新技术进行投资。即使企业承担了资本风险，也只是复制了现有企业的资产，并未有效利用稀缺资源获得高额回报，大部分的沉没成本很可能得不到短期的高额投资回报。

企业的工艺提升了，但客户还是波音，波音并不会因为某个零件的性能提高而多卖很多飞机。如果工艺无法实现所需的提升，这个供应商就会被从供应链里挪出去，波音不得不重新寻找新的合作伙伴，但这么做又会面临认证和长期的合作考验。在这样的结局下，所有人都是输家。

制造业的人才培养

在工业革命之后的很长一段时间里，大公司负责自己员工的培训，或者在大公司的资助下由职业学校培养合适的员工。在中国，大型企业自己创办职业学校，招收中专或大专学生，为自己的产业链所用。随着 2000 年以后中国高等教育的扩招，大型企业所创办的职业学校或逐渐独立成为全日制地方综合性大学，或因为招生困难而逐渐销声匿迹。另外，后工业化社会的制造企业一般都是中小型企业，这些企业自身的资源有限，它们没有足够的财力对员工进行培训，也并不打算让员工一辈子都为它们工作。因此，人才培养的任务就交给了高校。就制造业而言，其所需的技能往往比较专业，很少有简单培训就能上岗的，这就导致了企业用人的脱节。从高校录取了毕业生之后，企业再进行一段时间的入职培训。这也能解释为什么会有大量的高校毕业生从事外卖工作或者薪水很低的白领工作，因为这些工作对专业技能的要求不高。一位拥有 100 多名员工的钢铁产品制造商解释为什么地方职业学校不愿把员工所需要的技术纳入教学计划："我们公司太小了，它们觉得不值得对我们的需求做出回应。"

遇到招聘难题的企业中，小企业也比大企业多。这些小企业一般和职业学校及其他培训机构的联系较少。但这些企业每年推出的新产品的数量更多，人均创新能力也更强。如果越有创新能力的企业越难招到人的话，未来的问题就会越大。越来越多的企业会采用先进的生产技术，这就要求员工具备更高级的STEM 知识和工程技术能力。

先进制造业岗位，要求员工具有与之相当的高等教育程度，对员工的动手能力也有很高的要求。从这个角度来看，后工业化地区制造业岗位减少的压力其实来自新技术本身。因为新技术的应用要求员工能够使用复杂的软件，操控精密的设备和仪器，还要善于和人打交道。工业 4.0 的技术进步使常规工作自动化了，或者在数字化技术和互联网的帮助下参与了全球分工，常规工作可以交给海外的廉价工人来完成。这些因素导致了对本地中等教育工人的需求减少，技能偏好导致的制造业岗位流失和生产力提高导致的岗位流失一样，都是后工业化地区新技术的普遍应用而导致的直接后果。

能适应未来制造业的岗位不可能仅仅通过社区的职业学校或高中教育来解决。职业教育可以解决一部分问题，但这部分问题很快又会被人工智能技术和自动化技术所取代，如果不能最终打通设计、创意和基础科学与工程实现之间的通道，这样的工作与发展中国家低工资的工作并没有实质性的差别。一段时间之后，与机器人所提供的工作之间也没有实质性的差别。

先进制造业工作岗位的培训只能由更好的教育资源参与，这些包括高等教育体系中世界级的学者和专家。他们应该具有全球视野和顶尖的科研能力，能够培养具有全球竞争力的学生。2021 年 1 月 6 日，美国国会被示威抗议的民众攻占时，我们看到一个特殊的群体，这个群体是指仅受过高中教育就从事企业生产工作的美国中下层的白人。这个阶层的工作机会并不具有全球竞争力，当新兴地区的劳动力成本低于美国，这些工作机会就会流失过去。一旦流失，这些工作机会就很难或不可能通过经济制裁的手段再次回到美国。这些人的上一代是第二次世界大战结束后的一代，这一代美国人有美国梦。他们接受的教育和对生活的认知是美国梦，只要努力工作就能买得起房子，一家人围坐在餐桌旁享受每日工作结束后的丰盛晚餐。20 世纪六七十年代日本崛起，制造业的工作机会很快流失到日本。为了使制造业的工作回流，美国制裁日本，逼着日本签订了《广场协议》，不再发展芯片和半导体产业。但工作机会因此回到美国了吗？没有。这些工作机会很快流转到了劳动力成本更低的"亚洲四小龙"地区，美国因此接着打压"四小龙"的制造业。这些工作机会又流转到了中国大陆，因为美国高中文凭的制造业工人不具有全球竞争力。一旦一个地区的劳动力教育程度达到高中文化，劳动力成本又低于美国，在参与全球竞争的情况下，这些工作机会就不会再回到美国。美国的全球化使其工作机会流向了全球。在特朗普在任的最后阶段，美国又启动了对越南的制裁，这就是历史的重演。

与之相比，德国总理默克尔在任的 16 年时间里，积极参与全球化一直是德国坚守的国家政策。原因很简单，德国制造业产业工人具备足够的全球竞争力，工作机会不仅不会流失，而且还会不断创造新的就业机会，吸引更多的工人来到德国。因此默克尔敞开国门欢迎中东难民，事实上，到 2020 年，中东难民所贡献的财富已经远超德国当年安顿这些难民的开销。

有着与美国类似的高等教育体系的英国，同样面临着反全球化的民声。英国人抱怨加入欧盟初期本地的工作机会被劳动力更低廉的东欧移民抢走，后来中东难民也来抢工作，因而最终大多数人力主脱欧。这时我们可以看到，英美这两个国家的优质教育资源并没有充分开放给具有很强动手能力的工程师，好的教育资源被爱读书会考试的学生垄断，从而造成系统性的国家问题。这些经济的和社会的困难在德国并不存在。德国的工程师群体同样能够接受具有全球竞争力的顶级教育，其工程能力和创造能力不会简单地被只具有"高中文化"的更廉价的劳动力所取代。

企业实验室的探索

先期工业时代的大公司常常会出于知识产权的原因和掌握核心技术的目的，进行垂直一体化建设，自己建立研究所或研究中心来支持自身的业务，并为此提供长期的研究经费，让这些由企业经营的研究所能够实现从底层技术到应用研发的全栈开发。20 世纪 30 年代，像美国杜邦公司（DuPont）那样的全球性企业，不但可以在尼龙的基础研究上投入十几年的时间，而且一旦实验室研究出了一个有商业价值的产品，杜邦公司还具有相应的财力和硬件支持把它推到大规模生产的阶段。企业自己的研究中心可以雇用几千名科学家和工程师，美国贝尔实验室（Alcatel-Lucent Bell Labs）、施乐帕洛阿尔托研究中心（Xerox Palo Alto Research Center）、美国铝业实验室等基层研究中心都是很好的案例。自 1925 年以来，贝尔实验室共获得 25 000 多项专利，贝尔实验室为客户提供富有创新性的技术，这些技术使朗讯科技公司（Lucent Technologies）在通信系统、产品、元器件和网络软件等方面长期处于全球领先地位。迄今为止，贝尔实验室一共有 13 人共获得 8 项诺贝尔奖，其中 7 项诺贝尔物理学奖、1 项诺贝尔化学奖。进入 21 世纪，像贝尔实验室这样的由企业支持的研究中心依然存在，但这些研究中心已经不再像以前一样进行多方面、长期、无约束的研究，现在的研究项目都是针对某个几乎确定的商业目的而进行的。企业的实验室对母公司的利润贡献并不够，面对这些科研中心的萎缩，企业也丝毫不介意，反而放任甚至有时会主动促成这样的萎缩。

在后工业化阶段，企业的结构和规模都发生了变化。企业已经大幅度削减基础研究，企业的研究中心也大多消失了。以华为为例，企业内部的研发部是和各个业务部门的短期需求紧密联系在一起的。在这种大趋势下，我们该如何为基础研究提供资金支持，才能有源源不断的研究成果进入产业界，保证企业的基业长青？如果大多数领先的科研都不再在企业内部进行，而是转到大学、新创企业和政府实验室中进行，这些机构又该如何推动企业的创新，让创新成果顺利进入商业化阶段？又该有怎样的机制保证稳定的、规模化运营的企业能够获得和发展最新的科技？

产业界充满了依靠新技术而产生的新创企业，把它们收购过来就可以获得新技术。在这种情况下，很多大型企业认为与其做内部研究，不如收购新创企业，向专利持有者申请使用权或购买专利。这个策略降低了企业的研发风险，还把前期的开发成本转嫁到了别人头上。然而大型企业在收购了新创企业后，它们之间的磨合顺利吗？被收购后，小公司的创新冲劲还在吗？"他们买走了我们公司的灵魂，接着就将其摧毁了"。

研发共生的生态体系

越来越多的实践经验表明，把技术互补的活动放在同一物理空间进行，让它们形成相互依赖共生的关系，日积月累，就会带来更丰富的创新活动、更快的经济发展和更多的就业机会。这样做比把非常专业的同质化企业放在一起的效果要好很多。在前一种模式下，获益的企业是多种多样的，不仅仅局限于高科技和先进制造企业，而后一种模式常常会导致各企业之间发生成本和人才的恶性竞争。

政府可以创造公共资源和半公共资源供企业以会员制共享。这是因为企业对新技术的认识和学习，是在产品雏形展示阶段到商业化整个过程中进行的。当车间里的工程师和技术员带着生产过程中所遇到的问题来找负责设计的工程师，一起寻求更好的解决方法时，企业对研发的认识加深了；当工厂把大家心照不宣的知识转化为标准化的流程，白纸黑字地写在操作手册上时，企业对产业化过程中的优化策略也清晰了；当产品的最终使用者来投诉，工厂在处理投诉时，企业对深入使用层的改进方案也明确了。在相对聚集的产业共生的工业生态环境中，制造业在知识生产、制造到消费的全流程中，常遇到的问题都可以通过高效率地得以解决。

德国夫琅禾费研究所、荷兰应用科学研究组织、芬兰国家技术研究中心、法国卡诺实验室中心、芬兰国家技术创新局、丹麦认证技术服务研究院、挪威科技工业研究院以及西班牙研究与创新中心等其他欧盟成员国的受国家资助的技术创新机构，都在最大限度地实施欧洲振兴策略，帮助其制造业发展壮大从而实现本国利益。通过这些机构，欧盟的企业不仅可以获取资金援助，还可以建立彼此之间相互合作的关系网并扩大供应链体系。这些研究机构也有能力帮助企业制订应对社会挑战和市场机遇的实用方案。

行业协会作为共享研发的先驱

美国制造业创新协会下面有很多分会。这些分会能够提供一些行业间共通的服务。这种依靠行业协会来分担风险的做法由来已久，政府也利用行业协会来促进创新、推动创新商业化。美国俄亥俄州的添加剂制造商创新协会为企业、大学和政府机构提供了一个分散新技术研发投资风险的方法。该协会积极促进各个机构在新技术研发方面的合作，以研发保险的方式共同承担研发风险，从而为地区的经济注入新的活力。同样，中国的一些地方政府也在积极兴建城市共有的创新实验平台。但往往由于这些平台在运营中的责权关系、专利和知识产权的共享和拥有机制设计方面不够完善，兴建时由政府出资，参与者很积极，但后期运营却并不理想。

企业在大学建立实验室

美国蒂姆肯轴承公司（Timken）成立于 1895 年，创建人亨利·蒂姆肯（Henry Timken）设计了世界首套圆锥滚子轴承。今天的蒂姆肯公司是各类轴承的供应商，产品涵盖标准抗摩轴承、一体式轴承组合、精密轴承和航空轴承等。到 2019 年，蒂姆肯公司在全球已拥有 27 000 名员工、46 家工厂和 100 个销售中心，其生产和服务遍布全球 27 个国家和地区。蒂姆肯公司设立了 9 个技术中心，分布在美国、印度、法国、黎巴嫩和罗马尼亚。2011 年，蒂姆肯公司把自己的涂层实验室转给了阿克伦大学（University of Akron），把设备和主要研究人员都搬到了大学里。在企业和州政府的支持下，大学设立了新的研究生课程，还成立了涂料和表面工程企业联盟，所有企业会员都可以使用这里的资源。在此之前，一整套的涂料新技术一直被封闭在这家轴承公司的实验室里，但现在他们可以利用这套技术成立一所与大学合作的实验室，在实验室的基础上形成企业联盟，联盟内的企业会员都可以对实验室进行投资，以分摊各自研发的风险和成本。本地以外的企业也可以加入联盟，加入联盟后获得的最大价值来自阿克伦大学的实验室。

蒂姆肯公司和阿克伦大学建立的新型合作关系，为遭受企业架构改变和经济全球化重创的美国工业指明了一条新的道路。这条道路是否能够扛得住金融市场的压力而继续存在，有待时间和市场的进一步考验。研究中心搬到阿克伦大学校园里，成为企业联盟的一部分，其他企业也可以加入该研究中心的研究项目中。以涂料研究中心的研究成果为基础，蒂姆肯公司、阿克伦大学和其他企业合作方就可以共同推出新创企业。阿克伦大学新推出了腐蚀工程本科学位，这门全美首创的课程也是与企业合作的一部分。这个学位的毕业生有些会进入蒂姆肯公司工作，有些则会进入俄亥俄州东北部的其他金属加工企业工作。

大学的技术授权

技术许可办公室（Technology Licensing Office，简称 TLO）负责将麻省理工学院实验室的创新成果引入实体经济中。在美国大学研究和企业之间充当桥梁的机构中，麻省理工学院的 TLO 是最成功的。TLO 在 2019 年年报中提到，仅 2019 年，TLO 就公开了 381 项发明专利，申请了 439 项专利，帮助成立了 25 家新创企业，专利授权收入达到 3480 万美元。但是，我们同样要注意到麻省理工学院每年的科研投入是 18 亿美元，这样的投入产出比并不算高，但这也不是个例，反而在高校中很普遍。

每年麻省理工学院的实验室都能创造出大量的专利，经过 TLO 的批准，新的公司就可以使用这些专利并进行进一步的市场化。这些新创企业成功的可能性是很大的，因为它们的专利来自实力很强的实验室。波士顿剑桥镇是一个创新活跃的地区，附近有很多适合早期公司的廉价资源。然而，近些年来，波士顿地区和制造业相关的很多实验室都在不断流失。以太阳能电池研究而领先的麻省理工学院教授 T. 波拿西西（T. Buonassisi）的实验室为例，20 世纪 90 年代到 21 世纪初，与太阳能相关的尖端仪器制造商都位于波士顿剑桥镇附近，最远的也只需开车几小时就能到。大多数的仪器都是实验室和仪器制造商紧密合作的成果，从想法到零件，再到仪器的雏形，最后到改进，双方的交流频繁而密切。这些仪器最初只是在实验室使用，后来商品化，直到被太阳能生产公司广泛使用。这些制造企业的离开带来的研发上的困难使波拿西西教授忧心忡忡。整个太阳能行业的边际利润都很低，但来自中国的竞争对手还在坚持。与波拿西西教授合作的本地企业经营状况很糟糕，这使他对自己的研究工作十分担心。仪器供应商倒闭或迁址到别处后，他的研究工作就面临更大的困难。因为只有和这些供应商合作，他才能研制出需要的仪器，用来发展更快、更有效、更便宜的太阳能电池技术。虽然在全球化经济体系下，互联网可以使世界各地迅速连接，但初期研究与后期规模生产之间的衔接和沟通依旧是最重要的。

随着非首都核心功能的转移，北京的科研机构也面临着类似的问题。2015 年之前，我在北大为天宫项目设计电路的时候，还可以带着学生在中关村电子商城里，几乎随心所欲得像在伯克利电子车间里一样，随意地找自己想要的东西。一个电路从设计到测试、从反馈到调整，来回几趟一两天就搞定了。但这种开发环境在北京已经不复存在，设计电路所需的零件要靠快递从深圳华强北运来，一个开发周期有时要好几个月才能完成。很难想象接下来我们将如何保证这些基础研发的顺利进行，学生也只能停留在理论层面而无法受到良好的动手能力的训练，落地产品的开发周期也会因此无限延长。

虽然由 TLO 孵化的新创企业并不是美国高科技新创企业的最佳典型，硅谷会更经常被提起，但它们在这类新创企业中是最具有成功的条件的。这些企业的产品都代表着最前沿的科学技术，它们与学术界和风险投资界保持着良好的关系。一直以来，麻省理工学院在把新构想商业化方面成绩斐然，波士顿也一直都是美国的创新中心。但这些年，随着制造业迁离波士顿，很多企业都面临着挑战。同时，如果这些享有如此丰富资源的企业在生产上都遇到了很大的困难，那些不在波士顿剑桥镇的新创企业没有创新型的大学为依托，遇到的困难之多就更难以想象了。

欧洲的制造业升级

德国制造业的创新生态

德国企业的创新建立在德国深厚的传统工业生态系统上：工业生产专门化、客户关系深厚、工人技术水平高、生产能力强大的供应商近在咫尺。通常人们会以为德国企业的模式是深耕某一细分领域，守住市场缝隙，打败步步紧逼的低成本生产商，但其实它的潜力远不止如此。在德国，同样会有大量新企业不断涌现，这些新企业建立在现存的生产能力之上，通过对现有产能的转型、革新、改造及商业化而在市场上获得成功，这与美国式的新创企业不尽相同。

德国企业有从生产汽车转型到生产太阳能电池的，有从生产模具转型到生产机器火花塞，再转型到生产人造膝盖等医疗器械的。美国企业在推进创新市场化的道路上往往只能依靠自己的力量，无论是在材料、人力资源还是在资金方面，都缺乏外来帮助。与之相比，德国的企业不仅具有传统资源的优势，还拥有富饶的工业生态系统，这种工业生态系统中有着各种各样的互补资源：供应商、行业协会、大学以及如夫琅禾费研究所这类的行业技术咨询委员会。

在这样的工业环境的支持下，德国制造业扛下了一个接一个的猛烈冲击：20世纪90年代的两德统一、2000年以后来自亚洲的竞争、2008年到2010年的金融危机，德国制造业都能够一次又一次焕发生机。另外，我们以为在后工业化社会里，制造业最终只会雇用全社会劳动力中很少的一部分，但德国的例子告诉我们，这个观点是站不住脚的。2011 年，经过了金融危机带来的岗位大流失之后，美国只有大概 10% 的劳动力受雇于制造业，而在德国有近20% 的劳动力还在制造业领域工作。德国的贸易顺差主要是在和欧盟其他国家的贸易中产生的，它和中国的贸易也是顺差的。直到现在，日本还有 17% 的劳动力从事制造业生产。意大利也是一个出口大国，它的制造业劳动力占比是 19%。制造业成为这些经济强国提供就业机会的主要行业，很明显并不是因为这些国家是低薪国家。实际情况恰恰相反，2020 年，美国制造业最低周薪是 1118 欧元，德国是 1584 欧元。同样，日本和韩国也不是低薪国家。

英国制造业振兴计划

在工业革命后的 100 多年里，英国开始系统地去工业化。这一方面是由于参与工业过程的劳动力成本上升，另一方面与伦敦对自己世界金融中心的定位相符合。与金融业比起来，金融业提供的 GDP 比制造业的人均产值要高很多，而且对环境的影响也很小。在英国逐渐恢复青山绿水的过程中，雾都的雾霾随着去工业化的过程也逐渐得到彻底的根治。然而，随着工业的消失，失业率却居高不下，成为主要的社会问题。从 20 世纪末到 21 世纪的第一个 10 年里，英国努力通过打造文化创意产业来解决就业问题，促进国家新的繁荣。伦敦逐渐成为欧洲乃至全球的设计之都，这些努力在 2012 年的伦敦奥运会前后达到高光时刻。但 2008 年席卷全球的金融危机证明，这些国家战略都是失败的、有严重问题的。金融并不能让国家具有足够的抵御风险的能力，金融危机让英国深刻感受到国家经济离开实业的惨痛教训，而文创产业又不能提供足够的产值。于是从 2010 年开始，英国前首相卡梅伦在以詹姆斯·戴森（James Dyson）为首的英国企业家的推动下，启动了以振兴制造业为目标的英国国家推进器计划（Catapult Programme），设立"创新英国"项目，负责监督该计划的实施。该计划的目的是将各工业领域尖端人才的专业知识同全球领先的高端设备相结合，推动英国的科研成果在全球范围内高效转化，成功实现商业化。

英国要通过制造业的升级使英国重回工业制造的高点，向海外输出高端技术，从而稳定国内就业，提高国家的综合竞争力。"创新英国"项目牵头规划了第一批 7 个先进制造研究中心作为试点，其中包括干细胞和再生医学、未来互联网技术、针对可再生能源和气候变化的软件与技术、卫星通信、燃料电池、先进制造、复合材料等，尝试和探索新型的产学研道路，使科学研究真正为制造业服务，提高国家的制造业水平。

后工业化城市的先进制造研究中心

英国过去一百年经历了有趣的变化。作为第一次工业革命的发源地，20世纪英国全国性地去工业化，把伦敦打造成世界金融中心。金融城里的投资银行家们只需管理英联邦的金融事务就能够将英国的国民生产总值维持在一个高水平上。金融城外的人口应该算是多余的，开几个麦当劳快餐店解决年轻人的就业，中老年人在酒吧混得足够久不闹事就好，土地就让它长草吧！再者，新世纪里还能搞搞文化创意产业，解决一部分就业。本来如意算盘打得很好，日子也过得不错。

然后就有了 2008 年席卷全球的金融危机。

眼看着炒金融和房地产的邻居冰岛政府就"倒闭"了，眼看着阳光海滩成了"懒猪四国"，眼看着金砖国家就被波及得无声无息了。政府意识到像英国这样的国家体量，只靠金融是不行的，金融完全没有抵御风险的能力，危机一来受难的是金融城外的那些普通群众。于是卡梅伦在 2010 年提出制造业推进器计划，要让英国回到工业制造的前端，向全球输出制造业高端技术，以实现可持续发展。先进制造是 21 世纪挖不完的金矿，是新世纪的经济引擎。

作为这一计划的一部分，英国政府到 2030 年要在英国全境建成 30 个先进制造研究中心。第一期的先进制造研究中心有 2 个在谢菲尔德，一个是为航空航天工业服务的 AMRC，另一个是为核能源服务的 NAMRC。根据安永公司（Ernest & Young）2017 年为英国国家推进器计划做的第三方评估，AMRC 是第一批选中的先进制造研究中心里规模最大、产值最高，并且唯一实现了自负盈亏的研究中心，它的做法成了接下来兴建的其他研究中心的参照。

我们来看谢菲尔德大学 AMRC 的例子。

AMRC 是属于大学的工业研究机构，它将谢菲尔德大学在先进制造业方面的专业知识分享给谢菲尔德本地和它以外跨国供应链上的生产商。AMRC 是英国推进器计划中部署的研究中心之一，其项目涉及航空航天、汽车、民用核能和医疗健康等多个领域，主要建在谢菲尔德近郊的罗瑟勒姆镇的先进制造园区（Advanced Manufacturing Park，简称 AMP）。

AMRC 为工业企业提供利用业界尖端研究设备进行实验生产的机会。企业可以选择与 AMRC 建立更紧密的利益关联，将自己的全套生产设施都搬到 AMP 内，或只在需要时接入这个更广泛的工业网络。AMRC 是谢菲尔德大学与制造企业之间交流和合作的平台，它通过与公共和私营合作伙伴进行研发来支持制造业的创新。AMRC 的起源可以追溯到 20 世纪 90 年代末谢菲尔德大学与当地一家名为 Technicut 的切削工具商的合作。这项合作采取了"教学公司计划"（Teaching Company Scheme）的形式，这是一个政府资助的项目，旨在培养企业界与大学之间的伙伴关系。为了响应当时英国科学部长戴维·塞恩斯伯里（David Sainsbury）提出的知识经济计划，1998 年，工党政府承诺将科学知识的商业化作为其产业政策的核心，并就科学如何提高经济竞争力制定了白皮书。

在美国飞机制造商波音的参与下，这项合作得到了进一步的发展。波音先进制造研究中心（AMRC-Boeing）于 2001 年正式成立，最初称为南约克郡卓越中心。地区发展机构约克郡发展署（Yorkshire Forward）为 AMRC 提供了一片位于原奥格里夫煤矿区的工地，用于该项目的建设。AMP 于 2006 年在此基础上扩建而成的。AMRC 项目的资金来自约克郡发展署、英国国家政府资金、欧洲区域发展基金和大学自有投资。截至 2015 年，AMRC 从英国政府获得了 7000 万英镑的资金，另外又从欧洲获得了 7000 万英镑的资金。

AMRC 如今包括 AMRC-Boeing、NAMRC、AMRC 培训中心、国际铸造技术中心（Casting Technology International，简称 CTI）、国家金属技术中心（NAMTEC）、AMRC 知识转移中心、2050 工厂等，它是一系列工业产业集群、制造研发中心及配套设施的组合，形成了一个先进制造企业网络（见图 2-4）。

AMRC 也参与英国其他地区的工业网络，例如威尔士的空客公司机翼制造厂。AMRC 的设备使用和研究资源会开放给整个社会的所有制造企业，为先进制造业公司提供专门知识、尖端机器和设备，为不断追求卓越的精密工程行业，例如航天、发动机、核能源和医疗等提供高质量的定制零件研发。

AMRC 提供的往往是非常专业的高级定制和研发外包服务，正如首席执行官基思·里奇韦所说："飞机、核电和复杂的与石油、天然气勘探相关的安全问题，不容许一丝一毫的差错。"

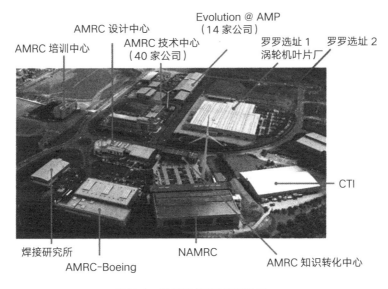

图 2-4　AMRC 的研究部门分布

　　在 10 多年的建设中，AMRC 得到了波音、空客和罗罗等全球几百家制造企业的认可，成为这些企业共享的新技术研发中心。波音、罗罗等一系列高端制造企业和它们的供应商在 AMRC 周边买地设厂。AMRC 不仅为英国核电站生产核设施，也制定核工业安全标准、评估和认定核电站设备供应商的资质。围绕 AMRC 建设的新工厂促进了当地就业，重新振兴了当地经济。新工厂所在地罗瑟勒姆镇的就业率从 20 世纪 80 年代锈带时期的 4% 上升到今天的 86%。谢菲尔德大学 2013 年的科研收入超过剑桥大学，2018 年超过帝国理工学院，居英国高校第一。

作为大学的研究机构，AMRC 拥有近千名涵盖各个领域的工程师和科研人员。在这里，教授、博士生和工程师们一起为企业解决实际问题，把大学的原生技术提升为制造企业可以将其转化为规模生产的工艺流程和解决方案。企业提出技术升级的需求，大学通过 AMRC 实现研发外包服务。AMRC 创造了制造业升级的全新模式，完整的工程师团队使新技术可以在 AMRC 迅速迭代并产品化，大学、制造企业和金融机构都能从中获益。经过 10 多年的实践，AMRC 打通了从知识产权共享、企业研发投入、大学产业转化到金融投资的各个环节，使得高端制造技术可以在这个共享平台上高速"进化"。

从锈带到先进制造研究中心，谢菲尔德做对了什么

2015 年，习近平主席访问英国，英格兰北部成为此行的最后一站。英国提出"英格兰北部经济带"战略，通过振兴北部地区经济，为英国经济注入新的活力。这一战略包括曼彻斯特、利兹、利物浦、谢菲尔德等昔日工业重镇。这些城市是英国工业革命的发源地，在工业革命的浪潮中一跃成为英国首屈一指的城市。谢菲尔德建在英格兰北部七山之上，城市人口不到 60 万，地区人口为 150 万。从 19 世纪起，谢菲尔德市开始以钢铁工业闻名于世，钢铁大王约翰·洛克菲勒（John Rockefeller）把炼钢技术从这里带回了美国。1826 年，城市居民募资建立了今天红砖大学之一的谢菲尔德大学来普及平民教育。

包括纺织和钢铁冶炼在内的许多第一次工业革命时期的革新技术都诞生于这个城市。20 世纪初，位于谢菲尔德的一家工厂发明了享誉全球的不锈钢。第一次工业革命期间，城市人口增加了数十倍。但 20 世纪 60 年代以后，受

到国际竞争和产业转移的影响，英国煤炭和钢铁等传统制造业崩溃，随着当地工业的衰退，人口也随之下降。

　　1984 年 6 月 19 日，在英国北部南约克郡罗瑟勒姆镇的奥格里夫炼焦厂门前，一场世纪大战爆发。沉寂了近一个世纪的皇家骑兵再度耀武扬威！大不列颠及爱尔兰联合王国皇家骑警，在玛格丽特·撒切尔夫人的亲自指挥下，教科书般地成功完成了人类历史上最后一次训练有素的装甲骑兵大破野蛮人的战役。3000 名训练有素的英国骑兵摧垮了由 6000 名失业工人组成的防线，创造了 20 世纪末的一次以少胜多的经典战例，史称"奥格里夫大捷"（见图 2-5）。

图 2-5　奥格里夫大捷

资料来源：Battle of Orgreave，1984.

　　2010 年以来，依靠在高科技行业的专业化领域主导创新，谢菲尔德进入复苏和繁荣的新阶段。在"奥格里夫大捷"的原址上，形成了先进制造业的生态集群：除了波音和罗罗等大公司在这里设立新厂（见图 2-6），还有不少先进制造企业也在这里落户。

（内部）

（外部）

图 2-6　罗罗的航空发动机工厂

资料来源：AMRC。

今天，谢菲尔德人相信，历史上积累的全球声誉会帮助重振这座城市，甚至支撑英国重新成为制造业强国！在中国的长三角与珠三角地区，有不少城市以制造业为主，也在面临着转型升级的挑战，相信这些城市可以从"谢菲尔德打造先进制造业集群"的案例中获得一些值得参考的经验。

聚焦先进制造

谢菲尔德大学与其邻近的罗瑟勒姆镇共同组成了一个以 AMRC 为核心的生态网络，吸引了大量的优秀人才、公司及相关机构，在精密工程、航空航天和能源等行业保持了高品质设计和加工的绝对优势。飞机、核电以及复杂的石油和天然气勘探等领域的研发工作对技术及工艺的要求非常高，而在 AMRC 专业的开发环境中，这些要求都能够实现。这里既有像罗罗这样掌握着钛合金铸造等特种材料研发和生产核心技术的世界顶级大咖，也有不断产生新发明、新突破的像 AMRC 这样的技术孵化器，以及推动高端制造产业化的基地和创新企业的生长土壤。作为老工业城市的谢菲尔德能出现像罗罗这样的工业豪门毫不奇怪，这得益于大学长期坚持对科研转化为生产力的创新研究的重视和大胆尝试。另外，特别值得一提的是，英国一般的大学或学院下属的这种项目研究所只有 20 到 30 人，而 AMRC 的工程研究人员达到近千人，足见 AMRC 是全英制造孵化器皇冠上的一颗璀璨的明珠，实力堪称巨无霸。

事实上，先进制造业是美国和英国最具创新性的行业之一。其他国家有更低的工资成本，在中低端制造上具有绝对的优势，但是先进制造业严重依赖产品和工艺的不断创新，这就需要对复杂的工厂、技术和设备等进行大量的资本投入和对拥有高技能的劳动力的集聚。

大学主导的产业创新

谢菲尔德大学与企业之间的合作非常密切。AMRC 担负着航空航天和其他高附加值生产部门的先进制造和材料研究的任务。谢菲尔德的成功在于打造了一个"创新三角":先进制造研究中心、广泛的行业内公司和谢菲尔德大学(见图 2-7)。

图 2-7 谢菲尔德大学"钻石"工程实验大楼

通常,工业技术成熟度(Technology Readiness Level,简称 TRL)大致可以分为 9 级。1-3 级属原理技术层面,这部分大多为理论性研究。4-6 级属工业化中的实际问题层面,AMRC 的工程技术人员在这一阶段发挥了工程群体的优势,填充了学术界与企业界之间的研究空白,为企业解决生产实际中的

拦路虎和卡脖子问题。7—9 级是企业可以实现规模生产，进行市场验证的产品
阶段。

AMRC 的运行机制与介于工业界与大学之间的工业行会组织类似，实行
会员制运营。会员分一级会员和二级会员两个级别。一级会员每年大约需要缴
纳会费 20 万英镑，二级会员大约 3 万英镑。根据会费和资助实力，会员在理
事会中占有不同席位，决定 AMRC 的项目研究方向。作为一级会员的工业巨
头们通过他们的影响将二级会员的供应商引导到这个研究平台上，协同开发新
的产品。这些会费可以通过等价值的设备和服务来抵扣，因此，AMRC 事实
上也成为很多工业设备生产商的展销平台。

工业会员的研究任务分为三类：

● 会员和理事会共同制订的基础类项目研究方向：AMRC 实施研发，研究
　成果由会员共享。
● 特殊研究项目：会员自己单独投资，AMRC 研发，研究成果独享。
● 创新项目：申请欧盟等区域和国家机构的高新技术项目立项，企业、大
　学和政府共同资助研发和实现产业化。

根据知识产权的开放要求、研究所人员和时间的投入，不同的任务会有不
同的收费标准或合同金额。

先进制造业集群的科技园区 AMP 内可容纳 150 家中小型企业，主要集中
在工业设计、信息和通信技术等创新领域。由于离行业机构和其他公司很近，
初创公司也从高质量工程和制造公司之间的新研究和合作中受益。

今天的谢菲尔德是一座拥有多元文化的城市，在这里居住可听到至少84种语言，你能轻松找到中国、意大利、西班牙等各国不同风味的餐馆。它是既讲究生活品质，又保证就业，高密度、高通性的先进制造业集中地，也会成为后工业化地区经济升级转型的参考范例。

AMRC 发展时间线

1998年 AMRC 创始人、谢菲尔德大学基思·里奇韦教授和 Technicut 的阿德里安·艾伦（Adrian Allen）开始讨论产学合作。

2001年 谢菲尔德大学 AMRC–Boeing 建立。

2006年 地区发展机构约克郡发展署开放了技术园区 AMP，并为高价值制造企业提供办公区和会议空间。

2008年 AMRC 的罗罗未来工厂开放。

2011年 NAMRC 成立，隶属于谢菲尔德大学罗罗学部，学部出资 1500 万英镑用于商业、创新研究和技术的发展，地区发展机构约克郡发展署出资 1000 万英镑。

2013年 AMRC 培训中心迎来第一批共 250 名学徒。

2014年 AMRC 医疗中心开展初步研究。

2016年 2050 工厂建成开工。

2017年 麦卡伦宣布将在谢菲尔德城区建立工厂，用于制造超级跑车底盘，工厂位于其长期合作伙伴 AMRC 的周边。

波音宣布将在谢菲尔德大学 AMRC 周边建立一个制造中心，也是它在欧洲的第一个制造工厂。

2018年 麦卡伦和波音的新制造工厂开始运营。

AMRC 的运营

AMP 将研究机构、培训、谢菲尔德大学的毕业生以及企业结合在一起。它的影响力不仅体现在园区内的工作人员和公司，也体现在与园区研究相关的分布于全球各地的企业中。园区的核心 AMRC 经过 20 年的努力才达到目前的地位，这离不开大型跨国公司和具有该领域专业知识的大学的支持。在其他地方建立类似的机构来重现 AMRC 的成功是可能的，但与大学合作共建一个类似的开源研究平台需要花费大量的时间和精力，怎样做，怎样协调各方的责权关系？接下来将我在 AMRC 做教授期间的观察和研究与读者分享，是本书的写作目的之一。

AMRC 网络的大多数设施都位于 AMP 内。它包括 10 个专门建造的行业中心，每个中心专门从事不同类型的先进制造研究方向，如复合材料制造、结构测试和核研究等。这些技术适用于航空航天、汽车和能源等不同领域，这也意味着会员企业来自各个工业领域。但重要的是，只有少数 AMRC 的会员企业真正进驻 AMP 内建设自己的生产工厂。AMRC 的大多数会员位于英国和世界其他地方，它们会定期派自己的雇员到 AMRC 进行研究项目合作。AMRC 是研究中心而非生产中心。虽然一部分公司确实在 AMP 进行实地小规模的生产，但大多数公司都在使用AMRC的研究能力开发新的流程和技术，如果成功的话，再扩大规模以提高其在国内其他地区的生产能力。

下面举例说明这一机制是怎样运作的。

对于波音飞机这种复杂的先进制造产品，若某一供应商提高了自身的技术水平，也会推动其他相关的零件供应商做出相应的升级来配套。一个零件由于采用新材料而使得使用寿命加长了，那么其他的配套零件也需要因此而提升其使用寿命，因为到时候拆出来更换或跟新材料无法稳定兼容都需要承担高额的维护费用。因此，其他零件供应商就需要引进新的生产设备和研发新的工艺来升级自己的产品，例如寻找特定材料、新设备、研发新工艺使得产品符合升级要求。在生产设备制造商所制造的一系列生产设备中，如 ABB、库卡机器人或 DMG 数控机床等，零件制造商需要知道哪款设备既能最好地配合以前的生产经验和工艺要求，又能满足新的需求。由一个企业来完成所有与升级研发相关的工作并不容易，零件制造商的工程师很难深入了解新产品和新材料是否能够通过某一款设备加工完成。这样就需要把不同系列的几台设备和相关材料都买回自己的厂里做研发测试。随着数字化技术的深入发展，研发迭代加快，对企业研发团队的能力要求也越来越高，很多厂商被迫不得不大量投入研发以跟上技术进步的步伐。他们要与设备供应商的售前团队和技术团队反复沟通。但是，设备供应商的售前工程师也很难深入每家企业了解其生产工艺，从而推荐最合适的设备，尤其对于中小型企业来说，这样的服务更难以获得。这些都构成了企业的研发成本。

这时候，零件供应商就可以在 AMRC 利用作为平台会员的设备供应商所提供的新型设备来一起研发，与 AMRC 的工程师合作完成并稳定工艺，然后再决定自己的厂里需要购买哪些设备来构成新的生产线。在这个平台上的一些生产流程中，小而美的企业生产出来的试用产品可以直接提供给同样也是 AMRC 会员的用户来测试和使用。例如，波音可以利用平台的各种测试设备来检测新零件是否符合它的要求。一旦符合要求，波音就可以给这些企业下新产品的订单。这些来自波音的订单则会成为企业获得银行贷款或从投资机构获得投资的背书。有了这部分的资金投入，零件生产商就可以购买新设备，形成新的生产线，从而成批量提供给用户。对于数控机床厂等生产设备的制造商来说，在这个平台上也实现了瞄准更大市场规模的销售业绩。

　　基于这种合作模式，AMRC 的工程师为不同企业提供了研发服务，对于企业来说，它获得了完整的生产工艺，甚至细化到哪款设备、哪些材料哪个供应商，这些技术转移到研发委托的工厂，工厂就可以立刻展开生产。

　　在 AMRC 这个知识共享的平台上，波音和空客这样的大公司完成了产品升级，小而美的供应商满足了它们提出的新的产品需求，银行有稳定的贷款收益，设备生产商卖出了最新款的设备，而大学沉淀了技术和研发经验。如此一来，每一个参与者都是赢家。AMRC 模式解决了工业技术转型和升级中的核心问题，由会员企业共同承担研发风险，又由于工程师团队研究经验的积累，整体风险也在稳步降低，开发成本的评估也越来越准确。大学参与真正的工业生产，回到社会活动的核心，成为新思想和新技术的源泉，引领工业和社会的进步（见图 2-8）。

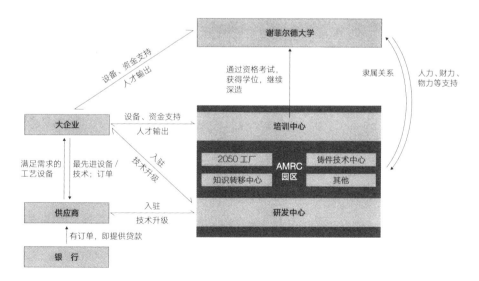

图 2-8　AMRC 的运营机制

AMRC 提供了一种模式。在它所构建的工业生态环境中，技术人才、专业知识、资金、基础研究等资源实现了互补，会员企业把自己的内部资源和这些外部资源相结合，把创新构想变成可以规模化生产的工艺。经过 20 年的发展，AMRC 在这方面的经验是非常丰富的，因此推动当地制造业也变得生机勃勃。大学研究机构配备的相关会员企业，都有几百名的员工，本地的制造业又有很强的地方银行和金融投资机构的支持，大学开设了富有弹性的学徒制。很多后工业化的锈带区缺乏相关的必要因素，很难简单地复制这个模式，需要进行相应的调整和适应。

技术和商业的不确定性是创新过程的普遍特征之一，这尤其体现在具有商业潜力的新想法在参与竞争前的发展阶段，即在技术成熟度的 1—4 级阶段。在这一阶段，结果的不确定性导致向新项目或新企业投资的风险极高。在商业化的过程中，这种不确定性导致从风险投资市场或天使投资人处获得投资的可能性微乎其微。通常只有超大型工业企业内部才能完成这一阶段的任务，对制造业中大量存在的小而美的企业而言，这样做的机会是很小的。考虑到协调障碍和交易成本的规模，私营企业也很难以纯商业的形式为自己采购或向别家企业提供用以研发的基础设施。AMRC 的存在是为了帮助企业创新，以及解决企业无法解决的创新问题。因此，AMRC 所积累和拥有的基础设施规模庞大，大部分设备和人员不可分割，由大多数会员共同使用。

通过将诸多制造型企业的研发和生产活动聚集在同一个物理地点，AMRC 能够为企业，尤其是新企业的研究和创新活动提供一个协调中心，并提供在竞争激烈的全球市场里成功实现创新目标所需的设施和专业知识。同地协作大大促进了研究设备和仪器的共享以及隐性知识的交流，其中包括从合作者研究的失败中吸取教训，这有助于避免浪费资源去开展毫无结果的研究。

AMRC 为有效合作提供了直接的聚焦点，如果没有它们促成的同地协作和合作机遇，这些合作就不可能达成。同地协作意味着没法参与其中的外地企业会处于不利地位，虽然新的通信技术可以在一定程度上缓解这个问题。

AMRC 的经验表明，系统性地发展基础研究与工业产品之间的工程化能力是克服创新挑战的重要手段。AMRC 的基础设施、设备和技能的提升需要来自大学和政府的公共资源支撑。当与技术相关的知识产权和研发能力以及最先进的工业设备被 AMRC 平台上的成员共享时，困扰制造业技术革新的经脉才被打通，整个机构良性运作起来，从而使得新技术高速迭代。

AMRC 也在努力解决人员交流中的问题，如 AMRC 的理事会曾经尝试以知识转移中心的形式构建传统意义上的产业转化和人才交流的机制，但目前还没有系统和完善的方法来保障这种人才流动，以及解决研究机构间技术转移的过程中涉及的法律和知识产权的全部问题。事实上，在长期的运营中，知识转移中心会作为 AMRC 的对外宣传机构和会务中心而存在。

制造企业的优良表现往往得益于它们周边的产业生态。如果一个研究人员遇到了一个自己不能解决的问题，而这个问题又需要依赖特殊的技能或工艺，依赖他不熟悉的设备或不同的经验才能解决。此时，附近恰巧有一家企业可以制造相关零件，满足他的需求，那么他很方便就可以得到帮助。企业家和供应商之间相互走动，共同研究图纸、模型和早期原型机，他们会看着成品从生产线上下来。在这个过程中，深藏在各自脑海里的知识就得到了交流，大家的能力也得到了提高。同样，当工人在组装新产品的过程中遇到困难时，就可以走到质量和测试工程师那里去，和他们一起解决问题。如果这些工程师不能解决这个问题，就可以把负责这个项目的设计工程师从旁边的大楼叫过来。项目工程师对他的任务要一直负责到新产品能够正常运作为止。这个放大的阶段不只是所谓的原型机阶段，它包括了原型机、试生产和大规模生产阶段。通过反复琢磨和高速迭代，在研究人员和工程师一起把生产过程中的小问题都解决了之后，这个产品才可以转移到规模化生产的常规生产环境中。

AMRC 为整个产品准备好设备和设施，让财力、物力不足以购置这些东西的企业也能使用和分享。AMRC 与谢菲尔德大学校内的各个院系紧密合作，通过为教授提供研究经费、开设与产业有关的学位课程等方式推动基础研究，为产业项目服务，解决关键问题。总体来说，AMRC 降低了创新的成本和风险，把各方面的专长结合在一起进行创新，提高了创新成果真正开花结果的可能性。AMRC 为会员企业提供了一个环境，在这里，企业把构想变成原型机，再到试生产，相关的供应商就在街对面，或者开车一会儿就到了。对 AMRC 这样的产业聚集的科技园区数据进行分析，结果表明，这样的产业聚集区对生产利润率、就业机会、新企业的形成和创新都有着正向的推动作用。在其他条件均相同的情况下，一家位于这种研发导向工业区的企业比另一家不在工业区内的同行企业，生产效率和利润率都要高。因此，波音、罗罗和麦卡伦等企业为了贴近研发能力的共享资源，也都把生产厂建在了 AMP 内。

罗罗公司航空发动机系统使用的涡轮机刻槽的标准工艺流程需要 52 分钟，谢菲尔德大学材料学系的一位教授通过计算机模拟散热分析得出，这个工艺流程在理论上可以减到 14 分钟。在罗罗公司的支持下，AMRC 一夜之间组织了仪器工程师、流程工程师、设备工程师和材料工程师等 30 多人，再加上大学的教授和博士、硕士研究生共同参与了这项研发，配合 AMRC 各个领域的会员企业，这一工艺流程最终被减到 1 分半的时间，从而成为罗罗公司航空发动机的新的标准工艺流程。AMRC 和罗罗公司合作改进了涡轮机工艺，使制造航空发动机涡轮盘的时间大幅度缩短，提高性能，在 AMP 的罗罗公司工厂每年可生产 2500 个风扇涡轮盘，并可应用于大多数特伦特（Trent）系列航空发动机，包括世界上最有效率的罗罗公司特伦特 XWB 航空发动机。大学的研究生和学徒工也都参与到了这项研发中，这些学员在研发的过程中受到了实践训练，并有可能在技术开发完成之后进入这些公司来推动这项技术的实施。大学也因此为公司的项目提供了技术和开发这些技术的人才。这种心照不宣的知识与文字记载下来的知识不同，它的流动性不那么强，不易于长距离沟通，需要大家面对面、近距离地进行交流，这就使知识"黏"在了一个地方。久而久之，这种先进制造业的大量技能知识（Know-How）的黏性阻止了就业机会向海外的迁移。

节能建筑是一个非常分散的产业，供应链和价值链都很复杂，参与者很多。从各种产品的设计师到制造商，从建筑公司的小供应商到房地产中介，都可以是其中的一员。让节能建筑材料、设计市场和商业模式在一个物理区域内并存，是 AMRC 吸引参与者的地方。对某一家企业而言，很难把更多资源用在前沿性的技术开发上。开发这样的技术风险很大，企业不可能独自进行。但是，参与 AMRC 的项目研发可以让更多的客户使用它们的产品。AMRC 因此建立起了一个开放式的创新供应链，把园区内的中小型供应商、大型全球化企业和以大学的研究成果为依托而建立起来的新创企业联系起来。

AMRC 把市场需求信息和所需的知识分享给这些中小型企业。如果没有它的帮助，这些中小型企业是很难获得这些信息的。在这个环境中，人们的交流也会催生技术在不同领域中的新应用。就医疗器械开发而言，AMRC 医疗中心可以支持科研机构和企业一起开发新型的外骨骼技术，这需要借助 AMRC 的航空金属技术和设计中的数字孪生技术。AMRC 把相关企业召集到研究中心的理事会里，共同制订新的科技蓝图，合作开展这方面的前期研究。合作伙伴来自各个行业，构想也是集思广益得来的。无论是像波音一样的大型企业还是作为它的供应商的中小型企业，如果光靠自己，那么永远也产生不了那么多构想，更重要的是，就算产生了那么多构想，企业自己也试验不过来。这样就无法知道哪些构想是具有可行性的，哪些是行不通的。如果企业不参与这些研究项目，只靠自己内部的研发力量，就会失去这些新产品带来的潜在机会。

企业保持竞争力确实很重要，制造业的产品有些需要花三四年的时间才能进入大规模生产的阶段。如果新项目的开发时间过长，企业就很难及时利用销售网络资源把创新推向市场。AMRC 的会员企业经常提到，供应商通过和多个行业的企业合作掌握了很多新技术，它们可以在供应商那儿学到很多新东西，能够就近找到合适的供应商，对取得技术创新市场化的早期成功特别重要。当想要开发一个新构想时，他们经常就会走到 AMP 的另一头去问供应商，你能做这个东西吗？这个工业生态环境中的互补资源，很多都是由供应商提供的。

在产品开发的早期和原型机制造期间，AMRC 的工程师就不断地接受从生产制造部门发回来的反馈，以保证设计和生产是兼容的。开发过程中的各个步骤不但按照先后次序进行，很多步骤还会反复迭代，直到找到最好的流程。这样一来，以产品为中心的设计工程师就会和以生产制造为中心的生产工程师进行更多的交流。

在产品设计早期的"边造边学"的阶段中，很多知识都还只是停留在参与者的脑子里，还没有变成相应的方案或产品原型固定下来。在这段时间里，实验室和生产车间之间的人员交流特别频繁。当新技术开发的拦路虎跳出来的时候，新技术的优势和局限也会逐步显现出来。在这个基础上，可能需要改变原有的策略，采用新策略。在这个阶段内，各个领域的专业人才至关重要，能够快速地找到所需的人才是"同地研发"带来的独特优势。

AMRC 的资金来源

到 2015 年，谢菲尔德大学、地方政府和产业界为 AMRC 总计投资 1.4 亿英镑。英国政府为其提供了将近 600 万英镑的初期启动资金，约克郡发展署、谢菲尔德大学、欧洲区域发展基金和波音公司相继提供了资金，波音公司还承诺将对 AMRC 的研发进行长达 10 年的投资。AMRC 现有大量企业合作伙伴，其中包括罗罗公司、英国宇航公司，它们不仅支付会员年费，还会委托该研究中心进行有偿项目研究，以重要合作伙伴的身份开展多项战略计划。其中包括由罗罗公司牵头的"通过领先环保技术在英国发展战略性低成本制造业"项目，该项目获得了超过 4500 万英镑的政府资金支持。

AMRC 的资金来源可大致归为以下几类：

- 公共投资，由国家和地方政府提供。虽然此项资金并不总是与特定的研发活动或成果挂钩，但 AMRC 在接受资金支持时往往需要提供业绩管理方案。
- 研究项目经费，由政府和大学提供，在大多数情况下，通过与科研同行竞争，获得有年限的特定研究计划。
- 由企业提供的研发外包合同，通常会通过竞争性投标获取。

除此之外，AMRC 还有其他的收入来源。其中包括知识产权使用许可或商业化、会员费，以及使用设备给予的补助等。但知识产权的授权收入，不足其总收入的 10%。

政府对 AMRC 的早期投资通常包括用于基础设施与设备建设的资金、用于支付员工成本和 AMRC 运营的费用以及一些项目启动经费。虽然 AMRC 融资目前没有标准模式，但大多数情况下，资金来源比例趋向于三等分目标：公共基础建设资金投入占三分之一，来自欧盟和政府的科研性项目经费占三分之一，研发外包的收入占三分之一。公共基础建设资金投入的规模通常取决于 AMRC 是需要新的基础设施还是需要升级现有设备。为了获得这部分投资，AMRC 一般需要制订商业计划，说明新设施将如何吸引更多企业的研发外包任务，如何在未来 3 到 5 年内具备商业可行性。除了对 AMRC 的前期资金投入之外，这类计划通常还需考虑到发展和维持 AMRC 能力所需的资金，或使得英国国家技术战略委员会和研究理事会可以规划在某一领域维持长期技术领先所需的资金。

AMRC 也需要通过竞争获得英国国家技术战略委员会的研究项目、企业委托的研究项目以及企业会员费，利用一系列科研和国际组织提供的针对特定项目和地区规划的研究计划。这种资金模式，即来自政府的合作伙伴的持续投资计划和技术战略委员会对高价值制造的支持，拥有能够支付会员费的成熟企业合作伙伴和它们供应商的研发合同，与仅依靠政府单独提供初始投资的模式相比，更具有实现长期可持续发展的可能性。

谢菲尔德大学 AMRC 有两级会员：一级会员费用为每年 20 万英镑，在理事会上占有独立席位，影响并决定研究中心的未来研究方向，可以参与并获得所有通用项目的研发成果的使用权。他们还可以向理事会提出具体的计划，以寻求理事会的批准。二级会员费用为每年 3 万英镑，同样可以参与并共享所有通用项目的研发成果，他们以行业划分，共同推举出理事参与理事会。谢菲尔德大学 AMRC 拥有超过几百位的付费会员，从全球巨头波音、空客、罗罗、英国宇航公司和 Messier Bugatti Dowty 公司，到本地的中小型企业和专业供应商。AMRC 也与数百家其他公司一起制订具体研究项目和工程教育课程一同支持了约克郡地区的 300 多家中小型企业的技术培训，创造和维持了园区内超过 1200 个就业岗位，形成了一个创新生态系统，吸引了大量有才华的工程师参与其中。目前谢菲尔德的 AMRC 已经在韩国和美国复制。

作为大学研究所，AMRC 毫无疑问是社会公有资产，是英国国家推进器计划中工业界进行研究合作体系的一部分，它在谢菲尔德地区产生的诸多收益也同样惠及英国各地。作为国家推进器计划中的配套设施，AMRC 和 NAMRC 与英国乃至全球各地的企业合作。英国政府在支持和推广 AMRC 这种知识共享模式中扮演着关键的角色。麦卡伦公司和波音公司分别在 AMP 内及其附近建立了大型研发机构和生产工厂，两家公司都出于 AMRC 在技术和研发方面所提供的便利考虑。这也引起了政府的关注。如果 AMRC 的经验和技术共享平台不能够向全国推广，那么 AMRC 的新项目研究就成了主要为这些大公司打磨生产线服务的研究。一定要让它结成更大的覆盖全国的网络，那么它与国家产业战略的关联度才能增强，才可以为全国更多的公司进行实验性研究。

麦卡伦的首席执行官扎克·布朗（Zak Brown）说，AMRC 从航空业转移过来的知识是跑车技术开发中可以借鉴的珍贵资源，在新型超级跑车的组装和测试方面发挥了巨大的作用。在开发新产品的过程中，他们在与航空业供应商展开的合作中学到了不少东西。他还提到了和英国铸造技术中心 CTI 的合作，该技术中心在 2012 年被 AMRC 并购，成为 AMRC 旗下的一个部门。

布朗说:"他们很擅长开发解决方案。CTI 就在 AMP 里麦卡伦工厂马路对面的办公楼里。我们跟他们说,这里有个零件需要有怎样的强度但不能因此增加这个零件的重量,他们的人就会过来和我们一起研究,看看他们可以用什么工艺来实现。他们帮了我们大忙。"是把研发和生产制造集中在同一园区,还是像别的地方一样把这些功能模块分离开来,AMRC 会员企业感受到这两种布局对研发的影响的确很大。

在英国政府的推动下,AMRC 正在向其他地方扩建,包括德比郡(Derby)的 Infinity Park 和布劳顿(Broughton)的新机构。当然,要把它当作国家产业战略实施,在其他先进制造基地取得类似的成功,就需要将相当大的关注度投放在研究和创新上,而不是在这些科技园区安装大规模的生产装配线。政府为此建立了采购创新项目的研发外包计划:启动中小型企业研究计划,约定长期采购计划,以鼓励公共部门组织在 AMRC 已拥有的技术领域中进行研发能力的采购,以需求带动新技术研发的商业化。英国政府在这个开拓过程中采用了以下策略来促进 AMRC 经验的推广,这些做法值得中国的地方政府借鉴:

● AMRC 的活动由商业导向型指导小组进行监督,指导小组由该技术领域产业界和学术界的专家组成。"创新英国"技术战略委员会从产业界、研究基地和国家政府中吸收合适的代表,组建一个新的负责监督 AMRC 网络的技术与创新中心管理委员会。委员会将发布 AMRC 网络业绩年度报告,还将负责确定未来投资的优先顺序,并监控英国 AMRC 投资的整体战略。

● 用抵税的方式来代替和补充政府拨款。在可用的各种税务手段中,研发抵税有利于帮助准备投资自身研发的公司。政府不需要选择研发方向或公司,便可以在尽可能广泛的行业中鼓励研发,利用企业自身的洞察力来实现创新的突破。

- 成立相关产业基金，基于 AMRC 的研发能力，结合各地的产业特征，了解制造业生态系统的贡献、需求、状况、不同主体（主要是企业和大学，也包括其他组织机构）的能力，组建金融投资机构，为产业转化探索机制、提供服务。
- 建立和完善工程师认证体系，使得学徒制工程师能够在职业选择中具有最大的自由度。这种选择的自由度不仅在于受雇于哪一家公司，而且在于经过工程实践之后是否再回到学校继续接受学位教育。

英国与 AMRC 类似的研发机构已成功吸引了很多高素质的工作人员，他们的专业技能涵盖了相关领域的专业知识和商业经验。然而，长期资金的不确定性确实影响了 AMRC 在初期投资结束后留住人才的能力。这方面的探讨和摸索值得长期坚持。

AMRC 大唠嗑

我所写的一本书《量子大唠嗑》(*Quantum Dialogue*)，大唠嗑是从英文 dialogue 这个词翻译来的。在 AMRC 建设和运营的过程中，大唠嗑起到了至关重要的作用。科学家与企业家的对话通常是令人沮丧的，科学家在讲自己的科研成果多么重要，而企业家希望听到的却是怎么落地，反过来，企业家在讲具体的问题，而科学家却在讲基础原理。我们常常会看到：

科学家关注的是原理突破，企业家谈的是安全、稳定、可靠、高效。

科学家关注的是问题如何复杂，企业家谈的是问题如何简化。

科学家关注的是产品性能高，企业家谈的是如何稳定、一致。

科学家关注的是数学模型，企业家谈的是流程和标准。

科学家关注的是技术实现，企业家谈的是经济性，是如何赚钱。

科学家关注的是理想条件下的最优，企业家谈的是现实条件下的可行。

科学家关注的是算法，企业家谈的是经验、试验。

因此，除了企业家对科学工作者出自内心的客气之外，很少在第一次就彼此认同，有具体落地的东西可做。很多时候，即使有东西可做，也是某一方被忽悠了。这时候，好的工程师起到了翻译的作用。正如"翻译"这行本身，翻译需要专业人士的专业能力，并不是所有的话语都可以被翻译。工程问题也是一样，从基础研究的界面到工厂可以批量生产的界面，过程中需要工程师的大量创新投入，在两边与科学家和企业家对话，把一套话语体系翻译为另外一套话语体系。在 AMRC 实际的历史中，这种对话更加具象。为了让企业家和科学家、工程师更好地交流，这种对话往往就发生在咖啡馆和酒吧，高频次的、漫无目的的、走哪算哪的聊天。新的应用，新的解决方案，以及灵感的火花就是在这些时候碰撞出来的，不同背景和角色的人也因在日常的唠嗑中增进了对彼此的了解而变得更加耐心和默契。这种机制之所以能够形成的深层次原因，在《量子大唠嗑》这本书中有深入的讨论。我们这里只提到它的结果。

在 AMRC 一开始组织这样的见面会的时候，科学家、工程师腼腆的性格，企业家对自身技术的保留，都造成了沟通的不顺畅，尤其是在最开始的时候。以 AMRC 的经验来看，这种不顺畅是再正常不过的，多聊几次就好了。懂得基础研究又懂得产业应用的工程师对科学家与企业家之间的对话起到了重要的桥梁作用。很多时候，科学家与企业家、工厂的工程师之间由于教育背景的不同，接触到的名词也会不同，这就造成了沟通上的困难，双方都觉得对方驴唇不对马嘴，都会有挫折感。工程师参与，无功利，多频次，这种空间的重叠甚至是啤酒的作用就具有了非常重要的意义。

AMRC 工程师学徒制

通过激励措施把原本并无交集的各方汇聚到大学周边还有另外一个得天独厚的优势：持续的人才供应。独立的研究机构虽然也能为企业提供研发服务，但对于今天大多数的技术研发而言，工艺说明书、流程手册或专利许可对企业实施生产的用处并不大。"人带着技术"——能够交付懂得这项技术，甚至是参与到相关技术研发的人才，才是企业所希望得到的更加彻底的解决方案。独立的研究机构与委托企业之间常常会形成人才上的竞争关系。由于背靠谢菲尔德大学，AMRC 应企业的人才需求，开设了 AMRC 培训中心。本着需求导向的指导思想，培训中心同样会按照会员企业提出的对工程师的需求数量和技术的要求来定向培养合格的工程师。在此基础上，大学顺利实现了学徒制和普通大学本科之间的衔接。经过培训中心学徒制的学习和资格考试之后，学员同样可以获得本科学位并继续深造，接受工程硕士和工程博士的教育。为了发挥多种作用，在工作人员组成方面，AMRC 尽可能在学术型科学家和具备行业、商业化经验的人才之间保持平衡，因为二者对 AMRC 能够发挥作用都显得至关重要。这些人才如果要重回学术界或产业界，在 AMRC 工作的经验也能使他们各自具备的技能得到提升。

AMRC 将工程师学徒及特定行业的培训和匹配雇主需求的能力相对接，这对于科技园区的吸引力会做出非常重要的贡献。但高技能的输出并不仅仅局限于工程或设计等专业技能，同时也包括那些可以被雇主灵活运用的通用技能，如沟通交流能力、规划能力和管理能力。同时，地方政府应该专注建立机制，以协助提升这些通用技能。实现这样的人才培养目标意味着要在教育过程中的每个阶段，包括职业教育、高等教育和继续教育，进一步提升学习成效，打破学位文凭之间的壁垒。

AMRC 会安排谢菲尔德大学的工程专业研究生与园区内的公司合作。AMRC 在对会员企业的反馈调研报告中指出，能够与硕士、博士研究生合作以及雇用他们，是吸引会员企业选择 AMRC 的主要因素之一。AMRC 开设研究生课程，提供各种先进制造业的实习机会，为期 24 个月，允许工程师从事不同部门和公司的多个项目。谢菲尔德大学也在 AMRC 成立了工业博士中心，该中心旨在培养博士后工程师和博士研究生，学生在大学和 AMRC 完成学业之后，将有机会申请这个中心的培养项目。研发项目完全由企业资助，这也就意味着这个四年制博士学位对学生是免费的。

学位制学徒

AMRC 培训中心自成立以来，已经培养了 1000 多名学徒。AMRC 已经开发了一个与企业需求相对接的培训系统。AMRC 培训中心将学徒与企业需求进行一对一匹配，提供学术方面的教育机会。该培训中心以 AMP 内企业的需求为导向，由 AMRC 管理，参与由 AMRC 理事会和各会员企业所确定的研究项目。AMRC 培训中心提供不同资质等级的先进制造学徒计划和学位制，为学徒提供相当于大学学士或硕士学位的资质证书。

AMRC 打通了学徒工进入本科教育的通道。学员通过 3 年的学徒制职业培训，第一年安排高强度的动手训练，包括金属加工课程、电子电路课程、水电工课程、焊接课程、木工课程等。第二年开始系统的理论学习，包括物理、数学和计算机，以及延伸的工程相关课程，并开始在企业实习，每周会有一半的时间在相关企业实习，把在企业中遇到的问题再带回到学习课程里。这样的课程会一直延续到第三年，之后通过资格考试，同样可以获得本科文凭，并且可以继续深造，获得工程硕士和博士学位。

学位的打通具有非凡的意义，当然传统的教育体系也不乏经历职业教育之后再通过自学重新回到学位教育的人。打破传统意味着，首先要承认我们在设计考试内容时存在的缺陷，我们只挑选了极其优秀的一部分人进入了教育体系，而且不断设置关卡使得越来越会读书的孩子被层层筛选出来，而动手能力很强的孩子、成长或许稍晚的孩子却在一次又一次的筛选中被淘汰出局。高等教育系统开放工程学位教育的通道，就是把优秀的教育资源开放给这些动手能力强的学生，至少不是按照同一标准来筛选会对社会进步有益的人才，这对维持社会的繁荣和发展都有着深远的意义。

谢菲尔德大学在 AMRC 雇用了大约上千名人员。其中大多数是专业工程师和研究人员，他们负责开展由理事会通过的研究项目，与企业派驻的员工一起构成专业人员的核心。AMRC 同时也为当地企业和会员企业的员工提供培训课程。

在工程师的培养中，工程师的认证标准是一项非常重要的内容。但在中国，这项工作却显得过时并且荒疏了。在高等教育的基础上重建工程师的认证体系是有必要的。第一，它应该与基础教育相似，都通过实施标准化管理来保证教育质量。第二，以德国为代表的其他国家，在培养高质量制造业劳动力大军方面取得了很大的成功。它们的人才培养体系很复杂，但是这个复杂体系是围绕着标准认证展开的。认证体系可以提高制造业的劳动力质量，当然也不能片面夸大它的作用，把它作为考核劳动能力的唯一标准。

认证体系如果得不到用人单位的认可并加以使用，就会失去其有效性。企业必须在自愿的情况下使用这个体系，必须在聘用和培训工人时采取强有力的激励措施。要解决企业招聘技术工人难这个问题，用人企业也必须行动起来。在 AMRC 这个新的开放型人才培养体系中，用人企业除了积极主动与高校接触，还必须升级原有的人力资源制度，和园区内的其他用人企业建立起合作共赢的关系，共同解决人力资源方面的问题。

AMRC 应合作企业需要，设置相对专业的课程内容，同时它也是大学的一部分，因此这些课程内容具有足够的深度。由 AMRC 的相应工程师以学徒制的方式手把手地教学生在真实的设备上操作，从而让学生获得第一手技能。这些课程让学生为在校学习操作精密的仪器和先进设备做好准备。培训中心的管理人员说，企业把设备从自己的屋檐下挪到了大学的研究中心里，也把自己的员工队伍延伸到了大学里，这样做大大降低了企业研究中心的建设成本。2013 年，罗罗公司把发动机轮桨叶片的研发中心设在 AMRC。继而罗罗公司在 AMP 购置了厂区，作为叶轮的生产基地，同时大学也开设了一门材料与金属加工课程。大学还与罗罗公司一起为这个项目向英国政府申请资助和政策支持。

大学参与的独特优势

科学家很难得到亲手操作的机会，但是工程师想要设计新产品，并对供应商进行有效的指导，就必须具备亲手操作的经验。把生产外包出去了的企业都面临着同样的困境。AMRC 学徒制职业培训中心便解决了这个问题。在这里，公司在给学员们提供基本工程学课程的同时，还提供了在大企业捐赠的业界最先进的设备上动手实践的机会。这里有专门用于生产超大型轴承的机器，学员们可以获得操作这些机器并维护这些机器的技能，事实上，这也为学员们提供了相应的就业机会。设备生产厂家也很快就意识到这样做的好处。除了为自己培养合格的工程师作为未来的员工之外，这些使用过自己设备的工程师，当他们进入不同公司成为工程师的时候，也倾向于购买并使用同一品牌甚至同一款的设备。这样，这些培训中心又促进了这些设备生产厂的销售。

对研发委托企业来说，除了交付技术之外，能够同步交付参与研发的核心人才，是一个更为完整和理想的解决方案。如今的工业技术越来越难以用说明书甚至专利证书的方式来实现交付，越来越多的人连电视机的说明书都不会看。企业在获得高校的研发成果后，往往还需要在公司内部再召集工程人员进行消化甚至二次开发。这也是企业宁愿通过股权的方式来绑定研发人员和高校，也不愿以现金交付的研发外包方式与研发机构合作的原因。另外，独立研究所与企业的研发服务之间存在对人才的竞争关系。企业更趋向于把研究所里参与该技术研发的人员挖到企业中来保证技术的落地，而对独立的研究所来说，这些人才同样是通过各种策略吸引来的优秀人才。对于大学来说，这样的人才竞争是不存在的，源源不断地向社会输送人才本就是大学的责任，每年都会有大量的硕士和博士参与到实际的项目研发中，并且跟随这些项目的交付进入企业中。在大学参与企业人才培养的过程中，大学和企业是合作关系，而不是 "我的人去了你那儿" 的人才竞争的零和关系。

涉及企业竞争的技术研发又很难交给另一个独立的企业研究所来做。也有企业看到了技术转化过程中工程化的薄弱环节，希望组织工程师来为其他企业提供研发服务。但这些机构很快就意识到一些实际的问题。由于私营企业的信誉难以维系，一些提供研发服务的企业把自己创办的研究机构作为业务的技术储备池，而委托研发的企业则不敢把核心研发任务交给自称可以完成这些技术工程化的企业，因此研发订单并不稳定。这种不稳定便导致了规模化的困难。对大学而言，研发失败也是技术的积累，而且足够大的大学会有自身稳定的科研支撑任务，可以作为研究中心的常规业务维持中心运营。尤其就中国高校所面临的具体问题而言，依靠完整的工程支持平台，大学可以把精力越来越多地回归到教育和科研，通过 AMRC 把产业化（TRL–7 级以后）的任务交付给企业，最大限度地减少了企业知识产权的分歧。这些都是希望提供工程化研发服务的独立商业研发机构无法做到的。一定意义上，正是因为国家和社会对大学的支持，让大学有能力回避对知识产权价值的无限想象，最终促成了这种对知识生产的共享机制。

MADE-IN-CHINA
MADE CHINA
智造中国

AMRC 工业部门与主要技术能力

AMRC 工业部门

经过 20 年的发展，为了适应不同阶段的研发项目需求，谢菲尔德大学的先进制造研究中心逐渐积累起各方面相关的技能，构成了今天 AMRC 内部的研究部门。

AMRC–Boeing 为波音和空客等公司开发研制航空航天领域的新技术、新工艺和新产品。这里有德国特制的 Starrag 五轴联动加工中心，用于加工航空发动机、钛合金涡轮扇叶、轮毂等高难度、高精度的特殊零件；有德国 Scharmann 公司生产的专做大型设备主轴的巨型车削中心，配备有用来对比试切的各种硬质合金刀具、陶瓷刀具，既验证加工质量的可靠性，又验证切削加工的经济性；有德国 Hermle 公司生产的价格大约 200 万英镑一台的加工设备，专门用于

F-35 战机和波音公司航空航天特殊零件的加工。同一车间里也有日本马扎克（Mazak）加工设备，设备的价格高出 Hermle 机床 50% 左右，用于加工精度更高的零件。

英国目前仍在运行的核电站有 7 个，这些核电站从没有出现过大的安全纰漏，NAMRC 的工作功不可没。该研究中心承担核能源供应商认证任务，任何一家企业要想成为英国核电站的供应商，都必须获得这个中心的认证和许可。

CTI 是 AMRC 引以为豪并享有极高国际声誉的王牌铸造技术中心，许多像罗罗、波音、空客等航空航天、核能公司所用的耐高温、耐高压、高强度、耐腐蚀等抗击恶劣环境的特殊材料铸造技术都出自这家研究中心。

AMRC 设计、原型和测试中心（Design, Prototyping, Testing Centre）与大型公司的新品试制车间类似。它的主要功能是对已经成型的概念进行设计改进、设备及工装刀具改进、优化工艺、原型样件开发和功能测试。

AMRC 培训中心是理论与实践并重的"双轨制"教学的工程师培训中心，与德国类似。这里培养出来的学员，要理论有理论，要实践有实践，是最接地气、能文能武的全面发展的人才。该培训中心是培养新工程人才的摇篮，避免了只能高产论文而缺乏动手能力的人才培养。AMRC 为大公司和中小型企业提供以 STEM 为重点的学术培训和学徒制职业培训，这些培训在培养人才和输送人才方面发挥着重要作用。

除此之外，AMP 内还有 3 个新的先进工程和工业技术研究中心，罗罗公司再制造技术中心（Remanufacturing Technology Center）、验证实验室（LVV）以及综合民用和基础设施研究中心（ICAIR）。每个中心都建立在英国科学研究引导项目的基础上，以便开发和拥有适合未来的高经济附加值技术。

AMRC 主要技术能力

增材制造（AM-3D 打印技术）：专注于粉末冶金的材料、工艺和金属增材制造的设计。

精密铸造：提供先进的铸造专业知识和制造能力，包括计算机过程建模、铸造制造设计、精密铸件的快速小批量制造以及铸造工艺和材料研究，用于航空航天和其他高价值制造领域。

复合材料制造：与 AMRC 在金属部件制造方面的成熟专业知识平行，AMRC 复合材料中心采用先进的方法生产由复合材料制成的超轻重量部件。主要研究：自动化生产、复合材料加工、高级固化、干纤维技术以及新材料加工。

设计和原型制造：设计和原型制造团队（包括 AMRC 医疗中心），开发从概念设计到各行业全功能原型的所有产品。主要研究：增材制造设计、分析，机械设计、电气设计以及系统设计。

集成制造：推动世界级可重构制造技术发展。主要研究：数字辅助装配、集成的大容量计量、机器人和自动化，以及制造业信息学。

精密加工：开发创新技术和优化加工高性能材料的工艺，主要包括：过程监控、加工动力学、切削加工性、流程建模、研磨、计算机辅助制造业发展、齿轮制造、新型加工技术，以及非常规加工技术（如低温加工、超声波铣削和钻孔，以及金属和复合材料的磨料水射流加工）。

智能制造：AMRC 智能制造团队拥有开发数值和仿真模型的能力和专业知识，以支持运营规划、设施规划、供应链建模、成本分析和权衡分析等方面的项目和研究。主要职责包括：离散事件模拟、系统动力学研究、成本分析与预测、贸易研究分析。

标准测量：为研究团队和合作伙伴提供一系列尺寸测量技术和服务。主要包括：CMM 接触探测、圆度测量、测量臂探测、大容量和便携式计量、点和多边形数据分析，以及光学表面粗糙度和形状测量。

　　结构测试：提供系统性能的整体测试和认证，以完成 AMRC 内的整个工程流程。测试职责是证明新制造工艺的材料属性，以完成成品组件。相关设备和服务包括：数据采集、应变计安装以及测试视频记录。主要包括：复合材料层间剪切强度、添加剂制造的力学性能分类、集成翼、轮胎以及复合板测试。

　　工程培训：提供学徒工的实践和学术培训。通过与雇主合作，确定并提供在全球范围内有竞争力的技术培养路径，提供从学徒开始到本科及以上水平的全系列培训课程内容。

　　虚拟现实与增强现实：利用虚拟现实与增强现实技术进行新产品设计、复杂设备组装、技术工人培训和新产品测试（见图 2-9）。

图 2-9　利用增强现实眼镜检测和安装零件

医疗：手术室仪器设计、3D 打印植入物、辅助设备设计等。进行医疗设备研发，制造设计，机械、工业和电气设计，材料开发，2D 和 3D 可视化以及原型设计。

数字孪生：研究和开发物理空间和数字空间相对应的相关技术，利用数字驱动，优化工业生产的流程。

AMRC 全球网络建设与技术应用案例

AMRC 全球网络建设

自 2001 年成立以来，AMRC 始终致力于引领先进制造业的技术革新。20 年来，AMRC 不断壮大，已经在英国西北及中部地区、威尔士、韩国和澳大利亚建立了分中心，从而初步形成工业技术的共享网络。

我们常常强调核心技术和知识产权，然而 AMRC 存在一种不从事工业生产和技术研发的人很难理解的现象。越来越多的国际大公司通过在 AMP 周围买地建厂共享 AMRC 的研究资源。当 AMRC 决定要扩大规模的时候，大学发现已经买不起周围的地了。于是 2014 年，市政府把谢菲尔德机场卖给了大学，作为 AMRC 2050 工厂的选址。

机场的控制塔改造成数字化设计中心，围绕它的候机楼改造成欧洲第一个完全可重组化柔性生产线，在 2050 年实现可重组化柔性生产理念：上一台生产的是飞机，下一台生产的有可能是跑车。另外，又在原来的跑道上建了一个巨大的厂区，厂区里做的研究大多数是开放空间的。波音、空客和 AMRC 的工程师会在一起做研发。在开放厂区的远端，有几个没有窗户的集装箱式的研究室，其中有几个是波音的，另外几个是空客的。门对门，做两家相互不让对方知道的各自的核心技术研发。而从事研发项目的工程师却一起吃午餐、喝下午茶、去酒吧。

AMRC 一直致力于建设全球卓越工业技术网络。这些分布在世界各地的中心不仅在区域范围内，而且在国内和国际上都会对先进制造业产生影响。这些中心与从全球工业巨头到中小型企业的几百家公司合作，为企业提供技术研发服务，开发新产品和工艺，提高企业的生产效率和竞争力，并培养适应数字化先进制造生产方式的下一代工程师。

AMRC 的工作极大地推动了当地的经济发展，提高了生产效率，吸引了波音和麦卡伦等跨国公司前往谢菲尔德罗瑟勒姆镇附近开设工厂。它的成功使大学有机会与合作伙伴一起在英国其他地区开发和启动新的设施和项目，支持政府的产业战略，同时履行大学作为公有机构的战略使命，为这座城市和这个地区，甚至是英国和全球带来创新活力和增长动力。

咨询机构城市中心（Centre for Cities）发表的一份报告《园区与创新》（Parks and Innovation）将 AMRC 描述为"皇冠上的宝石"和"在国家层面具有重大意义的创新资产"，指出 AMRC 的研发活动不仅会使当地受益，也造福于英国的其他地区。报告中列举了一些例子，包括 AMRC 与罗罗公司的合作，该合作使罗罗公司避免了在英国东北地区 1 亿英镑投资的风险；促进了空客北威尔士的项目建设，确保了未来的机翼生产和当地的 6000 个高技能职位。AMRC 与其姊妹中心协同，与工业伙伴开展重要合作，促进当地的经济增长。

AMRC 的专业领域涉及机械加工、铸造、焊接、增材制造、复合材料、制造设计、测试和培训。它在帮助公司克服制造问题方面享誉全球，并已成为大学、学术界和工业界合作研究的成功样板。

AMRC 在谢菲尔德地区建立的设施包括：

- AMRC 未来工厂专注于机械加工研究，设有一系列最先进的机械加工中心和其他制造设备。合作公司在将新设备引入自己的生产工厂之前，会先在这里进行研发和测试新技术、新工艺。
- AMRC 2050 工厂是数字化与制造相结合的地方，这是欧洲第一家柔性制造工厂，致力于完全可重构的数字化辅助组装、零件制造和加工技术的协作研究，以推动第四次工业革命。2050 工厂能够在不同的高价值零件和一次性零件之间快速切换生产，以实现先进制造业产品的生产流程完全由软件设计。

- AMRC 复合中心是先进复合材料制造研究和开发的前沿设施，包括对自动化生产、复合加工、高级固化、新型材料和工艺以及干纤维技术的研究。
- AMRC 设计和原型中心包括 AMRC 医疗中心在内，使用其内部的高精度加工工艺、增材制造、先进的分析工具和无尘室设施来开发从概念设计到下一代原型的所有产品。
- AMRC 高级结构测试中心能够帮助企业或研究小组证明其技术并获得产品和系统的认证。它是英国的大学里唯一一家获得英国认证服务局认可的结构测试认证机构。
- AMRC 铸造工厂提供先进的铸造专业知识和制造能力，包括计算机过程建模、铸件制造设计、精密铸件的快速小批量制造、航空航天以及其他高价值制造业的铸造工艺和材料研究。
- AMRC 知识转移中心提供专门的会议和会议空间，以帮助谢菲尔德大学 AMRC 与英国制造基地分享在其车间中开发的创新工具和技术。
- AMRC 培训中心的成立是为了培养下一代世界领先的工程师，并与雇主合作，以识别并提供制造公司在全球竞争中所需的技能。该培训中心为 16 岁及以上的年轻人提供高级学徒制、学位学徒制和更高水平的技能培训，并提供一系列持续的职业发展课程。

　　除了谢菲尔德地区以外，AMRC 还正在与其他大学、行业协会和主要工业合作伙伴展开合作，在正在发展制造业、有着强烈研发需求的地区，建立研发机构来推广其同地研发的经验，从而形成更大的知识共享网络。

这些最新发展的地区包括：

- 谢菲尔德大学 AMRC 西北地区基地。AMRC 西北地区基地与兰开夏郡 LEP、兰卡斯特市议会、兰卡斯特大学（Lancashire University）和英国中央兰开夏大学（University of Central Lancashire）一起建立了与西北地区的航空航天和汽车供应链的紧密合作，为西北地区企业提供先进技术研发服务，推动制造商提升产品性能和质量。这也包括支持当地的中小型企业和英国宇航公司等战略合作伙伴实现工业数字化。

- 谢菲尔德大学 AMRC 韩国。AMRC 韩国的启动是基于英国的 AMRC 与韩国的碳汇聚技术研究所 KC Tech，以及其他韩国高价值制造研发机构与公司合作的联合项目。AMRC 促进了新的研究和创新突破，通过提高员工技能并引进先进的技术和流程来帮助韩国企业解决与技术相关的问题，并支持韩国制造产业战略的发展。AMRC 还利用两国的共同优势来创造新的产业和基础设施，提高生产力、竞争优势和经济增长，从而促进韩英两国之间新的贸易和投资机会。AMRC 韩国设立在以下 3 个地区：光州（KC Tech 所在地）、庆北 IT 融合产业技术中心和蔚山科技园。

- 谢菲尔德大学 AMRC 威尔士中心（AMRC Cymru）。AMRC 威尔士中心是由 Deeside 企业区顾问委员会、斯旺西大学（Swansea University）和 Coleg Cambria 学院共同合作而设立的。由 AMRC 管理的位于布劳顿的工厂将使当地能够更广泛地与 AMRC 的机器人和自动化人工智能机器学习，增强与虚拟现实、数字孪生、模拟和建模、增材制造、互联智能工厂以及供应链等技术的对接。该中心的研究将帮助威尔士在航空、核能、汽车、能源等工业，以及食品和饮料行业等先进制造领域开发新的功能。

空客已经是谢菲尔德大学 AMRC 的一级会员，它将继续作为 AMRC 威尔士中心的主要合作伙伴，继续保持与 AMRC 的长期合作关系，以确保自己在航空航天领域的发展处于最前沿。空客之所以能够迅速开展早期的联合项目，确保其机翼技术发展的未来，也是因为威尔士和英国政府对战略经济的关注。最近的一项研究项目已帮助空客开发和部署智能自主机器人，让它可以在庞大的设施中移动，从而使操作员能够专注于更高附加值的任务。

AMRC 威尔士中心将深化和扩大航空航天领域的研究能力和创新资产，将直接或间接支持 24 万个工作岗位，是欧洲同类行业中规模最大的研发中心，该中心 2019 年对英国经济的贡献价值达 320 亿英镑。

● 谢菲尔德大学 NAMRC。NAMRC 与 AMRC 同位于 AMP 内，致力于帮助英国制造商提升核能领域竞争力。NAMRC 也是 "高价值制造推进器" 计划的一部分，专门应对核能相关的大规模的质量关键工程挑战。

NAMRC 成立于 2009 年，是由政府支持的与曼彻斯特大学合作的项目，在英国核工业中发挥着举足轻重的作用。除了帮助英国制造商赢得新建项目如欣克利角 C 核电站的工作以外，NAMRC 还参与了退役英国核电站的改造工作，在开发新型低碳发电方面发挥了关键的作用。

NAMRC 是开发英国小型模块化反应堆计划的一部分，该计划由罗罗公司领导。该中心还与在英国开发聚变动力的世界领先组织英国原子能管理局（UK Atomic Energy Authority，简称 UKAEA）紧密合作，以帮助设计商业核聚变电站工程。这是 UKAEA 在位于牛津郡基地以外的第一个重大开发项目，目前正在 AMP 内建设新的测试设施，以更好地利用谢菲尔德地区工程专业的能力。

NAMRC 拥有约 40 个工业企业成员，并与英国其他数百家公司通过制造创新和供应链发展计划进行合作。NAMRC 的工程师和研究人员在大规模加工、焊接、增材制造、机器人技术和检验领域拥有世界领先的能力，与公司合作，为要求最苛刻的行业开发创新技术和优化工艺。该中心的全国工业顾问网络已经通过 F4N（Fit For Nuclear）计划帮助了数百家小型企业提升核技术相关能力。NAMRC 还开设了新的地区中心，以开发新的技术能力并更好地为国家核工业服务。

- NAMRC 中部地区基地。该基地于 2019 年年初成立，旨在与中部地区最重要的经济行业的制造商合作。NAMRC 中部地区基地位于德比郡的 Infinity Park，致力于开发新的制造技术，并正在开发数字制造、控制系统和虚拟仪器的新功能。除了帮助当地企业赢得核能相关订单以外，该基地正在开发的技术还将帮助解决制造商在汽车、铁路、航空、可再生能源和许多其他高价值制造领域所遇到的挑战。

- NAMRC Birkenhead 工厂。该工厂在会员公司 Cammell Laird 的协助下于 2017 年成立，作为专用的模块化制造中心投入使用。该工厂拥有越来越多的专用机械加工、连接和组装设备，以开发和验证核能及其他高价值制造领域的模块化制造技术。该模块化制造中心还充当了英格兰西北部和威尔士北部核能供应链的区域枢纽。

AMRC 技术应用案例

什么使 AMRC 模型与众不同？AMRC 模型不同于其他产业园的因素有以下 3 点：

- 跨行业合作：它旨在鼓励制造公司进行创新和合作。
- 专注于研究：它为会员提供了在 AMP 内进行高质量制造研究的环境以及全球制造商网络的访问权限。
- 获得专业知识：它使公司能够接触到掌握先进制造能力的高技能劳动力，这些劳动力通过谢菲尔德大学获得了先进制造方面的培训和经验积累。

创新对于科技公司在竞争激烈的市场中取得成功至关重要。但是研发费用是昂贵的，它需要特定的设施、机械和训练有素的工程师。AMRC 通过两种方式解决了这些问题。

首先，在合理的机制设计下，AMRC 通过集中资源来降低研发投资的成本和风险。AMRC 会帮助会员汇总科研投资，而不是由每个公司单独对研究、设施、机械和人员进行投资。这意味着成本和风险可以被分担。研发是具有风险的，因为它无法保证研究的结果是有用的。因此，许多公司，特别是规模较小的公司是很难进行创新的。除了依靠自己的工程师团队提供研发服务之外，AMRC 也依靠工程师对科研任务进行细化和拆解，将核心问题交给大学的科研团队，又依靠会员企业中的工程师引入必要的外部资源，共同帮助中小型企业克服创新难题。

其次，AMRC 帮助企业交流知识。通过 AMRC 的开源共享研发平台，会员企业之间可以迸发出新的想法，也可以通过项目进行合作。委托 AMRC 进行研究的企业如果不要求研发外包任务中产生的专利独有，就可以将研究成果提供给 AMRC 网络中的其他会员企业以抵扣会员费。研究项目由大学和会员企业所组成的理事会商定，以确保研究项目之间的一致性，以及研究对会员有价值并可供公共使用。这也就意味着在 AMRC 进行的研究有 80% 左右的专利是可以被会员共享的。小部分的研究课题也可以由会员与 AMRC 签署开发协议，进行独立资助研究，以保证相关知识产权的独有和保密。

接下来，我们将罗列一些 AMRC 的具体案例，这些案例大多数是大学的教授、博士研究生、AMRC 和会员企业的工程师们一起完成的：

● 碳纤维编织麦卡伦赛车超轻车体——复合材料制造技术。AMRC 的复合材料制造技术为麦卡伦旗下的超级跑车打造核心部件——超轻技术、质地坚固的碳纤维单体式驾驶舱。该驾驶舱的制造则由英国最大的径向编织机用碳纤维整体编织而成，整车车体只有几十公斤。英国最大（直径 6 米）的径向编织机现在安装在 AMRC，它是用来为汽车、航空和其他对质量和强度敏感的产业开发复合轻质量预制件的平台，并被认为是在全球市场和技术上最尖端的编织机器（见图 2-10）。这台编织机用干纤维技术来开发制造结构和功能复杂的产品，可以减少纤维的损坏，做出复杂的几何构件。可用的材料范围很广，包括碳纤维、热塑性塑料、玻璃、芳纶等，甚至是陶瓷纤维，比如矾土和碳化硅等。

图 2-10　径向编织机

资料来源：AMRC。

- 增材制造 3D 打印无人机。增材制造和无人机的应用越来越广泛，这使得制造 3D 打印无人机成为可能。小翼展的固定翼飞行器的应用范围包括飞行爱好、侦察以及人道主义援救。AMRC 的设计及原型制造团队采用熔融沉积成型技术，制造了全身以 ABS 塑料 3D 打印而成的低成本无人机。对于大型组件的打印，比如无人机机体，熔融沉积成型技术要比立体光刻技术和选择性激光烧结技术更有优势，因为熔融沉积成型技术的前期投入低，材料费用低，流程更简单。

- 混合 3D 打印工艺 THREAD 设计及原型制造。AMRC 设计及原型制造团队的工程师马克·科金（Mark Cocking）发明了混合 3D 打印工艺，在构建过程中把电气、光学和结构元件引入增材制造组件。全自动的 THREAD 工艺适用于各种增材制造平台，现已在用于 3D 打印聚合物组件的机器上得到验证。THREAD 工艺的可应用领域很广，例如汽车、医疗、航空等，美国国家航空航天局喷气推进实验室已将 THREAD 工艺作为航天器增材设计车间的一项特殊技术。

- 复杂几何图形零件制造及提高零件柔韧性。与传统加工过程相比，增材制造的优势在于它可以生产复杂几何图形的零件，提高零件的柔韧性以适应频繁变化的设计和供应需求，缩短特定图形零件的交货时间。运用增材制造技术生产零件时，CAD 标称几何可能会出现偏差，但 AMRC 已经验证了它校正轻微变形的方法是有效的。

- 提高车辆改装公司生产效率。AMRC 集成制造团队用集成制造和虚拟现实技术革新了 Clarks 车辆改装公司的设计工艺，优化了 CAD 模型，将其生产时间缩短，并降低了生产流程的复杂性。

- 新一代防爆车辆的设计及原型制造。英国国防企业中心资助 AMRC 设计及原型制造团队，使其设计并制造出无人车用于地下炸药的爆炸冲击测试。

- 破纪录的钛的金属切除效率。英国一家金属切削刀具开发商 Technicut 和 AMRC 的专家合作，共同开发优化了切割系统，用于最坚韧合金的高速加工。该刀具切割系统突破了钛的金属切除率的纪录。

- 机器人沉孔加工技术。AMRC 的一项用机器人精准地在复合材料的飞机零件上打孔的研究项目已经发展成了一个生产系统。英国宇航公司看到了将这种系统集成到其制造过程中的潜力，在英国普雷斯顿（Preston）和布莱克浦的工厂运用了该技术，并将用于加工军用飞机的各种复合部件。该生产系统在未来几年将为英国宇航公司节省数百万英镑的生产成本。

- 外科手术组装设备。AMRC 医疗中心医疗团队为英国的 JRI Orthopaedics 公司开发了一套设备，外科医生使用该设备可在手术室中快速组装手术植入器械。这套设备十分轻巧，只需单手即可操作，适用于手术室的环境。

- 商用火箭薄壁构件。谢菲尔德大学 AMRC 与上海航天技术研究院于 2016 年 9 月 26 日达成了在航空航天创新领域的新合作，双方将成立薄壁构件制造联合研发中心，进行商用火箭领域薄壁构件的研究。

- AMRC 改造传统工艺制造。位于谢菲尔德地区的谢菲尔德刀具制造商与 AMRC 设计与原型中心合作，设计定制了 3D 打印钛合金刀具，并进行了小批量生产。使用先进的 3D 打印技术，创造了新的设计。在这种情况下，刀片和手柄被整合在一起，手柄根据厨师的手的大小和使用习惯进行了定制。这是非先进制造企业也可以利用 AMRC 进行研究的一个例子。AMRC 在金属切割、3D 打印和制造设计方面的专业知识已应用于包括航空航天和汽车行业在内的一系列制造活动中。

AMRC 的研究项目向 AMP 外的地区转移落地，这也凸显了创新的溢出效应不是局部的。一项技术的核心研究和高价值工作在 AMP 内实施，而研究成果则可应用于在其他地区的生产线。大多数在 AMP

开展业务的公司很少在当地进行生产。这些公司从 AMRC 的研究中受益，使用创新技术来提高它在其他地区生产流程的效率。至关重要的是，AMP 内外都存在这种公司网络，这就意味着在谢菲尔德市区以外的地区同样可以从园区内的活动中受益。公司借助 AMRC 来开展其高技能、高价值的工作，在这之后，公司在土地和劳动力成本比 AMP 更便宜的地方的生产线上集成新技术和新工艺。

罗罗公司与 AMRC 合作，改进了航空航天制造中的关键部件——航空发动机盘的制造工艺。用于制作航空发动机盘的材料很难雕刻，需要经过复杂的制造过程。AMRC 工程师使用仿真工具指导航空发动机盘的夹具设计并进行加工，以改善制造过程。AMRC 的创新使罗罗公司将每张发动机盘的制造时间减少了 50%。罗罗公司目前正在其位于桑德兰的制造工厂中运用这项技术。

这表明了 AMRC 作为制造过程中高价值输出场所的重要性。尽管罗罗公司自身是一家拥有大量资源和研发设施的公司，但获得 AMRC 的研究成果并与谢菲尔德大学的工程师合作，依然为它在其他地区的生产设施提供了关键技术支持。

大学科技园 AMP 的建设

　　谢菲尔德 AMP 是以谢菲尔德大学 AMRC 为核心的科技园区，它正在使谢菲尔德地区的经济从一个低成本生产地转变为高价值知识生产的地方。AMRC 将研究人员和学者与来自英国及其他国家的先进制造业公司联系在一起。波音、空客、英国宇航公司、麦卡伦等大型跨国企业及规模较小的供应链公司都在 AMRC 开展业务或参与研究。这些行业巨头在 AMP 兴建自己的工厂，并把供应链中的制造企业也都吸引到这个园区来。至今，园区已经有 150 多家与先进制造业相关的高科技企业。在各地土地政策鼓励下，中国地方政府也围绕新兴产业建设了很多科技园和开发区，围绕大学建设了很多孵化器。AMP 的发展历程和经验对我们运营这些园区，盘活科技地产也有着一定的借鉴意义和参考价值。

　　占地 0.4 平方千米的 AMP 位于南约克郡谢菲尔德市郊罗瑟勒姆镇。AMP 内的企业最初以材料加工技术为主，包括用于精密加工制造业的金属和复合材料，这些材料用于航空航天、汽车、体育和环境应用，发展到核能、石油、天然气等新能源以及国防和基础设施建设等。AMP 研发的技术已经被大量应用于相关领域的新产品开发，如 F1 和下一代军用和商用飞机，包括新的波音 787 梦幻客机以及先进的 3D 打印的医疗修复和假肢。目前，位于 AMP 内的企业和机构包括：NAMRC、波音和谢菲尔德大学合作的 AMRC-Boeing、罗罗发动机厂、CTI 等。

　　AMP 成功地推动了谢菲尔德市的企业提高生产效率和增加高技能制造活动，促进了当地经济的可持续发展。AMP 也为其他的城市和政策制定者提供了一些经验，主要表现在以下几个方面：

- AMP 对先进制造企业具有吸引力，它是基础科研知识和工业技术应用之间的枢纽。AMRC 会员企业有获得谢菲尔德大学的工程学本科生和研究生毕业生的机会；可以利用 AMRC 专利共享的开源研究模式，在 AMRC 网络中分享新的研究发现成果；可以与其他 AMP 的高技能企业和研究人员进行面对面的互动与沟通，这些对于 AMRC 的成功都是至关重要的。这种模式让 AMP 与英国和世界各地的生产中心建立了联系，并使 AMP 在全国范围内具有重要的示范意义。

- AMP 强调了政府作为产业战略整合者的重要性。AMP 是知识密集型制造业技术原创的集中地。在这里，掌握高端技术的员工以及公司在一起进行新技术研发，将其应用于制造企业的实际生产流程中。AMP 将这项活动聚集在一起，既支撑了谢菲尔德的城市复苏，又带动了周边地区的经济活力。

- 科技水平的不同导致各地的经济发展存在差异，总体而言，作为工业革命的发源地，20 世纪 80 年代之后，谢菲尔德地区在提供技术能力方面表现不佳。那时技术水平低和薪资低的工作是城市经济的主要特征，许多高级技术工人的工作机会流失到英国其他地方。谢菲尔德大学通过十几年的努力，营造了经验丰富的技术人员与 AMRC 的会员企业在同一园区进行合作研究的环境，AMP 开始吸引新的、薪水更高的制造业生产活动。

- 一个地方的研发活动也可以使其他地方受益。AMP 作为创新和高技能产业场所的角色，例如新的加工技术也可以应用于低成本制造的英国其他地方。因此，AMP 与国家产业战略的相关性在于它如何提高全国企业的业绩，不仅局限于谢菲尔德地区。

- 开源的知识共享研究方式使 AMRC 取得了成功。随着 AMRC 模式的成功，很多地方希望复制 AMP 先进制造业基地的经验，例如桑德兰

（Sunderland）、蒂斯谷（Tees Valley）和格拉斯哥（Glasgow）等，分享其关键技术和模式优势。这不仅包括工程师团队的建设，还包括与大学的合作、共享专利的开源创新模式，以及使得生产活动安排在园区外的企业也可以从园区内的研究中受益的企业网络。

AMP 与其他制造园区的比较

为了将 AMP 与其他制造园区的表现进行比较，我们选择了一些类似于 AMP 的产业园区，这些地方的规模虽小但足以开展不同领域的高端制造活动，不会使某一家制造业雇主占有绝对的支配地位。

- i54 园区，位于伍尔弗汉普顿 / 南斯塔福德郡（Wolverhampton/South Staffordshire）。
- Cody 技术园区，位于奥尔德肖特（Aldershot）。
- Milton 园区，位于牛津郡（Oxfordshire）。
- Holford 园区，位于伯明翰（Birmingham）。
- Hillhouse 园区，位于布莱克浦（Blackpool）附近，属于兰开夏郡（Lancashire）能源企业区。
- Heathfield 园区，位于埃克塞特（Exeter）。

尽管它们都与先进制造业或制造业园区相关联，但其中一些园区似乎并不仅仅集中于这些产业。牛津郡的 Milton 园区只拥有少量的先进制造业。Warwick 技术产业园中先进制造业所占的比例很少，而计算机编程类、咨询类的企业或公司总部办公室等所占的比例更高。在先进制造方面，奥尔德肖特的 Cody 技术园区与 AMP 最为相似，具有强大的航空航天和国防实力，但与

AMP 不同的是，它的实地生产较少。

AMP 是谢菲尔德地区极具吸引力的工业园区。园区空间对等待入驻的诸多公司来说供不应求，这一点从就业岗位的含金量和地价的数据当中就可以看出来。

入驻 AMP 的企业新增了很多技术岗位，同时它们在 AMP 买地建厂的开销也很大。AMP 园区的工业用地价格为每平方米 59 英镑，远高于谢菲尔德市其他地区（38 英镑）和英国总体的平均价格（44 英镑）。AMP 的工业用地价格与坐落在英国富裕地区的伦敦近郊的 Cody 园区、牛津郡的 Milton 园区相当，远高于伯明翰、埃克塞特和弗利特伍德（Fleetwood）等其他类似的园区。与其他先进制造园区相比，企业选择 AMP 的可能性更高。AMP 与英国其他园区相比地价更贵，即使它还处于一个平均学位教育程度相对较低的城市。谢菲尔德市与拥有天价土地的 Cody 园区和 Milton 园区所在地区之间存在一个巨大的差别。Cody 园区和 Milton 园区的高等教育职位分别占所有劳动力资源的 42% 和 48%，而谢菲尔德市只有 35%。AMP 园区之所以会发展先进制造业，部分原因是当地制造业环境可以提供更多的技术能力，而这些与制造业相关的技术职位并没有纳入高等教育的考核体系中。总而言之，这一地区的制造业配备水平，提高了当地的平均薪资和土地价格。

尽管谢菲尔德市的平均学历水平比所比较的这几个地区都要低，但在 AMP 内，这项指标要比周边地区高得多。AMP 的所有工作中有 66% 为先进制造岗位，而在这些先进制造岗位中，有平均 64% 的岗位属于全国公认的高级职称。相比于其他地区，AMP 更有能力为高附加值的制造业活动提供各方面的便利。

　　AMP 是一个高技术含量、高生产活力的经济活动集群。尽管入驻 AMP 的成本很高，但现在已有近 1200 个先进制造业的工作岗位聚集于此，其中一半的岗位是自 2012 年以来新设立的。要了解这些成果对国家和地方产业战略的意义，就需要更深入地了解 AMP 对企业产生吸引力的机制，研究 AMP 模型是否具有普遍的可复制性。AMP 强调了一个专业的先进制造园区对整合产业战略资源和技术研究基础的重要性。政府不应通过对具体的某一科技领域的干预来提高国民经济效益，而是应该去支持共享知识和推动知识流动的环境建设。同样，地方政府应努力提高地方经济创造知识的能力。AMP 更类似于地方经济体中的一些商业园区，拥有更强的科技研发基础和更多的知识外溢，并且更能吸引高技能企业入驻。谢菲尔德确实提高了自身对这类工作的吸引力，企业落地在这座城市的成本会相应增加，但是企业将愿意支付这笔科技溢价以接近更有价值技能的劳动力市场。当地的大学从一开始就参与其中，研究成果和人才与先进制造研究中心的其他参与者共享。此外，政府要从新技术研发阶段开始做引导，而不是单纯地在土地价格和税收上做文章，以防止低成本大规模的制造业占据大量空间，也防止企业因为税收的优惠而把研发机构做成生产机构。

　　谢菲尔德地方政府在 AMRC 的众多支持者中扮演了重要的角色，因为 AMRC 的影响本质上是造福本地的经济和民生。地方政府在促进 AMRC 的研究成果向本地制造企业输送方面发挥着重要作用。同时，其主要作用在于制定支持高技能、高产出的工作岗位发展的政策，这类工作岗位对技术研发环境、交通运输条件和城市规划方面的要求很高。

　　地方政府对 AMP 的干预方式主要是通过收购土地用于扩建。谢菲尔德市政府保证了 AMP 在需要时能够扩张到附近的土地上，以确保 AMP 的发展规

划有当地的交通和基础设施配合（见图 2-11）。但是，谢菲尔德市政府不替
AMP 购买土地，也不会对企业扩建行为给予补贴。AMP 对企业的吸引力是
显而易见的，这也反映在土地价格中。受益于 AMRC 的研究共享能力，企业
愿意支付 AMP 地价所需的溢价，因为 AMP 为它们所带来的便利只能在这个
园区内才能获得。此时，越来越高的土地成本可能会减缓扩张的过程，但这是
由于企业对该地及其附近位置的强烈需求所导致的。附近有足够的工业用地，
AMP 可以稳步地实现其规模的扩大。

图 2-11　AMP 兴建中的居民区

资料来源：AMRC。

AMRC 成为促进谢菲尔德地区先进制造业规模增长的催化剂，政府确保本地的制造企业可以共享 AMRC 的研究项目。让已有的本地制造企业积极参与研发计划或购买并应用研发成果，是地方产业战略的一个明确目标。

谢菲尔德地方政府利用这一公共资产为当地公司提供帮助。这可以通过正式或非正式的政策，例如为本地企业提供研究补助金来参与 AMRC 的研究，特别是那些被咨询机构城市中心（Centre for Cities）和地方经济增长研究中心（Centre for Local Economic Strategies）所重点关注的企业，二者皆为著名的公共政策咨询机构。地方政府投入了大量的调研来关注地方经济的基本盘，尤其是城市地区发展所需的普遍技能工种缺口。

AMP 的发展历史

AMP 规划的目的是改变从 20 世纪 60 年代开始的南约克郡传统煤炭和钢铁产业产能下降的状况。虽然过去几十年里，本地其他传统制造也在逐渐衰退，但该地区仍然保留了先进制造领域的技能和专业知识，并得到了谢菲尔德大学和其他独立研究机构的专业研究能力的支持。AMP 由约克郡发展署和英国煤炭公司合资，开发位于罗瑟勒姆镇的前露天煤矿所拥有的工业废弃土地，欧洲区域发展基金也支持了该项目的前期运作（见图 2-12 和图 2-13 ）。

2004 年

谢菲尔德 AMRC-Boeing 作为最早的机构之一入驻了 AMP。

图 2-12　20 世纪 80 年代的奥格里夫

注：今天 AMP 的所在地。从 19 世纪开始，这里就曾是南约克郡重要的煤炭钢铁产地。

资料来源：AMRC。

图 2-13　AMP 综合园区

注：2020 年的 AMP 已经是集大学、先进制造技术研发、生产工厂和居民生活为一体的综合园区。

资料来源：AMRC。

2005 年

CTI 建造了占地 4600 平方米的研发中心。该中心所拥有的专业技术包括：铸造设计、材料开发和规格选择、制造技术、质量控制和性能测试等，该中心的会员来自全球各地。

约克郡 TWI 公司（The Welding Institute）建造了占地 1900 平方米的技术中心，该中心所拥有的专业技术包括：光纤激光加工、摩擦搅拌焊接、激光金属沉积、冷喷涂等。该中心拥有目前世界上最大的搅拌摩擦焊机，主轴功率超过 130 千瓦（见图 2-14）。

图 2-14 AMRC 主轴 10 米的加工机床

资料来源：AMRC。

2006 年

约克郡发展署完成了 AMP 内技术中心主翼建设，占地 2500 平方米，以满足先进制造和材料领域的小型高增长公司的需求。

2008 年

罗罗 - 波音未来工厂成为谢菲尔德大学 AMRC 的一部分。该工厂专门用于容纳最新的制造设备和生产能力。信息通信技术和虚拟制造将成为新设施的关键组成部分，替代传统制造方法。增加 3D 打印增材制造工艺，大大减少了材料浪费并提高了设计的灵活性。未来工厂于 2007 年年底完成，于 2008 年夏季正式开放。

AMRC 扩展了其在金属材料加工方面的传统优势，进入了日益重要的复合材料领域。AMRC 复合材料中心为航空航天应用开发复合材料的研究、设计、制造和技术转移。新波音 787 梦幻客机的 50% 材质将采用复合材料制造。

AMP 技术中心的扩建项目开放，其中包括一个高达 56 米的三叶片风力涡轮机发电机。

2009 年

CTI 总部大楼增建了 3700 平方米的用地面积。这个价值 470 万英镑的项目将 CTI 在 AMP 上的占地面积增加到超过 8400 平方米。新工厂将安装

额外的研发设备，使其成为规模生产的"技术示范制订者"。CTI 将对先进
设备进行大量投资，以完成检查和认证铸件，达到工业客户要求的最高完整
性标准。

作为 AMRC 轻工业部门发展的一部分，多马工具公司（Dormer Tools）
产品研发中心和 AMRC 综合能力中心的新投资将为高性能钻井和专业应用的
未来发展活动奠定坚实的基础。研发中心能够更好地了解钻井及其动力学原
理。这些投资包括建立一个先进的研发实验室，购买多台德国 DMG 数控机
床和其他设备，用于测试金属和复合钻孔的新产品研发。

2010 年

AMP 成为由谢菲尔德大学和罗罗公司领导的新的耗资 2500 万英镑的
NAMRC 的所在地。该中心由英国商业、创新和技能部提供的 1500 万英
镑以及来自约克郡发展署的 1000 万英镑资助成立。NAMRC 是谢菲尔德
大学和曼彻斯特大学道尔顿核研究所（Dalton Nuclear Institute）的工业联
合倡议兴建的。该中心是政府低碳产业战略的一部分，通过协助会员提高质
量、可靠性和效率，降低成本和复杂性，从而处于提升制造能力的最前沿。
NAMRC 汇集约 30 家高科技制造供应商。这些供应商致力于通过生产高价
值、低产量的复杂先进制造系统和组件来满足英国国内需求并在全球市场中
发挥重要作用。

2011 年

NAMRC 大楼竣工，并成为 AMRC 和 AMP 整体的新低碳地标。安装完

成了一台高达 99 米的风力涡轮机，额定功率输出为 900 千瓦。英国的陆上风力涡轮机通常平均运行在额定输出的 25%，该涡轮机每天平均输出超过 5000 千瓦时，可以满足 500 户家庭使用的电力。

2012 年

Harworth Estates 公司与罗罗公司在 AMP 约 7 万平方米的土地上完成购买合同。

罗罗公司先进叶片铸造厂成为这个新扩展地区的第一个工厂，并于 2014 年年底生产其首批叶片，该工厂在全面运营时每年能够生产 200 000 个叶片。每个叶片都是一个超级合金的单晶，这种金属单晶叶片非常坚固，能够抵抗喷气发动机内部的高温。占地 14 000 平方米的工厂将成为世界上最先进的飞机叶片铸造设施之一，将使用多项具有突破性的制造技术，如用 3D 结构光进行几何检测等。

2012 年 6 月，罗罗叶片铸造厂举行了正式的奠基仪式，英国商务大臣文斯·凯布尔（Vince Cable）与罗罗公司的学徒工一同出席了活动。

罗罗工厂计划为下一代核电站制造和组装大型压力容器。其中包括一座占地面积为 21 000 平方米的工厂建筑。建设计划于 2012 年年底开始，第一批压力容器于 2015 年建成。

Harworth Estates 公司还与泰勒温佩公司（Taylor Wimpey）、Harron Homes 公司和 Barratt Homes 公司达成合约，在 AMP 附近建造新的住宅

区，标志着商用住宅开发的第一阶段。房屋建筑商共获得了约 8 万平方米的土地。最初的房屋数量为 254 套，2012 年春季开始建设基础设施。第一套房屋在发布活动后，由 1991 年英格兰足球先生戈登·斯特拉坎（Gordon Strachan）购得。2012 年 9 月，银行和第一批家庭在圣诞节前搬进了他们的新家。

这一发展是可持续发展的新社区的第一阶段，包括预计在未来 20 年内建造的近 4000 个新住宅和社区设施，这些配套设施包括学校、医疗中心、零售商场和娱乐场所等。

2013 年

这一年 AMRC 建造了两个主要的新设施。

首先，AMRC 培训中心位于一栋占地 5500 平方米的新建筑中，旨在为下一代世界领先的工程师提供教学服务（见图 2-15）。该中心于 2013 年秋季首次招收学生，部分资金来自区域增长基金 920 万英镑的拨款。

培训中心为学徒提供量身定制的实践和学术技能课程，从 3 年的学徒学位制到工程博士和 MBA，再加上持续的专业发展辅导。在雇主的支持下，每年约有 250 人参加高级学徒制职业培训。它主要服务于包括罗罗公司等在内的本地区的工业企业。

图 2-15 AMRC 培训中心

注：到 2018 年，AMRC 学徒制职业培训中心已经完成 1000 多名学徒工的培训。

资料来源：AMRC。

其次，最初的 AMRC 大楼进行了大规模的重新开发和扩建，以创建一个新的设计、原型和测试中心，专门从事航空航天和高性能设计应用。扩建后的大楼将聘用约 40 名优秀的设计工程师和支持人员。建筑物中现有的测试设备得到了新添加的快速原型设计和结构测试设施的补充，将远超英国目前其他机构的设计和测试能力。

2013 年 2 月，Harworth Estates 公司宣布以 700 万英镑的价格向房地产咨询和投资公司 Cornerstone 出售综合工业科技园 Evolution @ AMP。Harworth Estates 公司宣布打算建立第二个类似的地产开发项目，名为 Revolution @ AMP。

同年夏天，谢菲尔德大学 AMRC 宣布收购 CTI。作为协议的一部分，CTI 和英国铸钛公司 TCUK 的员工、建筑物、资产，包括正在进行的研究工作、商业合同和咨询业务都被并入谢菲尔德大学 AMRC。

2014 年

谢菲尔德大学 AMRC 与波音公司签署了协议，以确保谢菲尔德工业园区附近的土地购置权，这为 AMRC 的进一步扩建铺平了道路。AMRC 在目前 AMP 的进一步发展受到了现有土地的制约。在位于高速公路另一侧的新地点，AMRC 正在进行第一个项目的开发（原谢菲尔德市民用机场），称之为 AMRC 2050 工厂（见图 2-16）。这个耗资 4300 万英镑的项目将开发欧洲首个完全可重构装配和组件制造设施，用于柔性制造研究，可以在大量高价值组件之间实现快速切换。

2014 年 3 月，罗瑟勒姆委员会宣布了一项 430 万英镑的交易，该交易将使 Revolution @ AMP 计划的开发成为可能。土地所有者和开发商 Harworth Estates 此前曾宣布计划在 2008 年的 Evolution @ AMP 开发成功之后，在约 2.8 万平方米土地上开发占地 1.1 万平方米的工业单位。

图 2-16　2014 年，正在兴建中的 AMRC 2050 工厂

资料来源：AMRC。

2016 年

NAMRC 耗资 4000 万英镑制造小型模块化反应堆。NAMRC 将工作重点从核能设施生产转向技术认证，并已经为全球近两百家制造型企业提供了产品进入英国核能设施的资质认证服务。

占地约 3000 平方米的作为 AMP 技术中心第三期新办公楼正式落成。该建筑由家庭与社区机构（Homes and Communities Agency，简称 HCA）资助，包括专业办公室和车间。该设施将为园区扩展现有技术中心设施提供更大的空间，以及吸引更多来自更远地区的高科技公司。

2017 年

　　麦卡伦汽车公司宣布在 AMP 投资 5000 万英镑兴建制造工厂，该工厂将创造 200 多个工作岗位（见图 2-17）。工厂内的麦卡伦复合材料技术中心将为未来的麦卡伦公路车辆制造碳纤维底盘。该设施将使麦卡伦更好地控制复合材料的制造，从而获得增加车身设计和开发速度的机会。2020 年，AMP 的麦卡伦车厂开始全面投入生产。

图 2-17　AMP 园区的麦卡伦汽车生产厂

资料来源：AMRC。

　　2017 年 AMRC 2050 工厂落成，作为欧洲第一个可重组柔性制造的样板工程，该工厂负责中小型飞机和跑车的设计、研发、组装和生产（见图 2-18）。

图 2-18　建成后的 AMRC 2050 工厂

资料来源：AMRC。

AMRC 的社会影响与创新综合体的建设

　　高校科研人员的强项在于基础研究突破和前沿科技创新，根据国际通用的技术成熟度评价体系 TRL，高校产出的科研成果的技术成熟度一般在 TRL1-3 级。从科技成果产业化的全过程来看，这属于最前端的部分，而后续的技术继续熟化直至符合工业交付标准的工作（TRL4-9 级）则需要交给专业的工程人员和产业化专业服务人员来完成（见表 2-1）。但是，企业有着追求利润最大化的本能，不愿承担科技成果应用的早期风险，它们不会轻易触碰早于 TRL-7 级的技术。因此，TRL4-7 级之间的地带，往往就成了科研成果的"死亡谷"。

表 2–1　　　　　　　　　　　技术成熟度评价体系

技术成熟度	技术阶段
TRL1	观察到基本原理
TRL2	技术概念制定
TRL3	实验室概念验证
TRL4	实验室环境下稳定性测试
TRL5	在产业相关环境下验证技术
TRL6	在产业相关环境下稳定测试
TRL7	在运行环境下验证系统原型
TRL8	完整合格的生产系统设计
TRL9	在运行环境下实际生产系统

图中的横坐标是科研成果转化的各个阶段。按照 TRL 分级，1–3 级属于基础研究，3–5 级属于应用研究，5–7 级是技术发展阶段，7–9 级是成品原型和系统测试阶段。在技术成熟和市场成熟之间横亘的隔阂地带，就是"死亡谷"（见图 2–19）。

技术孵化中死亡谷的定义，跟经济学中常讲的微笑曲线惊人一致（见图 2–20）。当我们把制造中的工程环节价值看得很低而把设计和消费环节价值看得很高的时候，恰恰就会以为这一段是低利润的、可以外包的。但这样的观点事实上造成了新技术在成熟度上的不足，大量新发明和新技术都只停留在实验室阶段，最后导致产业界不得不自己来做。

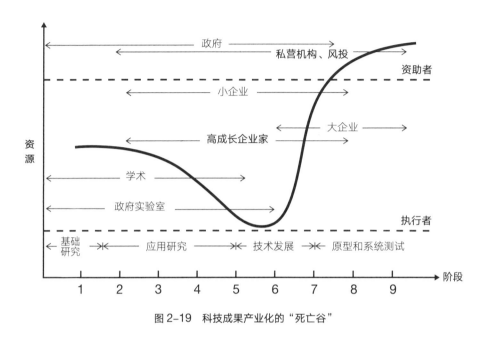

图 2-19　科技成果产业化的"死亡谷"

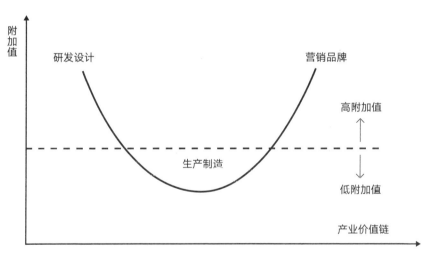

图 2-20　产业微笑曲线

研究人员对大学实验室、企业和政府实验室里孕育着的科学技术进行了观察，也观察了创新型制造企业的实际运作模式。根据这些观察结果，我们认为 TRL1-3 级的范围还应该更广一些，不应只局限于某些科技领域或产业，而应把重点放在以材料学、物理学、生物科学研究成果为基础而进行的活动上，例如生物医药、纳米科学和微电子学等。TRL1-3 级阶段既包括制造现有产品的新方法，也包括从先进的新技术中发明创造出来的新场景。

从科研成果转化各阶段的资金投入情况来看，在前期科技成果研发阶段即实验室阶段，往往会有政府的科研资金注入；后期产品市场化之后也能吸引大量的社会资金注入；而在死亡谷地带却鲜有资金注入。第一阶段往往是千分之一成功率的阶段，1000 次实验中有一次成功就可以发表文章公布这项研究发现，而产品化阶段是千分之一失败率的阶段，1000 个产品中的一个次品，就能决定工艺是否稳定，是否可以进行批量和最终的规模化生产，甚至是产品未来上市的口碑。而死亡谷正是这千分之一的成功率过渡到千分之一的失败率的衔接区域，它同样充满了对创新和技术的高要求。这两个阶段的分离也造成了科技成果转化的核心困难。一方面，高校和科研院所大量投入科研资金做基础研究；另一方面，产业界却得不到最新技术支撑来提高效率，最后不得不通过优化生产流程甚至以次充好来降低成本，通过价格战来维持销售，导致产品品质长期无法提高。

就 AMRC 的开发经验而言，AMRC 一直坚守着"需求导向"的原则。这一坚持不仅体现在开发中，也体现在学徒制职业培训学校的招生里。需求导向极大程度上避免了技术导向的研发中"闭门造车"的现象。这对基础研究来说几乎是个死结。一方面，太阳底下没有新鲜事，为了能够发文章，一定要做冷门，越冷越容易发文章。但另一方面，越有用的东西越会吸引更多人的注意，也就越难出人头地。但太冷门的研究又无法得到足够的经费支持，所以科研人员就会花很多时间和心思进行自我正义化的强调，甚至时间长了自己也确信，自己的研究是非常有价值的，产业界和投资人不理解是他们不懂。这给技术转化造成了实际的困难，第一阶段的风险在于产品化，从技术成熟度TRL1-3级过渡到TRL7-9级，一项好的技术未必能够被工程化，最后做成合格的产品，尤其是在时间和投资都有限的情况下；第二阶段的风险在于商品化，即使是一个好的产品也未必能够卖得出去从而成为好的商品，且不说企业经营的其他问题。每个阶段都是前一阶段本来就不高的成功率的乘积，因此，技术导向的产业转化成功率往往很低。相反，坚持需求导向的研发至少保证了商品化这一阶段是不必担心的，企业由于长期从事某一行业的生产和营销，其对行业所需技术的判断要远远好于科学家和投资人。强有力的工程师团队又可以集中大多数人的经验来判断这一技术工程化和产品化的开发风险，以及可能会遇到的核心困难。把这些核心困难筛选出来，由科研人员集中攻关解决"卡脖子"问题，在攻关中不仅提供了企业所需的技术，而且还有可能同时培养出掌握这些新技术的工程人员。这样一来，每个人都在自己所擅长的领域和阶段发挥出了各自的能力，新技术的交付成功率大大提高了。AMRC培训中心对于学员的培养也是坚持这样的需求导向，培训中心根据企业的用人需求，提前几年招收对应的学员。这些学员由企业面试，在进入培训中心接受3年的课程时，就已成为这些企业的员工。学员相应的学习费用由用人企业和政府共同承担。

在创新的过程中，判断自己的研发处在哪个阶段也是企业经营中的重要环节。技术成熟度就是一个用来甄别技术层次非常有用的工具，它能帮助企业确定其研发部门该走到哪个阶段，什么时候需要将研发外包。很多企业也有研发部门，但更多的是依赖于市场应用型开发，停留在TRL-7级以上。研发机构的选址有时候透漏了关键信息，如果把人工成本因素作为主要的考虑因素来选址，那么主要的开发还是在 TRL-7 级以上。以某通信运营企业为例，该企业的经营规模决定了它应该建设几个研究院来满足研发需求。但该企业的研究院选址主要定在了人工成本相对较低的地区。这说明了它的研发停留在 TRL-7 级以上的用户层面。这一阶段的开发大多数是应用阶段的工作，例如需要大量的人力来从事代码和界面开发的工作。AMRC 解决了 TRL4-6 级的衔接问题，使大学的技术交付成熟度大幅度提高，赢得了工业企业的信任。

AMRC 模式的成功促使创新英国项目积极地在英国其他高校和地区推广它的经验。鉴于此，创新英国项目建议英国政府应该采取如下举措：

- 鼓励其他科技园区复制 AMRC 的大学合作伙伴制和开源研究模式。AMRC 提供的协作和知识共享是吸引企业的关键因素，所以应该鼓励尚在建设中的其他先进制造研究机构，尤其是获得公共资金的地方，采取类似的方式吸引企业和大学共同参与。
- 根据需求扩建 AMP 和其他先进制造基地。这可以作为国家产业战略的一部分。由于在 AMP 进行的工作具有高度专业性和技能性，因此抱着"只要建起来他们就会来——筑巢引凤"的想法将很难成功，对大多数企业来说，空间并不是其主要成本。只有在私营企业对入驻园区有足够兴趣的情况下，才应在政府的支持下建立和扩建更多的园区。
- 工程教育。通过 AMRC，谢菲尔德大学了解了传统的技能培训与先进制造业所需的技能之间的差距，并与当地的供应商和雇主合作以解决这些差距。但是政府关于技能培训预算的拨付机制仍然不够完善。政府应该积极完善双轨制的职业教育体系，放开对成人教育技能预算的控制。
- 加大新技术的研发强度。政府已经承诺与企业和学术界合作，到 2027

年，GDP 的 2.4% 将用于新技术研发。尽管增加资金至关重要，但同样重要的是将国家和地方干预的成效最大化。从地方经济增长研究中心收集的有关创新举措的证据来看，有充分的证据表明研发拨款、贷款补贴和税收抵免等措施可以促进创新。但是，同样的证据也表明，不同地区的企业在研发应用上的付出是不均衡的。政府不仅要确保创新实现全面增长，还应确保全国各个城市的企业都能利用像 AMRC 这样的国家计划，优化自身的研发投入。

● 从整体上支持知识经济落地工作，而不是从一个具体的领域着手。AMRC 的成功并不仅仅来自先进制造业，还因为它为知识密集型企业提供了合适的合作环境和技能。在地方产业战略旨在提高生产效率的背景下，政府应该侧重于提供发展工业所需要的条件，而不是特别关注某一个行业。并非每个城市都能拥有自己的 AMP，但它们都可以提高自身的能力，从而广泛地容纳高技能人才的加入，在本地为其创造合适的工作机会。这就意味着城市要着眼于能够推动经济增长的基础政策，例如在技术能力、城市规划和交通运输等方面的基础建设。

● 促进创新传播。AMRC 作为国家资产的价值在于，它通过研发提高与之合作的公司的生产效率。对于谢菲尔德市政府和其他地区的地方政府而言，帮助当地公司与 AMRC 和其他类似机构建立联系是关键的产业战略。这就意味着地方政府要发挥召集作用，确定具有潜力和有意愿从事研发的本地制造企业，并通过 AMRC 等机构帮助它们。

AMRC 的使命在于缩小研究发现与将其成功商业化之间的距离。AMRC 通过提供聚焦商业化的能力，帮助企业制订商业计划书，让企业在分担研发费用的同时能够利用原本无法获得的技能和设备，从而降低风险，缩短产品上市的时间，充分利用整个价值链中专有技术的协同效应。作为推进器计划新阶段的目标，英国政府通过围绕大学建设的更多类似 AMRC 的研发中心，力图在新技术的研发上起到关键的作用，使英国制造业真正拥有全球领先的研究能力和潜在的商业能力，以吸收并利用不断增长的投资来推动制造技术的研发；通过 AMRC 的共享网络吸引全球大公司和制造企业的知识密集型研发活动。

同地研发与制造

美国旧金山的硅谷从 20 世纪六七十年代起就为计算机、互联网类企业进入商业化阶段提供了丰富的资源。从企业对互联网产品原型进行反复琢磨、建立测试环境，到企业在投资的帮助下进入商业化生产阶段，这一地区都能够为企业在技术和创意发展的探索阶段找到所需的人才、资金和其他资源，帮助企业顺利地走过基础研究、应用研究和早期市场展示阶段。这使得在互联网大潮来临时，旧金山湾区曾经一度创造了大量新兴的互联网公司，成为创业的圣地。但是，旧金山当地的制造企业不足，这使得更多的制造企业无法在当地获得与互联网企业相匹配的资源，最后也导致了硅谷近 20 年不再有类似谷歌或Facebook 的新技术公司的诞生。人们以为新技术从实验室走到规模化生产，只是简单的一步之遥，而结果常常事与愿违。这是科研人员对现代生产流程不够了解的表现。这种不了解，也成为高校的科研成果转化率极低的原因。

出自大学实验室的原型机往往很粗糙，继续开发直到能够作为产品进入工厂进行规模化生产则要经过反复琢磨。这个过程有时要在实验室内部完成，有时要和供应商一起完成，这通常要花很长的时间，需要很多研发能力的投入，但是对于企业而言，速度和质量是最重要的。因此，企业喜欢和供应商比邻而居。美国东海岸的一家集成电路设计企业和西岸的一家美国半导体加工企业合作时，双方对合作关系和时间都失去了控制，最后它们不得不建立自己的半导体加工部门。对这两家企业来说，离岸外包并不是一个可选项，把相关人员和技术搬到海外的成本又太高。它们花了 2 年的时间才把原型机变成一个功能完善的产品。在这个过程中，企业附近的人才和供应商帮了很大的忙。

另一个例子是一家美国西海岸的半导体设备企业，花了 4 个月的时间把原型机设计好。在这之后，每隔 6 个月就会进行一次迭代，这个过程持续了 3 年的时间后，才把产品发给了潜在的客户。硅谷地区的半导体企业也都有过类似的经历。在原型机开发阶段，这些企业很难在当地找到与之相匹配的供应链。就 AMRC 的对照案例和实践经验而言，我们可以看到，在新创企业的探索阶段，企业身处的创新生态环境可谓生机勃勃。这些企业所需要的各种资源都唾手可得。它们可以找到各个专业的优秀人才，帮它们完成原型机的打磨，也能够找到投资者和潜在客户的关系网，支持这些企业成长的早期风险投资，等等。这个生态系统培育了制造企业，让企业能够一心一意地专注于品质和效率的创新。

制造业的同地研发使得研发工程师能够看到产品生产的过程，也就能更好地理解现有技术的局限性和潜能。工程师也因此能够更好地改善流程，为同一技术开发新的用途，甚至能够进一步创造出新一代的技术。这些工程知识不能简单地通过长距离来沟通，它们只能在研发工程师和生产工程师的日常交流中点滴积累下来。新技术和新构想的商业化必须有一个赖以生存的供应商网络，这个网络里布满了具备高度专业技术的供应商，它们构成了地方性的供应生态系统，通过提供材料、生产设备、零件及相应的知识来支持和孕育创新活动，让创新企业把构想变成产品。中国之所以在制造业方面取得初步成功，早期是因为生产要素的成本优势，如今完整的制造业生态也给制造业的创新提供了竞争优势。

但是，对中国企业来说，传统的制造业并不能自动为自己打开发展创新能力的大门。数字互联网科技切断了曾经紧密联系着研发和生产的纽带，技术的深入发展也迫使制造企业放弃以前的研发和生产模式。对经历同样教训的美国企业来说，外包和离岸生产不是可持续的长期发展的商业模式。美国政府也正积极地推进这一改变，通过全球强制税和降低美国本土税率来积极吸引制造企业把产品生产的组装、加工部分回流到美国。

现代工业企业的竞争除了技术竞争之外，还有管理实力的竞争。在大而全的树形结构一体化企业中，大量财务成本消耗在管理体系内部，很大程度上忽略了劳动力本身的成本；但在劳动力成本飞速上涨的今天，优化工业企业的管理模式，让大企业成为生产的组织者而不是大而全的生产者，将成为商业社会中先进制造业的核心能力。

在个人设计师的价值不断提升、资本的价值越来越容易获得而发生作用的时候，大企业的地位也发生了变化，面临着更多后来者的挑战。特斯拉在汽车行业的迅速崛起就是这样的例子。于是大型先进制造企业发现，当把核心的研发机构和研究资源共享的时候，不仅提高了新产品的研发效率、降低了研发成本，同时还提高了后来竞争者的门槛。当波音、空客和罗罗公司都把自己的研发中心设在 AMRC 的时候，它们就已经拉大了其他国家国产大飞机与它们之间的差距。这也给了我们一个启示，当对手已经联合并不可阻挡的时候，不妨加入他们，成为他们不可或缺的部分。

这是一种非常专业的高级定制开发，先进的制造企业和其他企业共享一个共同的品牌——"谢菲尔德制造"，是谢菲尔德制造业值得骄傲的地方。事实上，在美国和英国，先进制造业已是最具创新性的行业之一。与劳动力成本较低的国家相比，先进的制造商在成熟经济体中的优势在于产品和工艺的不断创新，通过工业机器人实现制造过程的自动化，培养高技能且熟练的劳动力。AMRC 提供了一个大中小型企业共建的工业升级的共享平台。大企业通过会费支持，中小型企业在这里完成技术升级，升级之后直接对接客户，通过客户的订单获得贷款。在这个流程中，传统意义上的风险资本按照既有的模式所能发挥的空间并不是很大，反而是这种对制造行业新技术、新成果极高的转化率和成功率使得金融资本有稳定增长的基础。大学提供人力培训和技术研发的背书。大学和工厂的研发、劳动力的升级等要素综合在一起，来满足知识生产、制造和消费的新型社会生产结构下未来工业生产的需求。

围绕 AMRC 的金融行为

英国政府正式启动名为推进器计划的制造业振兴计划，并由创新英国项目来主导这项计划，力图从原创技术出发，重新打造英国制造业的创新能力，从而使得英国成为一个工业技术输出国。事实上，当你深入了解了知识生产——制造——消费这个新的产业结构模式，就会知道对某一国家和地区来说，这么做是合理的布局。对于小而充满活力的经济体来说，它们确实可以扮演知识生产和技术输出的角色，对大规模制造生产的环节进行全球性布局，为其他经济体提供研发外包服务，在技术和知识共享的过程中获得合理的财务回报，进一步投入到新的知识生产中。大学在这个后工业化时代，无疑也可以扮演这样的角色。AMRC 是至今整个推进器计划里规模最大，实现了自负盈亏，也是唯一一个实现了三分财务设计的机构。到 2020 年，AMRC 的财务收入中，1/3 来自政府和大学的基础建设投入，1/3 来自与大学教授相关的、从欧盟等机构获取的科研经费，1/3 来自企业的研发外包费用和 AMRC 的商业运营费用，这部分包括会费、资讯、投资和商务活动等。AMRC 实际上还扮演了企业的设备营销平台的角色，涉及新工艺交付的产品也会通过这个平台销售到工业买家手里。创新英国项目也为制造业振兴计划摸索出以 AMRC 为模板的政策方案，建立采购成功创新项目的计划：启动小企业研究计划、远期约定采购计划、鼓励公共部门组织在 AMRC 所在的技术领域采购，以创造需求来刺激这些技术的商业化进程。

大型企业和跨国企业的公司战略投资在新创企业的融资领域越来越活跃。大公司战略投资和传统的风险投资不同，它的资源要广泛得多，除了资金以外，它还有现成的供应链和生产制造网络，不同于纯粹的财务投资，它们利用现有的资源就可以帮助新创企业实现创新成果的商业化。对新创企业来说，未来大公司的战略投资作为合作伙伴的魅力也越来越足。在这些潮流的推动下，一个持有互补资源的上游或下游企业对新创企业的投资兴趣变得更加浓厚，投资行为也更频繁了。

除了大企业的战略投资行为，跨国的战略投资也为高科技新创企业提供了互补资源。随着数字经济在各个行业的渗透，企业的互补资源也变得越来越全球化。为了在自己的国家和地区播下新技术和先进制造业的种子，政府可以在向别国的新创企业提供直接投资的同时，还提供厂房、设备和员工培训等间接投资。新加坡政府积极争取生物科技企业，俄罗斯要的是纳米技术企业，中国要吸引的是清洁能源企业的互补资源。为了能够使用新技术，让自己发展壮大起来，美国、以色列和欧洲的新创企业越来越多地同跨国企业和政府合作，因为越来越多的互补资源都是由这些海外地区提供的。

围绕 AMRC 的投资人常常在被投企业和新创企业中担任着重要的角色。新创企业的技术能否为市场所接受？能否存活下来？企业在回答这样的问题时，往往都会在这样的人的指导下进行市场测试。他们在看到一项新技术的潜力后，就把大学的不同研究单位中相关的知识产权整合起来，组成最初的团队，把公司建立起来。在这里，这些人扮演了知识代理人和愿景家的角色，他们了解某项技术的市场需求，把相应团队组织起来，最后成立了一家公司。

这些人往往与特定的产业关系密切，能把新创企业介绍给潜在的投资者和合作者。他们在一个行业中耕耘多年，参与了好几家企业的建设，在行业中备受推崇，在当地的创新关系网很强。这些人还能够帮助企业找到最合适的投资者。其中一个例子就是，在这些关键人物的安排下，潜在的大客户从亚洲来到AMRC看原型机。这个潜在客户对原型机表现出了极大的兴趣。客户的热情给了研发团队信心，于是他们决定全速前进，成立公司，开始融资、招兵买马。

在新创企业开发产品的初期，企业必须决定它的技术应该怎样融入现有的产业体系。这时，来自产业界的关键人物就成为推动企业发展的催化剂，因为他们对产业现行的生产架构非常熟悉，知道新技术如何才能在现有产业体系中融会贯通，还知道哪些设施最适合用来引入这项新技术。

在 AMRC 的案例里，像首席执行官基思·里奇韦教授这样有着长年在波音管理层工作背景的高管就扮演了这样的角色。在他的帮助下，好几家企业应运而生，因为他知道哪个工厂具有将一项新技术进行整合的管理能力和技术能力，新技术可以应用到哪些地方。这些关键人物还可以在需要的时候把经验丰富的生产工程师召来，保证新技术可以无缝嵌入到现有的生产线中。

当企业步入试生产和规模生产阶段时，需要注入新一轮的资金才能使整个生产流程落地，进入大规模生产阶段。传统的风险投资人通常只投资早期发展阶段，不会在这个阶段做投资，而且这个阶段所需要的资金量也往往超过了风险投资一般的投资额，于是这些企业就必须寻找新的资金来源。这个阶段企业获得的投资常常来自大企业或新兴国家的政府产业基金，同时这类投资往往又是解决国际新技术交流的最好方式。当然，它同样也对传统风险投资面对制造业怎样去提供服务和寻找机会提出了新的课题。

MADE-IN-CHINA
MADE CHINA

智造 中国

诞生在英国的北京烤鸭

无论是初到北京生活还是只是到北京旅游，烤鸭几乎是一定要吃的。但你是否知道，每一只端上桌子的烤鸭，其实都是在英国出生的洋鸭子！这些小鸭出生在英国林肯郡的樱桃谷农场，"坐"飞机到中国后被河北省的农场买走，经过 2 个月左右的饲养后就被送到北京的每一家烤鸭店里。

英国林肯郡著名的樱桃谷农场向全球 60 多个国家和地区出售北京烤鸭品种，2017 年它被北京首农集团和中信农业基金收购。这笔收购交易价值 1.83 亿美元，包括其全部育种技术和专利权。樱桃谷农场总部位于英格兰东北部的林肯郡，是全球鸭初级育种业务的市场领导者，占全球总体市场份额超过 75%。

该公司已为英国消费者提供了 50 多年的服务。它是中国最大的北京烤鸭鸭苗供应商。到 2017 年，樱桃谷农场在中国市场卖出了 25 亿只鸭子。中国无论是在养殖还是在消费方面，都是世界上最大的食用鸭肉市场，约占全球产量的 3/5。樱桃谷农场在英国、德国和中国山东省均设有运营机构，并与各地的鸭肉生产者建立了合资企业，以扩大其销售能力。该公司的德国孵化场每年孵化 250 万只小鸭，为荷兰、匈牙利、捷克和波兰等欧洲客户提供服务，并为包括俄罗斯在内的大型出口市场提供产品。接受投资后，樱桃谷农场在英国的北京鸭遗传学世界中心（The World Centre of Pekin Duck Genetics）开拓新的育种研究，对新的基因选择技术进行了重大投资，并进一步加强了其中国中心的基因初筛业务，包括基因组学选择，以更好地服务于世界肉鸭养殖业。

通过对市场的判断，中国针对并购的品牌也有能力开发很多全新的"产品"。三一重工在 2012 年全资收购德国普茨迈斯特公司（Putzmeister Holding GmbH）之后，并没有将制造搬离德国，而是在原有的基础上，拓展开发了全新的产品线，拓展到新的领域中。这恰恰是中国制造的灰度创新，回馈国际化分工的重要证明。

中国金风科技公司于 2008 年斥资 4120 万欧元收购了德国风机设计公司 Vensys，一举掌握永磁直驱风机核心技术，终结了中国风电制造企业没有掌握风机核心技术的历史。在此之后，金风科技拥有 Vensys 公司 70% 的股权，但德国团队仍然持有相当大的决策权，公司人员悉数保留。2009 年，金风科技实现了电控和变桨两个核心部件的国产化，Vensys 功不可没。实际上，Vensys 在被并购前可以有多种选择，可以授权多方制造商。但在欧洲，没有一个足够大的生产线可以让 Vensys 对自己的设计原型机进行量产验证，而这又是产品设计公司所必需的。德国源头创新的拥有者做出了自己的选择："比起纯粹的资本投资行为，我更希望看到自己的技术落地。"收购完成之后，金风科技也投入了大量工程师进行设计再造，简化机械加工和组装程序。这种合作，可以说是一个双方造就、相互学习的过程。Vensys 从一个没有生产能力的科研团队跃居为风电行业技术的全球领军者，而金风科技也成为全球最大的风机制造商。

从这些案例和 AMRC 的共享模式中，我们可以看到，在工业界，技术不仅可以以公平的价格或会员的方式共享，也可以实现稳定的技术并购。相对于所谓的核心技术而言，这些提质增效的工业技术是可以以相对公平的价格获得的。当新兴国家大量采购关键技术时，先进工业国家的老牌供应商就开始担心它们居于领先地位的日子屈指可数了，关键技术正在流出门外，创新能力也一定会转移到系统生产和使用的地方。对先进工业国家的老牌供应商来说，把部分技术转让给雄心勃勃的后起之秀是必须付出的代价。道理很简单，这些供应商知道你也会做，只是做得比较差，假以时日，你会迎头赶上，他所谓的技术领先度就不在了，所以不如在合适的时候出手，回笼资本进行下一代技术研发。在知识生产、制造和消费这种新的产业结构划分下，按照自身的研发能力、制造能力重新定位国家和地区在全球化分工中的角色是明智之举，对维持国家经济的可持续发展也有着重要的意义。

就工业技术而言，绝对领先的独门秘籍是不可能长期拥有的，价值最大化才是工业技术交易的核心。相比于工业领域的关键技术，涉及军工和敏感领域，其交易的成本和不确定性就会更大，而事实上，它所占的市场份额是极小的。工业界大量存在像樱桃谷农场和 Vensys 公司这样的企业，凭借商业的方式就可以获得其技术并且得到其持续更新的收益。而且这种技术交易有一个极大的好处就是，海外投资人不是把专利技术买走了，让本来可以利用这些专利技术创造的本地就业机会流失到海外，反而是给当地带来投资而创造了就业。因此，通过投资方式实现的技术交易所受到的当地社会的阻力也会小很多。这也是 AMRC 构建全球知识共享网络的目标，大量的创新技术通过这个知识共享网络满足不同国家和地区的产业升级需求，通过研发服务、并购交易来为全球制造业提供服务，从而回笼资本，进行新的技术研发。

知识共享平台——通过支付合理代价获得技术共享

波音和空客在 AMRC 一起做研发，这个场景将是后工业化时代先进制造的常见现象。当与技术相关的知识产权被平台上每一个成员共享，困扰制造业技术革新的任督二脉才被打通，整个机制才能良性运作起来，从而使得新技术高速发展。只有知识共享才是真的共享，知识是越分越多的。

与知识共享相对的，便是知识产权。知识产权是个有意思的时代性产物。从积极的意义上来说，它激发了知识工作者投身研究的欲望，但如今，它也有限地作恶，常常被钻专利法空子的人所利用。曾经有一家微软孵化的企业专门收购专利，通过专利诉讼而盈利。在知识生产不再是什么稀罕事的今天，知识产权反而在一定程度上限制了人类技术的进步，如火如荼的人工智能行业开源运动就是个很好的新现象。今天的工业技术，不再是独门绝技，大多数技术的发展都是反复叠加建立在他人工作基础上的。当波音在 AMRC 平台上放弃对专利的把控，让供应商能够在这个平台上互相促进技术进步而高速迭代的时候，空客也最终放弃了隔阂和心理芥蒂，在 2012 年加入了这个阵营。虽然彼此是市场上的老对手，但双方在制造上却有 90% 的供应商是重叠的。帮助这些企业提高工艺，大家都会从中受益，从而最终为客户提供更好的服务。人们意识到，与通过技术共享所获得的技术进步相比，通过专利来保护技术所获得的利益简直微乎其微。对于某种工程要求而言，绕过专利保护声明的权限，通过别的方式往往也可以达到。为了完全避免这种情况的发生而构架出来的专利保护其护城河，成本往往比技术本身还昂贵。就 AMRC 而言，通过销售专利所获得的收入不足其年收入的 10%，而 90% 的收入都来自研发共享的服务。

值得注意的是，这样的研发协作不仅仅只适用于波音这样的企业。在传统产业越来越表现为某种形式的制造业的今天，数字技术把这些制造活动越来越紧密地联结成一个整体。事实上，数字产业越来越流程化从而成为制造业的一部分，其内容也成为制造业的服务模块，这进一步促进了相关技术的迭代。在工业 4.0 的大背景下，制造业成为人类生产活动的主要形式，在每个小而美的组织内部培养一支可以跟得上技术更新速度的研发团队，就会变得尤为困难且成本极高。对于整个社会来说，这样的安排显然是人员的重复设置和生产成本的浪费。AMRC 的组织形式是前面所讲的章鱼和树形结构组织形式的优化组合体，研发的资源共享，每一个参与组织负责自己相对独立的制造业的生产和成本优化。最应该也最适合承担社会制造企业研发任务的组织，无非是大学，它本就是这个社会先进思想和技术的承载者。至少，谢菲尔德大学已经是个成功的例子。

在大多数高校现有的"产学研"模式中，高校的研发水平处于 TRL1-3 级阶段，企业希望从高校获得的技术是 TRL-7 级以上的阶段，所以绝大部分的项目都是处在TRL4-6级阶段中因无法解决的关键技术问题而难以维持。在为数不多的成功案例中，由高校内部强大的工程师团队支撑、解决校企对接的技术转化问题是一个典型的特征（见图2-21）。

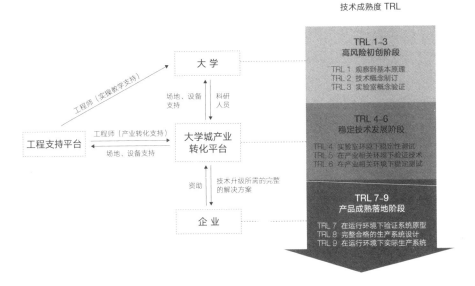

技术成熟度 TRL

TRL 1-3
高风险初创阶段
TRL 1 观察到基本原理
TRL 2 技术概念制订
TRL 3 实验室概念验证

TRL 4-6
稳定技术发展阶段
TRL 4 实验室环境下稳定性测试
TRL 5 在产业相关环境下验证技术
TRL 6 在产业相关环境下稳定测试

TRL 7-9
产品成熟落地阶段
TRL 7 在运行环境下验证系统原型
TRL 8 完整合格的生产系统设计
TRL 9 在运行环境下实际生产系统

大学

工程师（实操教学支持）

场地、设备支持　科研人员

工程支持平台

工程师（产业转化支持）

场地、设备支持

大学城产业转化平台

资助　技术升级所需的完整的解决方案

企业

图2-21　工程支持平台运营机制架构图

牛津大学物理学部是世界领先的物理研究机构之一。它通过开放研发能力与工业企业合作，培养和积累了大量科研和产业转化的能力，并让教授了解到产业界的真正需求，使其研究方向具有更大的社会价值。2020年，牛津大学物理学部拥有500多名员工，其中有140名永久性学术人员、219名研究人员和151名工程支持人员，工程师占比达30%。物理学部拥有电子电路设计车间、低温磁车间、晶体生长车间、高磁实验室、X射线和材料属性检测实验室、离子束光刻实验室和机械加工中心等一系列以工程人员为主的完整的研发团队。除了支持本学部的基础科研之外，工程师团队还会积极与牛津周边的工业企业合作，每年对外研发服务所获得的营业额达 3300 万英镑。牛津大学物理学部与工业界紧密合作，教学紧贴实际的行业发展走向，同时与本地公司合作，分享专业知识、开发新思路、提供服务并将研究成果商业化。其工程师团队不仅协助完成前沿科学研究，也协助将前沿科学研究转化为可以应用于工业的技术。除了产业转化方面，工程师团队对于大学内部科研能力的沉淀所做出的贡献也不容忽视。牛津大学物理学部稳定且庞大的工程支持人员团队在教学和学生论文课题研究的实践操作中为学生提供全程指导，做到对每篇论文的实验细节有足够的了解，并以此将丰富的学术和实操经验沉淀为大学内部深厚的科研基础。

"画龙点睛"是从文艺复兴时代流传下来的办法。学徒画完画的主要部分后，请老师傅来完成关键部分，点个睛，签个名，这画就是达·芬奇的了。这不算是个恰当的比喻，因为这暗示做了大量铺垫和落地工作的工程师工作价值没那么大，然而在工程化的过程中，工程师的贡献同样重要。工程师团队在技术转移和落地的过程中也起到了"画龙点睛"的画龙作用，从而把教授和基础科研人员从大量工程化的工作中解放出来，这些教授和科研人员只需要在关键时刻和关键地方出现，提供关键技术。同样的机制也适用于海外引进项目。在这些项目中，核心技术人员很难保证为了一个技术的落地而长期在异国他乡居住和生活。另外，正因为有大学强大的研发能力做后盾，起到点睛的作用，在研发外包的技术交付过程中，困难的核心问题才有解决的保障，交付的可能性才会提高。工程师与科学家相结合，建立了企业对高校技术交付能力从基础到应用层面的信心。在基础研发和应用研发同地相互协作的基础上，交付能力越来越强，企业敢于把有时间限制的研发任务交给高校的研究所来完成，这也使得工程团队更快地发展壮大、互相促进，形成良性循环。

在建设工程团队的过程中，有"规模拐点"的问题。对于几十人的工程团队而言，即使能跟大学的教授配合得极好，也不能保证企业交给工程团队的任务能够顺利完成，总有些问题卡了壳，这些问题教授也未必能够解决，这就导致无法保证在合同期内实现技术的交付。企业因此不敢把关键任务交给这样的研究团队，因此很难发展起来。这也是很多大学和研究所在产学研过程中都没有实现与 AMRC 类似的效果的原因。相反，工程上常碰到的问题也就这么多，工程师人数达到上百人，就总能找到解决方案，实在解决不了的就交给教授带领的科研团队进行"卡脖子"问题的攻关。在够好的学校、够强的科研团队和人才培养机制下，企业交付的研发任务才会及时顺利完成。企业也越来越敢把有市场竞争要求的研发任务外包给大学，大学因此获得提供研发服务的收入，从而积累更多的研发人才和经验，形成正向反馈，工程能力共享的研究机构得以良性增长。AMRC 之所以能够在推进器计划最初选定的十几所研究所中脱颖而出，跟这些因素的耦合不无关系。

技术转移中的风险回避与效益提升

2020 年，接连不断的校办企业暴雷和破产，高校科研成果的转化工作进退维谷。高校的科研堰塞湖化，最聪明的头脑都被困在高校，不能有效服务于社会，这在中国成为一个特殊的历史现象。改革开放初期，高校既要创收，又要保证"职务发明"的收益归职务赋予者所有，即发明人所在的单位，于是高校办了大量校企，把这些职务发明的收益包括在校办企业里。这样做在历史上看来是顺理成章的，因为个人发明是归于垂直一体化的整体之内的，即我们所讲的树形结构的体系中的。但个人的权益在这个体系中并不能公平合理地体现出来，单位和个人对个体劳动贡献的产业化无法做出合理的评估，因此也无法最大限度地激励个人发明。这种情况在近些年有了很大的改善，科研单位允许个人收益达到 70% 甚至以上。但单位在产业转化的过程中仍然占有很高的持股比例，对参与研发的科研单位的工程团队缺乏合理的激励制度，这个问题依然没有得到很好的解决。

高校常常通过产业平台式资产管理公司来代持高校对知识产权转化的股份。但高校的教师发明往往各自天马行空又多处于 TRL1-3 级阶段。产业界和投资界都无法准确判断其价值，对技术能否达到 TRL-7 级以上也无十分的把握。所以最好一开始就用股份绑定，或者用股份和投资双重绑定，减少资金的直接投入。高校也乐于此，万一将来这事情做大了上市了会有更高的收益。然而收益和管理责任是一体的，现代公司管理的要求是权利和义务的对等。当代持公司为学校和全校所有教师代持股份时，代持公司又与一般的投资公司不同，一般的投资公司都会有各自的投资偏好，往往可以与被投公司形成所谓的生态互补。高校的股份代持平台不得不接受教师有什么项目可以转化就承接什么项目的实际情况。如此一来，学校的股份代持平台成了上千个公司的股东，这些公司相互之间又没有什么生态可言。由于处在 TRL1-3 级阶段的技术成立公司的成功率并不高，十有八九是要夭折的，这些公司也会涉及复杂的法律和管理责任。对于有上千个互无关系公司股份的持股公司来说，其股权管理的复杂程度难以想象，已经远远超出了校企的管理能力，甚至超过了任何一家投资公司的管理能力。这中间的管理责任让大学来承担既是危险的，也是不公平的。

在技术孵化中，我们的思路往往趋于"技术导向"。投资界喜欢追捧新名词，因为新名词比较容易找到下家接盘。对地方政府而言，跟着新名词去执行是没错的，因为大家都这么说，更上层的领导也关心的内容，总不会担负太大的责任。这实际上造成了我们所说的知识生产过剩，知识生产不转化、成熟度低，最终由于没有进入产业化而导致了大量的资本浪费。当各个高校、各地政府甚至各个企业都这么做的时候，就会出现新的生产过剩的潜在危机。AMRC 的一个重要经验就在于"需求导向"，需求由企业提出来，工程平台帮助解决，工程平台无法解决的问题再交给高校的教授和博士做卡脖子问题的攻关。这样便可以充分利用智力资源，让专业的人做专业的事。企业通过在行业中积累的市场经验，依照自身的生产能力和销售能力，可以相对清晰地判断出新技术能带来怎样的效益，多长时间能够实现技术的变现。这时，企业对技术的价值判断会远远好于长期在高校工作的科研人员，也好于对产业不够了解的投资人。而工程平台只要负责对产业开发具有 TRL6-7 级的技术，工程师恰恰是为这个阶段而准备的。依靠高校，在交付过程中，把参与研发的研究人员，如硕士和博士，一起交付给企业，才是一个更完整的解决方案。企业获得完善的解决方案、成熟的新技术和人才，便会在规模化生产和市场营销上获得收益。这样的机制保证了新技术落地的成功率，尤其是落地变现的能力。学校和研究人员不再为未来可期的技术而持有新公司的股份，而是以研发合同的方式获得资金回报，回笼研发资金后，再进行新的技术研发。这个机制的顺利打通，让高校最大限度上避免了因为运营校办企业而带来的公司运营风险，而把精力聚焦在"科教结合"，即科研和教育的主业上。

在传统的"产教结合"——产业和教育的转化机制下，学校和教授不得不为未来承担责任，而未来有太多企业经营的事务超出学校和教授个人能力所能承担的风险和义务。同样，投资人也无法判断新技术能够带来的价值，但投资人可以判断一点，就是如果这是个新的名词，尤其是我们在一个有着浓重"名教"①信仰的习俗中，只要新名词炒作得好，就一定有人愿意来买单，而最终的社会责任又无法避免地回到股东、品牌的提供人高校身上，综合这些原

---

① 见胡适散文《名教》。

因，就造成了高校的声誉和社会财富的双重损失。因此，学校通过创办工厂来介入产业、经营产业，将产业证券化，都超出了高校的管理能力范围。而工程转化平台则在高校技术转化中起到了护城河和技术成熟化的关键作用，为企业提供完整的技术和人才的交付。以研发合同的方式收回前期投入，投入到新的研发中，既最大限度地避免了不确定性所带来的损失，也是目前看来最为合理并且已被验证的办法。在这个机制的基础上，AMRC 帮助谢菲尔德大学实现了 2013 年的科研收入超过剑桥大学，2018 年超过帝国理工学院，从而跃居全英第一。我们可以从中看到这种模式的合理性和有效性。

在此基础上，似乎看不到资本的作用。但是，你错了，资本完全可以以新的方式介入。由 AMRC 运营起来的转化机制大幅度提高了转化成功率，从而降低了科技成果转化的不确定性，从而带来了工业企业的长期增长、资本的长期收益，因此成为规模资本最喜欢的投资模式。资本介入后，可以重新以更理性的方式来平衡科研人员、高校和企业的收益比例和方法，使得整个机制良性、可持续性运转，所有参与者都是最终的赢家（见图 2-22）。

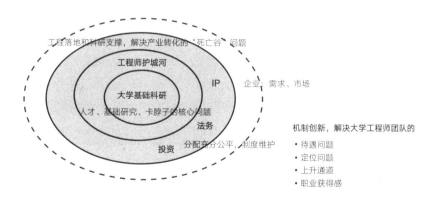

图 2-22　工程团队与产业转化机制结合：新型创新载体建设

我们可以看到，像 AMRC 这样的工程师研发队伍，解决了高校遇到的一系列问题，并且对高校在基础科研、科研项目转化的过程中都发挥了关键的作用。具体来说，体现为以下几点。

1. **支撑学校的基础科研**。基础科研的二流工作买工具，一流工作做工具。这是现代科学的基本规律。跟随性科研不需要做设备，人家用什么咱用什么，引领性科研需要做设备。没有强大的工程能力，就做不出尖端的实验设备，也不能根据理论需求设计开发出相应的实验工具。停留在理论层面的工作，是很难获得学术界的最终认可的。这是诺贝尔奖的基本原则，任何理论一定要有实验验证，才能获得这项科学界的殊荣。

2. **工程人才的培养基地**。工程人才的培养对社会进步发挥着重要的作用。我们谈论"顶天立地"，往往忽略了作为衔接的"身子"的人才的培养。这些人既要理解底层研究，又要对接产业落地，是制造业升级转型所稀缺的工程人才。在技术转移的过程中，连同人才一起转移才是更受企业欢迎的完整的解决方案。工程中心本身扮演了这样的角色——学校和企业的对接平台，研究生在实际参与企业科研项目的过程中受到锻炼，并有可能随着企业所委托的研发项目一同交付给企业。这样一来，高校为企业提供的不仅是技术研发服务，而且是参与研发懂得技术的人才。这才能够完美地满足企业的技术升级需求。

3. **学校与企业之间的缓冲地带**。工程师解决 90% 的问题，剩下 10% 卡脖子的问题留给教授和科研人员，这样才能最大限度地让科研人员把好钢用在刀刃上。我们往往会发现，从高校出发的技术导向的产业落地，并不能解决现有的实际问题，更多的是闭门造车主观想出来的应用，离技术落地还差很远，离市场就更远。另外，很多时候卡住企业的技术难题并不需要教授团队来解决，大多数问题都是工艺、流程等方面的工程问题，完全可以由工程师团队来解决。所谓产业项目的对接，很多时候教授和企业的话语体系是不一致的，很多交流属于无效交流，从而导致双方逐渐丧失耐心和兴趣。作为学校与企业对接并提供研发服务的护城河和缓冲地带，工程师需要把核心问题和攻关问题过滤出来。企业提出市场的真正需求，工程师团队解决不了的，才是值得教授花精力和时间解决的卡脖子的核心问题。

4. **支撑项目落地**。由大学里的工程师团队做新技术的完整交付，为企业做研发服务，让新技术顺利度过所谓技术转移的死亡谷，大学收取企业的研发服务费用，这种形式比大学自己办企业进行技术孵化要有效得多。在工程平台做交付与隔离，让大学聚焦于科研和教学。实际上，大学培养和维系高端人才的成本远低于企业。企业的研发团队成本主要来自两方面。一方面，在人才引进中需要配备相关的团队，一个博士周围需要几个硕士来做支撑团队；另一方面，对大多数制造企业而言，研发不是一个长期性的工作。等升级换代的技术到手之后，企业就可以在保证利润的前提下良性运转很多年，直到再次升级换代的需求出现。这中间往往要经过三四年或更久的时间。在此期间，研发团队成为企业的成本中心，难以实现其存在价值，最后导致人才流失而使维护研发团队的成本提高。然而，大学研究机构的情况就完全不同了，研发人员在技术共享的平台上，为不同的企业提供研发服务，其价值得到了最大限度的实现。当然，挑战在于知识产权的界定，这时，大学的信誉和相应的法务、投资团队的服务为研究所的知识生产和共享机制的建立起到了背书作用。

5. **服务地方产业升级**。升级也是创新。一些地方政府喜欢新名词，这跟"名教"的文化传统有一定的关系，与我们的用人体系也有一定的关系。新名词无论是技术还是工程，都让人热血偾张，三五年之内就能蔚然成风，算得上是看得见的业绩。例如石墨烯、区块链、量子计算、新能源等，但最后大概是为了 GDP 数字好看，产业都回到了房地产和金融领域。其实对大多数的创新而言，能够升级也是创新，而且这种创新更为稳定和可靠，长远来说对地区经济的正常发展是更重要的。

一个地区在进入后工业化之后，不是只有发展房地产和金融才是出路，甚至以中国香港、英国和美国的经验来看，这是条死路。各地政府都在倡导办大学、吸引人才，至于为什么要这么做，我想最好的答案是人本身的能动性。由人才牵动，推动本地的产业升级，而不是简单的产业迁移。简单迁移的后果往往是笼子腾空了，鸟却没有来。本地空心化和新产业填充之间并没有实现良好的过渡，事实上，这一点很难像想象的一样顺利，因而让人才服务于产业升级和良性过渡就显得尤为重要。我们接下来会谈到升级红利，中国由于产业规模很大，很多地方往往做得不够细致，品质不够高，这里面有大量可以提升的空间，以使产业留在本地进行升级。真正应该考虑的是务实主义的渠道，不是腾笼换鸟而是让鸟实现进化。

6. 国际工程技术交流的窗口。英国制造业振兴网络的国家计划的目标是使英国成为工业技术的输出国，为发展制造业的国家和地区提供研发服务。在已经成型的 AMRC 模板上，英国在全球范围内组织工业技术共享网络，充分发挥产业升级的特点和优势。同时，这个网络也表明，专利作为保护技术的手段，有时其保护成本已经远远超过了它可以带来的价值。在新技术层出不穷的今天，能够迅速实现技术变现，通过回收资金来支持新的研发逐渐成为一个常态。英国著名的家用电器公司戴森电器、美国的苹果公司都是这样的实例。因此，更多的制造企业愿意把技术拿出来共享，更多的大学和科研机构愿意提供技术支撑服务，这成为未来的一种典型的社会分工模式。当这些机构联结成工业技术解决方案的网络，其对社会财富的高效使用和对工业技术升级的交付能力才会呈现几何级数的增长。因此从 2017 年开始，AMRC 不仅在世界各国如美国、英国、澳大利亚、韩国等兴建 AMRC 的联合机构，也鼓励其他大学建立类似的机构参与到这个工业技术共享网络平台中来。

AMRC 本身的成功是一个组织多方面复杂资源的过程，需要组织学术界、工程师团队、产业界、资本和法律界，是大学、企业、政府共同协作的成果，其中充满了偶然性和技能知识的实操性问题。AMRC 的发展本身就是一个将改造锈带工业区的工程化方案落地的过程。它对中国各地建设政产学研用的创新载体有很好的借鉴意义，但因为国情和经济发展状况不同，借鉴的过程也需要大量的创新参与。事实上，我认为 AMRC 适应中国制造的改造和放大才是其真正意义所在，保证作为世界经济发动机的中国制造良性运转，对整个世界都是有益的。

MADE-IN-CHINA
MADE CHINA

第 3 章

高等教育的重新定位

好的工程师应是博学的人，需要具备创意、学术研究、科学及实践等多方面的知识，我们的教育系统必须发挥各种优势，以满足不同的要求。大学必须与企业以及投资者合作，利用世界领先的研究能力，实现科技创意工程化进而商业化这一同样令人兴奋的任务。纯粹的基础研究是不够的。

　　这一章，其实更多的是我这些年作为老学生和一段时间的校长助理跟伯内特爵士耳濡目染"大唠嗑"得来的。这里面有一些自己的思考，但大多数都还只是屠龙之术。不过我前半辈子都在学校和科研机构：北京大学、牛津大学、加州大学伯克利分校、芝加哥大学、清华大学、美国国家标准局、中国科学院。虽没有屠过龙，这就好像没有吃过猪肉，但我看过猪跑啊。当我们把后工业化社会的社会活动按照知识生产、制造和消费的模式来划分的时候，作为知识生产主体的大学，该怎样承担起应有的责任，有所担当，就成为一个重要的话题。相信这一章所讲的内容只是讨论的开始，而不是结论。

　　因为好奇，也是为了言之有据，很久以前我听一位朋友说牛津大学和剑桥大学的经费占了英国高等教育经费的 80%，其余 20% 由别的近一百所学校去分。为了写这部分内容，我还真查了一下。以 2013 年的数据为例（这一年的数据比较完整，每个学校都有），牛津大学从英国政府拿到的高等教育拨款是 40.3 亿英镑，剑桥大学 49 亿英镑，其他学校总和 25.2 亿。好吧，这就是差距。而更大的差距在于，19 世纪 20 年代以前，英国只有牛津和剑桥两所大学。这两所大学在 13 世纪受到罗马教皇的特许，可以开展高等教育。正是这个特许，让大学在英国历史上扮演了重要的角色。英国版的"三权分立"指的是王权、政府和大学的分立和制衡。大学不仅可以选边站，还可以制衡社会秩序。从 1642 年开始的英国内战，牛津大学以一己之力力主保皇，跟整个英格兰社会对着干，到三年之后牛津城破，查理一世被抓回伦敦上了断头台，历史上的英国大学是社会中最优秀的人的集合，它代表了社会的未来。而王权代表了社会的历史传承，政府代表了社会的当下利益。这种情形下的三权分立里，大学是社会活动的必要组成部分。

到了 17 世纪，清教徒为了逃避王权迫害去了美洲，进而以美国独立战争为标志，美国人进行了反抗王权的斗争，这股浪潮也波及了大学。新移民把大学平民化，全民办大学，这反过来也影响了英国。普及高等教育当然是好事，但大学的影响力却随着进入 19 世纪后的平民化而逐渐削弱了。于是大学的社会责任由未来转向当下，由当下转向科技，由科技转向科学。大学也成为由科学到小学和中学的"教育流水线"的延伸部分。如今说不重视科学而只重视技术是大学的失职，但被边缘化的大学的科技转化能力是有目共睹的。值得关注的是斯坦福大学对教育的延伸，将从本科至研究生的教育延伸到了终生教育。这至少让大学的社会责任从影响十七八岁到二十几岁的青年人延伸到了影响人的一生。更大的新变化发生在谢菲尔德大学。

当 AMRC 帮助波音和空客整合供应链，帮助罗罗公司开发新一代引擎，给欣克利角 C 核电站提供核心部件的时候，当长征火箭的燃料舱由这个大学的校办工厂辅助加工的时候，你看到的大学不再是在边缘化的队伍里追求 SCI 影响因子和世界排名，而是鲜活地活跃在工业生产的核心地带，从而将自身的影响力通过制造业辐射到整个社会。

我对导师的崇拜不是无缘由的，大学曾经随着近代化的发展而消亡，社会对大学的期望随着时代的演进而逐渐被遗忘。作为大学校长，他重新定义了大学的社会角色，让大学重新回到社会活动的中心。就这件事的意义而言，2016 年年初，伯内特爵士推辞了牛津大学校长的任命，不回去充当 30 多个学院婆婆妈妈的管家婆是真的值得。再者说，大学扭扭捏捏地跟社会要资源、要关注、要条件的时候应该反省，大学做了什么，大学有没有为社会提供关乎未来的价值。

这个时候，要回顾一下那些在人类文明史上熠熠生辉的名字，英国资产阶级革命时代的牛津大学、20 世纪 60 年代的加州大学伯克利分校、新文化运动时期的北大，它们至少代表了那个年代的未来。

被美国带歪了的世界大学排名

在新技术的研发过程中，评估机构通常会利用技术成熟度这个标准作为衡量工具。大学的科研团队通常完成 TRL1-3 级阶段的研发。作为大学科研能力的延伸部分，AMRC 强调参与科研成果进入市场竞争之前的阶段，即 TRL4-6 级的研发阶段，承担研发产品原型和工厂的首次复制等活动。这样可以更好地理解这些新技术应用在真实环境中的潜力和需要改进的部分。企业很少独立创新，它们常常需要从外部汲取信息和知识，这些通道往往是：引入技能型人才，与自己的客户和供应商合作，与参与研究和解决问题的大学和研究机构合作。

与 19 世纪之前面对未来的社会需求做研究的大学传统不同，从 19 世纪末的大学普及化开始，尤其是在第二次世界大战之后，大学逐渐演化为"教育流水线"上标准化的一部分。大学里的研究也不再是为了人类的未来负责，而变成了训练人类思维和研究习惯的手段。大学研究的题目也越来越脱离产业实际，成为名副其实的象牙塔。尤其是在 1950 年之后，现代工业化的印刷业大行其道，研究成果可以迅速被同行分享，从而催生了评判研究人员水平和能力的标准。大学和大学里的研究人员的研究水平和能力是可以通过论文的分享数量来衡量的，分享次数越多，就说明其研究水平和能力越高。当大学将研究所用学术期刊作为衡量标准，进而成为引导研究人员展开科研工作的唯一标准时，大学就已经被社会边缘化了。在大学开展的各类假想应用场景下的创业竞赛和大学的创新中心，也只是通过生产玩具和快消产品来带动产品创新，科研机构研究成果的转化率之低也让产业界失去了信心。

好的工程师应是博学的人，需要具备创意、学术研究、科学及实践等多方面的知识，我们的教育系统必须发挥各种优势，以满足不同的要求。大学必须与企业以及投资者合作，利用世界领先的研究能力，完成科技创意工程化进而商业化这一同样令人兴奋的任务。纯粹的基础研究是不够的。

大学对知识产权的态度也表明了当前它们对自己的任务感到很困惑。授权许可与基础研究孵化的衍生项目被认为是大学对知识产权转化的最重要的商业化手段。大学和政府的宣传经常将专利和许可证作为从研究中获得经济收益的有效途径。这种对知识产权的强调在制造业中常常是乏善可陈的。专利和许可证的收入只占大学收益的一小部分，我们提到了麻省理工学院只占了不到 2%，而 AMRC 这样交付能力强的研发机构也不足 10%。获得专利也是企业选择与大学合作的小部分原因，而知识产权经常是企业之间合作的障碍。AMRC 会员合作方式的经验反而在于，通过营造一个没有知识产权对抗障碍的环境，企业能够与大学签订短期但任务明确的商业研发合同，这足以证明其技术交付能力和对业界的影响力。随着制造业升级和工业 4.0 的推进，知识产权需要重新定位，而这一点正引起了罗素大学集团（The Russell Group）和英国高等教育委员会的重视。

人们习以为常的对知识产权的强调，实际上对工业技术的升级是弊大于利的。企业与领先的大学合作，确定优先研究领域，并为这些大学开发新兴技术提供商业化方面的专业知识。企业希望找到能通过一站式专业技术中心解决问题的专家。通过大学的"研发服务中心"，企业将重点放在资助此类由大学延伸出来的专业研究中心上，形成针对某一产业或某些产业的集群。这些产业集群和公共机构为共享专业知识或设施而形成地方性集群。集群内的组织之间的协调合作以及反复交流促进了竞争与合作，促进了创新的发展，激发了创业精神，使知识、资源、知识产权和技能在企业和更大的创新生态系统之间流通。这条路径被证明是行之有效且有广泛的社会影响力的。

最近发生了两件相关的事情。先是丘成桐教授抱怨清华数学系的水平不如北大，似乎是因为某国际数学竞赛前 10 名北大占了 7 席，而清华只有 1 席。接着没过几天，在美国列出的国际数学学科排名上，曲阜师范大学力压北大，排名第一，注意，不仅是中国第一，而且是亚洲第一。

我觉得并不是曲阜师范大学出了问题，而是游戏规则出了问题。

美国同样犯了一个错误，却说问题出在别人身上。

特朗普拿美国的锈带问题说事，认为全球化抢走了美国人的工作。但他何不想想，为什么德国人没有这样抱怨呢？事实上，第二次世界大战之后的学术界，都被美国带歪了。不过美国一贯如此，自伤，换取对方更大的伤害。搞星球大战，我花钱，但你花更多的钱。从科学界来看，如何评定一项科学工作是否重要呢？看有没有在期刊上发表论文，发表了以后有多少人看，多少人引用，再算上这个期刊本身的重要性，列出一个公式来，这个科学工作的重要性就确定了。科学家的重要性就是由他所发表的论文堆积起来的，同样也能算出来一个数字。这个数字决定了会不会有大学来请这位科学家做教授。而大学的好坏又由这些教授的数字堆积在一起。好了，这就是游戏规则。第二次世界大战之后七八十年来，而更准确来讲是从 2004 年泰晤士高等教育开始推出世界高校排名榜开始，这种排名游戏助长了后工业化社会中精英与普通人的对立，又使得大多数"精英"从学校毕业之后，金融产业和白领工作不能消化掉这么多人才，而工程师那一端却没有足够的人才补充。这已经成为默认的法则。只有为数不多的大学敢不屑于这个排名规则，但考虑到生源，学生会去看，会按照这个排名来报考学校，所以一个接一个的大学都被裹挟了进去。

这么做的结果就是，商业公司为全球高等教育机构设计了一个自认为完美的考核体系。一层一层筛选出来的人会读书、会考试、会发论文。然而，人天生有两种不同的才能，一种会读书，一种会动手。通过这个体系，我们把会动手的人都淘汰掉了，他们一路沉下去，成为高等教育里的失败者。他们进入职业培训，进入工厂，混口饭吃，高质量的教育与他们无关。他们的工作也最容易被剥夺，尤其是在参与了全球竞争之后。所以，事实上不是中国抢了美国的工作，而是美国的教育机构并没有把好的受教育机会开放给这些动手能力强、本有机会成为很好的工程师的人。高等教育里充斥着天马行空，为了创造而创造、为发文章而发文章的思想者。这或许没有错，但我自己是这样从科学家圈子里爬过来的，我知道我怎样白首穷经、挖空心思地想要创造。反观德国的高等教育体系，则是少见的没有哪个大学特别强，而是大家都差不多的"举国很强"体制。但反而是德国的工程教育在各个高校都开展得不错，工程这条路对年轻人来说一样是好的选择。优秀的头脑和具有极强动手能力的人一样，大量存在于工程师队伍里，从事新技术的研发和落地工作。因此你看到的是，德国并没有锈带问题，反而敞开大门让叙利亚难民进来，填补国内工作岗位的空缺。

更为危险的是，这样的排名游戏有可能会成为一场新的军备竞赛、新的星球大战。不仅是国与国的，而且是学校与学校的，企业与企业的，家庭与家庭的。在这样的高校选人机制和建设机制的长期作用下，企业与高校的周围环境中，可利用的互补资源是很少的。即使是在 50 多年前制造业鼎盛的时期，与其他国家相比，美国企业也是孤军奋战的居多。20 世纪 80 年代末，麻省理工学院进行当时的"美国制造"研究项目时就发现，与德国、日本相比，美国的共同资源水平低得惊人。即使是在工会和雇主联合会等机构的持续推动下，大企业和政府在工人技能教育上的投资也低得多。这些教育通常情况下也只局限于解决临时的就业问题。

在一个制造企业的成本中，劳动力支出一般不超过 20%，但是，当企业削减开支时，员工总是首当其冲。进入 21 世纪，制造业职位削减非常严重，这也是企业追逐其他战略目标的副产品。在这个过程中，企业又制造了招工难题。有两个问题特别值得我们关注：第一，很多企业削减了员工培训方面的投资。一方面企业认为技术人才短缺，另一方面企业却在减少员工培训。第二，制造业起薪低，薪资一直停滞不前。当把制造业工作机会所面临的风险和起薪放在一起综合考虑时，年轻人不愿意踏入制造业是情有可原的。制造业的起薪和其他服务产业相比优势并不明显，而其他服务产业还没有面临整个产业都在衰退的风险，年轻人和他们的家长不选择进入制造业是个正确的家庭选择。

这些方面最终影响了美国的创新能力。因为制造业环节外移，失去了边造边学的机会，美国的制造企业就不能学到新知识。制造企业能够积累的知识和资源减少了，最终就会降低未来的创新潜力，公共资源也因此而变得贫乏。生产流程去到哪里，产品创新就跟到哪里，工作就在哪里。意识到这个问题的拜登总统宣布了 1.9 万亿美元的家庭补助计划，将义务教育的年限从 12 年延伸到 14 年，创办公立幼儿园，为年轻的父母提供再进入社区大学学习工业技能的机会。

德国的双轨制职业教育

作为欧洲的工业强国和世界第二大出口国，德国一手制止了欧元区重新陷入衰退的局面，并且是唯一一个足以拯救欧元的富裕国家。作为参照，在欧盟的 27 个成员国中，只有荷兰人工作时间比德国更少，德国孩子在课堂上的时间比意大利孩子少 25%。那么，是什么使得德国经济如此强大，而我们又可以从中学到什么经验？

经营一家企业后就会知道，企业取得成功最重要的因素之一就是能够找到并雇用合格的员工。这些人不仅具有完成新任务的能力，而且知道怎样完成新的任务，如何成为团队中可靠的成员并成功适应工作环境。

在世界上许多地方，企业关键的发展障碍是缺乏合格的技术人员。德国经济模式的核心优势在于，该国通过"双轨制"的职业教育和培训，系统性地大量培养了受过良好培训的工程师。双轨制教育培训系统是德国作为主要工业强国的卓越表现的关键支柱。在过去的几十年里，奥地利和瑞士已经借鉴德国的经验建立了类似的系统。

双轨制教育使年轻人接受一般为期 3 年的培训，其中一半的时间在学校进行课堂教学，一半的时间在导师的指导下参与所在公司的培训。通过实践训练，年轻人了解了自己所从事的行业并知道如何在真实的工作环境中完成任务。每年大约会有 52% 的德国年轻人从双轨制职业教育院校毕业。他们中的大多数人一毕业就会留在曾经做过学徒的公司里工作。近年来，更多国家开始认识到双轨制教育与培训制度的好处，并正在努力采用适合各自国情的修订版本。2020 年，在德国政府的积极鼓励和支持下，德国政府与 11 个国家建立了合作协议，以促进双轨制职业教育培训系统的建立。

双轨制的主要障碍：偏见

是否接受双轨制教育，很多家长要为孩子做出决定。在很多国家和地区，家长倾向于认为接受职业培训意味着他们的孩子未来将要从事辛勤、肮脏的蓝领工作。德国的培训学校会邀请孩子和父母来到后工业化时代的工厂里，那里一尘不染，到处是高科技设备，这改变了家长们的看法。工程技术人员的工作涉及很多富有创意的、不断变化的工作，他们是新型自动化生产系统开发团队的一部分。这不像先期工业时代，在生产线上重复做着单调的工作的蓝领工厂。一旦父母了解了这些新工作的性质，他们就会充满热情地鼓励孩子走上工程师的道路。事实上，这些家庭与学校的沟通活动在 AMRC 的培训中心也经常举行。

德国的双轨制教育开始于中学后期，课程系统通常持续 3 年的时间。毕业生通过额外的考核同样可以获得大学入学资格。学习使用机械加工、电子与计算机控制设备等工程内容是双轨制教育的一部分，而学习社交技能，例如团队合作和沟通，与学习业务技能一样重要。与许多国家相比，德国对职业培训和技术学院的污名化程度要低很多，德国人并不认为职业教育是职业生涯的死胡同。在某些国家和地区，公司管理人员往往来自就读商学院的人员，但是在德国，如果年轻人有雄心壮志和才华，同样可以进入最大的公司的顶端，成为收入丰厚的管理层。因此，德国的教育系统为高端技术工人提供了一条输送带，从而满足该国悠久而强大的制造基地的特殊需求，而这又常常扎根于稳定的小型家族企业，这些小而美的家族企业一直都是德国制造的骨干力量。

职业教育在德国取得成功的原因之一可以追溯到中世纪的学徒传统。动手实践部分在德国教育中非常普遍，许多年轻人都选择了双轨制大学课程，从而可以在产业界和大学之间交叉学习。德国汽车制造商的销售员马柳斯·伯杰（Marius Berger）说："这种混合的职业教育培训在任何其他国家都找不到。"这位 27 岁的年轻人完成了汽车零售业的双轨学习计划，在大学的实习与在公司总部的实习交叉进行。他于 2012 年获得学士学位，此后一直留在所实习的公司工作。伯杰说："我把对德国汽车的热爱与良好的经济学习计划相结合，就我的专业来说，没有实践经验是无法完成我的本科学习内容从而获得学位的。"

23 岁设计专业的夏洛特·法尔克（Charlotte Falke）是德国工业巨头西门子公司的一名实习生，她在学术型大学里度过了一年之后才选择了职业培训课程。她说："我离开普通大学是因为那里学习理论太多了。我想多增加自己的实习经验。"像大多数学徒一样，法尔克每周会花几大时间在大学学习基础技能，如数学和语言学，以及为她的实习工作奠定基础的其他知识，其余时间主要用于为西门子公司设计相关产品。这也就意味着她能够制作符合行业标准的技术图纸，并能够通过英语与客户互动。超过 50% 的德国人选择职业教育双轨培训计划作为其就业途径。他们从 300 多个行业中进行选择，这些行业包括金刚石切割、飞机机械维护，甚至是扫烟囱。双轨制教育系统有效抑制了失业率的上升，为德国制造业出口引擎提供动力，因而广受赞誉。

实施双轨制职业教育与培训的一个关键因素是要有熟悉双轨制教育的决策者在国家政府层面的大力支持。德国在 2015 年通过立法支持双轨制职业教育计划，并完善所有认证体系的建设，这是一个关键的里程碑。就德国如今的工业实力而言，德国的教育系统确实支持了其工业实力的可持续发展。

双轨制学校里的青少年会花一半时间在提供职业培训的企业里做学徒。培训阶段的后期，学徒在工作场所接受在职培训的时间比在学校多，而在 3 到 4 年之后，几乎可以保证全职工作。从德国模式中显然可以学到很多东西，但是盲目复制可能不是最终的答案。许多国家都在借鉴德国维持其制造业实力的经验，特别是发展制造业的新兴市场如中国，这些国家在维持其工业产品生产能力增长的同时，对人才培养也有着强烈的需求。但是一定要打破简单"分流"的壁垒，以适合个人发展的方式自由流动，消除偏见，这样的双轨才有效。否则，被分流筛选出来的"笨"的头脑，没有接受"好"的教育，却从事对这个国家最为重要的国之重器"制造业"，其未来竞争力可想而知！

"双轨制职业教育的基本思想是教育结构的双重性，这也就意味着将基于学校的专业学习与基于企业的实践相结合，"德国国际职业教育与培训合作办公室负责人拉尔夫·赫尔曼（Ralf Hermann）说，"有必要在学校进行更广泛的教育，以使有责任心的年轻人变得更具应变能力。职业培训应该比仅为一项特定的工作进行培训具有更广泛的目标。"在快速变化的数字经济中，工程职业培训必须教会学生灵活地掌握新技能。

许多国家都存在职业培训，但是这些职业培训很少像德国的那样受欢迎。尽管有许多人有资格进一步进入大学深造，但在德国参加双轨制教育计划的年轻人还是比上大学的要多。学徒制在全国范围内都有一些标准化的内容，每个产品设计师都必须学习相同的教科书并熟悉相同的设计工具。因此，其就业前景不会因大学的不同而有太大差异。双轨制教育体系的建立以及受到社会的广泛认可对于德国经济的可持续发展很重要。德国是欧盟青年失业率最低的国家之一，也是最大的贸易顺差国。仅 2017 年，德国出口了 1.28 万亿欧元商品，进口了 1.03 万亿欧元商品。

一些希望平衡产业和贸易结构的国家渴望从德国模式中学习。特朗普的女儿伊万卡·特朗普（Ivanka Trump）积极推动将德国双轨制培训计划引入美国。2018 年，特朗普在接受德国《经济周刊》（Wirtschaftswoche）采访时说，德国的学徒制是"伟大的开拓者"。而德国总理默克尔说："德国经济稳定的核心要素在于职业教育与培训，因为我们产生了一支为现代工业而准备的高素质的劳动队伍。"

后工业化时代的高等教育

大学是一个知识分子的起点而不是终点

科学，所谓"分科治学"，会给人一种固有的刻板印象，一定要分得清清楚楚，才知道哪里是你的领地，哪里是我的，我的你不能碰，你的我也不在乎。忽然又要求创新了，人们才发现打破门阀才是创新的路。

20 世纪 50 年代，中国学习苏联，不仅在一所大学里划分了详细的专业，也划分了功能性的大学，有石油学院、地质学院、邮电学院还有印刷学院等。这样把人集中在一起，将他们批量地无差别地塑造成宏大工程中的螺丝钉。你可以从 18 岁开始就成为某个产业线上的装配工，18 岁就认识这个圈子里所有的上下游工友，这些人将会组成你一辈子的朋友圈。无疑，这么做短时期培养了大量合格的建设者。然而，这种苏联式的人才专业设置多少是不太合理的，它不再尊重知识的本来面目和人自然的好奇心，至少，你不会再有各种稀奇古怪充满惊喜的朋友圈。

素质教育是对人获得基础知识的能力的训练，而职业教育是在此基础上精专某项技能，使人为成为某一行业的合格从业者做准备。大学的学科设置详细划分之后，素质教育和职业教育就混在了一起，这直接导致了素质教育也成了职业教育。读物理出来，做不了物理学家，就只好去教中小学物理；读中文出来，做不了作家，就只好去教语文。但人生总是如此的丰富多彩，人总会期望规定动作之外的惊喜。规定动作，似乎人工智能也做得越来越好了。

在我看来，本科教育是素质教育，研究生教育是职业教育。哪些专业是面向职业的，哪些教育是面向人的素质的，大致可以划分出来。数学、中文、艺术、物理、历史，最多再加上计算机，这些学问告诉你怎样与人交流、与自己交流，怎样梳理自己的思维，具有基本的现代人的素养，至于计算机，它是为了与新物种做沟通。人生那么长，花点时间去塑造自己是值得的。

牛津很火的专业是古典文学（classics），这可以作为一个参考。2003 年物理学诺贝尔奖获得者托尼·莱格特（Tony Leggett）本科读的就是这个专业。美国没有法律的本科学位，历史和人情都不懂的人，只会背法律条文，由这样的人来做律师和法官可能都不合适。

我欣喜地看到清华开始尝试建立各个学科都混在一起的书院制，开始以新闻与传播专业为代表取消了这些职业教育的本科专业。我又想起了我的本科教育，核物理专业。还好北大没有逼我们本科毕业就去造原子弹，这个本科专业也在我毕业那年取消了。

负责任的大学应该告诉社会，未来需要什么样的人才，而不是按照社会今日的需求来批量生产工人。负责任的大学，应该交给学生更多的工具，而不是把学生变成工具。大学应该是一个知识分子的起点而不是终点。

素质教育和职业教育

我读书时期最快乐的时候是在牛津的酒吧里，无论是学院的酒吧还是散布在牛津街头巷尾的一百多间各式各样的酒吧。其中的一个重要原因是，你永远可以跟一些头脑聪敏的人交谈，虽然各自的专业不同，但你知道他们会用几句话告诉你他们那行业里最重要的问题和最新的进展。我读书不多，但学问够杂，诀窍就在于此，所谓"大唠嗑"。一段有意思的唠嗑，是基于对话的两个人有着类似的思维结构训练。即使使用的话语体系不同，但其中的方法和道理是相通的，才不会纠结于毫无益处的辞藻堆砌。研究生时代的我常常流连于酒吧里那些闪光的思想火花，发现与探索都在觥筹交错中流淌出来。我们那时常常进行几个小时的聊天，很多话题不仅仅是深入，而且是老研究的延续和新研究的起点。所以一个好的聊天者，一定够聪明，一定可以在聊天中互相启发，甚至激发。

之所以会有这些抱怨，是因为我这些年在国内接触到的大多数新闻媒体工作者，似乎是扑克脸复制出来的问答机的一端。跟大多数的记者聊天，也许是因为很忙，他们会丢给你一堆问题，你最好就帮他们填好，复制粘贴后，他们就可以交稿，大家都省时间。于是新闻成为广告的一部分，采访者完成任务，被采访者做个宣传。这样的方式似乎尤为成功，甚至形成了一种商业模式和潜规则。无论怎么说，观众只是被灌输的对象，我又想起保罗·戈培尔（Paul Goebbels）[①]的名言，不需要真相，灌输一百遍就好了。这也是为什么当观众觉醒了，在互联网中获得主动权后，就纷纷抛弃了传统媒体，但人工智能还在后面等待着。你以为你跑了，但其实你还在如来佛的手掌心里。

很不幸，这是从 18 岁就开始接受专业训练的新闻工作者遭遇的必然结果。在他们本可以更广泛地涉猎人类知识而形成好的思维习惯的时候，教学大纲逼迫他们掌握了这套职业工具。以至于记者并不需要做一个好的聊天对象，他只需要完成他的采编任务就可以，媒体也不需要是一个启发思想的媒体或有意义的媒体，它只需要做事件的搬运工。然而因为存在机会成本，你学了这项技能，你就没有时间学习另外一项技能。

本科是一个尤其特殊的阶段，人们脱离了中小学亦步亦趋的教育模式。本科阶段是用来形成好的思维习惯和知识基础的，有人在旁边指导，让你不至于犯太离谱的错。在这之后，进入职业教育阶段，更多的时间是忙忙碌碌地为了完成某项职业训练而填充所需的技能。但这个形成思维习惯的训练不能省，否则它就变成了空泛的机器、可以被代替的新闻编辑算法。

作为一个媒体工作者，也要深入到某一个具体的学问中才能领会学问本身

---

① 德国政治家、演说家，担任纳粹德国时期宣传部部长，擅长演讲，被称为"宣传的天才""纳粹喉舌"。——编者注

的话语规则和思维方式，至少大家在使用同水准的逻辑体系进行沟通。所以本科的时候学学别的，不着急学会这门技术。先做一个有趣的谈话者，也只有这样，观众才会从这些内容中获得更深层次的东西。好传播的内容，一定是有趣的，这种有趣不是挠你痒痒，而是让你想到了会心一笑。清华取消了过时的新闻职业培训，这既是对从业者负责，让他们在正确的时间去形成好的思维习惯和积累够深度的知识，也是对媒体另一端的观众负责。我们不是接受广告的对象，我们也是有思想有深度的人。

塑造人还是塑造机器人

2020 年了，我们是要塑造人还是塑造机器人，教给学生学习能力还是教给学生学习结果？熟练于结果的，恐怕就很容易被淘汰，因为机器提供了一种迅速取代某种行业的可能。

有些学问，尤其是于社会于人自身的学问，一定要在社会中摸爬滚打一番后，才知道要学习什么，所以"学而时习之"。麻省理工学院有所谓主线的课程设置方法，学习的主线是学生通过生活的真知得来问题，顺着这样的问题来组织相关的学习内容，而不是由我们这些过来人画好路线，让学生顺着再走一遍就算结束。有时，我极其反动地说教育是最不需要创新的行业，因为无论我们怎样创新，我们都不会比我们的学生知道得更多，所以我们就老老实实地告诉他们我们知道什么，而不是试图给他们画圈圈和道道。

我在牛津读书时的一个本组师兄叫麦克·达西（Michael d'Arcy），对，就是跟《傲慢与偏见》（*Pride and Prejudice*）里的男主人公同名，所以即使他获得了实验物理学的博士学位，我依然叫他达西先生，这样听起来比较有厚度。达西先生毕业后先去了美国国家标准局威廉·菲利普斯（William D. Phillips）那里做了博士后，然后进了白宫的战略智囊团布鲁金斯学会（Brookings Institution），再见时他已经是伦敦大学国王学院从事战争研究的讲师了。我到菲利普斯那里做博士后的时候，他来信说他想读个律师。两年后，他发来戴假发穿袍子宣誓的照片。如今，他已是伦敦高等法院里唯一拥有物理学博士学位的执牌大律师，擅长的领域是知识产权和国际商法。可以想象，在法庭上他讲起技术 IP 来，会是多么的深入浅出、一招制敌。

清华曾有个老学长，他本科所学的专业是非常有用的农业。学到第三年，实在苦于不知道怎么才能说出这样的苹果和那样的苹果有什么差别。从种苹果这门手艺来说，他绝对是个差生，恐怕也毕业无望。于是只好鼓励自己写文字，转专业去学了更没有用的哲学。当然，这人后来开新文化运动之先风，做了北大的校长。无须赘述，这人便是胡适。

我实在看不出胡适后来所追求的学问和种苹果有什么关系，但他说"功不唐捐"，只要下功夫去学的东西，总有一天会有些用。这些有用没用的知识构成了一个又一个不同的鲜活的人。真不知道若他做了会种苹果的匠人，后来会有怎样的中国近现代史，至少，历史会少了一点色彩。

学问曾经是件稀罕的事情，大学文凭就够用了。新中国成立前，一个高中生后面跟着 4000 个文盲。新中国成立后，为了满足国家建设的需求，亟须大批有素质的一线建设者。大学承担起了这样的责任，多快好省地短时期把人培养成合格的从业者。近代科学也不过 200 年的历史，从 1952 年院系调整至今的 70 年是个并不短的时间。70 年后，学问的内容早就纷繁复杂，而学科的设置却还是 70 年前的框框。就清华而言，当我们面对阵阵来袭的后浪们，把学生塞入这些框框，批量塑造合格的从业者已经成为历史。我们的工作更多转向了怎样培养懂得幸福的人，培养可以凭着自己的兴趣终身学习的人，而成为各行各业的大师、大官和大商人则是顺手的事，是学生们自己的事。教给学生们怎样幸福才是对学生们终身负责的事情。大学是年轻人即将步入社会、为自己的选择负责的最后一站，幸福这件事情，大学不可以不学。

所以说，我亲爱的学生，虽然我不能帮你找个终身伴侣，但我可以教你读书，它一样可以陪伴你终身。你可以凭着自己的兴趣去读书，而不是按照我的或谁的要求去读书，做有个性的自己才有用。而作为教育者的我们则应该为学生做这样的铺垫，他们并不是我们肢体的延伸。相反，我们是他们前进路上的守望者和铺路石，自古如此，也应一贯如此。

从大学边缘化到科技奥运

苏联伟大作家高尔基的《我的大学》这本书，鼓励特殊时期工农兵上大学，我想也有一种社会主义的精神。大学被社会边缘化了，我们要让大学从神坛上下来，回到人民中间，而这似乎恰恰是现代大学设立的初衷。

牛津和剑桥其实并不算现代的大学。13 世纪，罗马教廷给这两个大学发了许可证，因此在长达 600 年的时间里，英国只有这两所大学。这期间的大学也绝不是平民教育。它们是王室和政府的智囊，培养社会的精英和未来的领袖。这些大学跟政府分庭抗礼，为了保持这种分庭抗礼的能力，它们保留了独立的立法权和司法权。在这个时代，王权代表了社会的历史，政府代表了社会的当下，而大学则代表了社会的未来。

这不是空泛的历史结论，在英国内战刚开始的时候，议会派和保皇派分庭抗礼，各占半边江山。但到了 1645 年，英格兰全境几乎都被克伦威尔领导的议会派占领，负隅顽抗的只是牛津城。牛津大学以一己之力，誓死捍卫王权，跟整个英格兰社会对抗，直到城破，查理一世被抓回伦敦，推上了断头台。这也是直到今天牛津还有很多城堡式学院建筑的原因，就是为了打仗。

17 世纪，清教徒为了逃避宗教迫害去了美洲。既不用听罗马教廷的，也不用听英国国王的，我们自己建大学吧，于是便有了哈佛大学，有了耶鲁大学，有了常春藤盟校。美国人办起了平民的大学，把英国高高在上的神学僧侣和贵族老爷们的大学丢在了大洋的另一边。这一举动的社会效益是很明显的，尤其是在工业革命早期，平民教育成了社会的普遍需求。100 年后，连英国也不得不赶上来，19 世纪初一口气建立了十几所红砖大学，成为人民的大学是这些新兴大学提出的办学理念（见图 3-1）。

事情总有两面性。大学平民化之后，大学也变成小学、中学"教育流水线"上的一部分。大学研究不再承担人类的未来，而是变成了训练人的思维和研究习惯的手段，有时我们把这称为满足人类的好奇心。研究的题目越来越艰深，离现实的问题也越来越远。1950 年之后，工业化的印刷业为工业化的科研提供了强劲的工具。研究成果可以迅速被各行业共享，这催生了现代大学的评判标准，即大学是可以通过数字来衡量的：大学有多少教授，教授发表多少论文，论文发在哪个期刊上，论文被分享了多少次。把它们加起来弄个算法，每一项科学发现都可以以某种数字来进行量化，数字越大说明该研究成果越重要。这个系统层层叠叠得如此精妙复杂，让我联想起安徒生的童话《夜莺》。[①]

————————

① 这是安徒生唯一的 篇以中国为背景的童话故事。——编者注

图 3-1　1828 年，集资创办谢菲尔德大学的广告

注：广告中说，您应该支持这所大学，因为这所大学是为了人民而建立的。

资料来源：AMRC。

在古代中国皇帝的花园里住着一只夜莺，它的歌声美妙动听，为忙碌的渔夫和穷苦的女孩带来快乐和安慰。但无论是皇帝还是他的臣子，都不知道国内有这么一只神奇的鸟儿，直到外国人的书里说起，人们才好不容易找到了它。这是一只并不漂亮的平凡的灰色鸟儿，但它的歌声打动了皇帝的心弦，皇帝也不禁流出了眼泪。这时，日本皇帝送来一只人造的夜莺，全身镶满钻石、红玉和碧玉。只要上好发条，复杂精巧的机械装置就会让这只人造夜莺演唱真夜莺的歌。当皇宫里的人不知疲倦地陶醉于这只"高等皇家夜间歌手"的歌声时，真夜莺悄悄地飞回了自由的丛林中。

一年以后，所有人都听惯了机械夜莺的调子。又过了些年，皇帝病了，他让机械夜莺歌唱，但这只鸟儿并没有打动死神。就在这个时候，窗外传来那只小夜莺的歌声，它飞回来唱歌安慰皇帝。果然，随着它的歌声，"皇帝孱弱的肢体里，血液开始流得快起来"，他终于恢复了体力，而且神志也清醒了。原先等在他身边的死神则变成一股寒冷的白雾，从窗子里消失了。

我们在推崇大学的世界排名的同时，也要当心因此而丧失科学研究与真实世界的联系。在这个竞争中，我们陷入了"科技奥运"的竞争，始终有一个奖牌榜等着被刷新，我们认为第一个冲过终点的人就是不折不扣的赢家。如果跑道旁有一个受伤的孩子，若停下来施以援手我们就会输掉比赛。但事实上无论怎样优化大学的评价体系或参数矩阵，这些模式都有可能会变成机械化的排名游戏，我们会因此忽视真实的世界（此观点的逻辑论述参见《人工智能之不能》一书）。学术自由指的是学者可以自由地去做他认为需要做的事情，以满足真实世界的需求。每个新的目标、新的排名出来，都会妨碍这种自由。当我们为科学制订了核心计划，我们同时也就成了这个计划的奴隶。

而我们的学生，目睹和见证了关于这个竞赛的一切，我们也手把手地教他们成为机械夜莺。清华幸而走出了第一步，至少它努力把学习的自由交还给心智健康的年轻人自己。

如何开拓新学科

俗话说，"文无第一，武无第二"，确定了的游戏规则比较容易排出先后。大学定义了自己的专业内容，就可以确立一个衡量标准来比拼排名的分数。甚至可以有详细的算法，让人们根据算法所给出的数字来评价科学工作和科学工作者的重要性，进而确定科学工作者所组成的团体的地位。但大多数的学科是无法通过这种方式进行界定的，事实上严格来说没有一个学科是可以这样界定的。

牛津大学实行的是比较少见的学院制。大学是学院的联盟，大学里的系更像是学院之间的资源共享平台。学者既属于某一科系，又属于某一学院，因此做学问研究也形成了两种生态。系可以提供传统意义上的学科支持，它大致遵循了 19 世纪之后所形成的学科分类习惯。牛津大学的各个学院支撑起了更古老的研究方式。学院可以为学者提供研究资助，而做学问的人并不需要明确自己属于哪个研究方向或类别。这样的制度允许学者从事更多兴趣导向的研究，并不局限于某一个学科。学者可以为了解决某个问题，不断地穿梭于学科之间和跳出既有的学问之外来拓展所需要的技能。

1999 年，牛津出版社出版的由牛津大学纳菲尔德学院学者艾伦·戴维森（Alan Davidson）撰写的《牛津吃货宝典》（*The Oxford Companion to Food*）在一夜之间取得了巨大的成功，并在全世界赢得了多个奖项和荣誉。

这本书结合了严肃的食物历史、烹饪专业知识和趣味的偶然性。从热带森林的果实，到西伯利亚花岗岩上刮下的苔藓、动物眼球或生殖器，无论是从文学角度还是从烹饪菜谱的角度来看，这本书都极具参考价值。《牛津吃货宝典》掀起了人们对食物和食物文化研究的兴趣。食物学成为一门新的学科，在过去的20多年中飞速发展。国际学会、学术期刊和广泛的文献中，全球各地的学者广泛探索人们日常生活中食物的意义。每年3月，来自全球各地的食物学学者聚集在牛津大学圣凯瑟琳学院召开世界食物大会。会上的学术讨论不仅关注食物和营养本身，也从几乎每个与食物相关的角度来理解人类生活，例如环境、政治、文化、市井生活，或者冲突和战争。

这是个很好的学问创新案例。食物学从戴维森的个人兴趣发展成一门严肃的学科。回顾历史，哪一学科在一开始就能归于某一门类呢？这本身就是个有关因果的悖论，如果每个学科都有已有的学科作为其归类，那么这些已有的学科又是怎么开始的呢？学问的产生必然像古埃及的太阳虫那样，这里滚一点，那里滚一点，逐渐成为独立的主体。（顺便做一下植入广告，我那奇门遁甲的AI-NOT也是这样的学问，从问本心开始，哪些事情是人工智能做不了的呢？学习、沟通、创新？为什么机器做不了？你确定？我们不得不严肃面对这样的学问，因为你不想自己的孩子吭哧吭哧精通了某项学问，参加了工作之后却发现机器居然做得比他好！）

作为大学教授，我们确实在探索宇宙与世界的奥秘。谭嗣同曾对梁启超说："不有行者，无以图将来。不有死者，无以酬圣主。"我们应该如何对那些离开象牙塔的舒适区，主动与产业界直接开展合作的人表达敬意和支持？对于那些走入未知世界的人，他们和留在象牙塔里开拓未知世界的人一样勇敢。在夜莺的故事里，活生生的鸟儿唱着真实的歌曲救活了皇帝，可又有谁愿意奖励这鸟儿自由呢？这样的自由让夜莺可以飞出与世隔绝的陶瓷宫殿，飞往开阔的森林。我们正在建设越来越多精美而机械的大学殿堂，而能够飞出去感受真实生活的鸟儿却越来越少。

我们的大学，也正把学术和学生做成机械夜莺，用冰冷、机械、传统的方式判断其是否"卓越"。我们将发表的论文折合成数字来判断学者的成就，用它们的总和来评价一个大学是不是好的大学，用这个系统的边角料来评判一个学生有没有前途。

2020 年 5 月，清华有两则新闻，一是新闻专业不再有本科生，二是清华尝试书院制改革。很难说我们是在学习苏联，还是学习美国，或学习英国。我们大概已经开始尝试人类新的教育方式。前面可能没有现成的配方，而这些举动，是一个大学在人类文明中逐渐有了自信的表现。

教学生打好烂牌

我读的那所中学，在我就读期间还不算太好的学校，大概会宣传自己在太原市排到第三。我毕业之后，这所中学成绩逐年飙升，以至于十几年后学校每年升入北大清华的学生超过 10%，没看错，百分之十。我开玩笑说我一路念名校，唯一一个不是名校的中学，因为我念过了也成了名校。其实与我无关，学校在我毕业那年换了个校长。很多年之后，我跟中学的校长聊起来，她说，我们这么多年关注的是前面 1% 的学生，其实更应该关注后面 99% 的学生，是他们构成了这个社会的主体，能进入山大附中的，都是聪明的好孩子，我们不应该因为关注那 1% 而让那 99% 的学生终生具有不断在潜意识里萌生的挫折感。

　　道理一样，我想起我在北大接受的教育。似乎在进入北大之后，还要再被选择进入理科实验班，似乎能进入理科实验班就更加高级，是北大中的北大人了。而我就打了一手烂牌，在理科实验班读了半年后，决定不读下去了。本来就是实验品，为什么还要分出来三六九等呢？本来就是象牙塔，为什么还要分出来象牙塔的高级部分，象牙塔里的象牙塔？北大和清华已经够好了，任何一个进入的学生前途都不可限量，为什么还要区分出来这些比那些更好一点呢？这种十七八岁的更好，如何能决定得了人的一生呢？事实上这会伤了更多校友的心，我虽然也上了名校，但还是那个打了一手烂牌的学生。

　　我们似乎一贯有一个竞赛的游戏，一定要少年得志，一定要是邻家孩子，一定要以批评的方式评价同行。"我认识那谁谁谁在你这个年龄已经怎样怎样"，这会让人觉得舒服？还是说互相拆台是知识分子骨子里的文化？对学生也一样，我们一定要树立某种标杆，即使这标杆自己也过得很辛苦，他也想跟我们这些差一点的学生打成一片。但老师们一定要把他树立起来，成为大家的靶子。我们会关注他，他在剥夺了 99% 的人的成功感的同时，也剥夺了那 1% 的人的幸福感。我们让 99% 的人永远有种挫折感：我不是老师喜欢的学生。但就我这么多年所见的人而言，你可以成功于一时，也可以成功于一地，但没有人在任何时间任何地点都是成功者。我们所呵护的温室里培养出的那 1%，活得也并不开心。所以，我们真正应该教授的，可能是怎样把一手烂牌打好。

　　我们对各种学科进行了分类，设计了各种竞赛、各种评分，似乎这么做可以简单区分出好学生和差学生，但我们不得不反思，这种区分究竟是为了什么？是为了督促学生学得更好，还是因为资源有限所以只能分配给达到某一标准的学生？我们鼓励跨学科学习，是鼓励那种某一学科考得很好的学生还是鼓励所有学科都凑合能过的学生？我知道有些学霸是不能容忍自己哪科平均学分绩点不好的，他们宁可不修，也不想在申请国外名校的时候成绩单不好看。

我自己一直有种挫折感，反正我是那个被分到烂牌的学生，读书算不上最好，兴趣很多导致我各种不专业。胡适说"功不唐捐"，我很难说我读本科时的学生会经历对我今天的工作有什么影响，我也难说读博士时流连于中文系图书馆对我今天喜欢写作有什么帮助，至少那时看起来是多余的事情。但这些成就了今天的我。

我也希望大学是个安全的地方。当父母战战兢兢把养了 18 年的孩子交到我们手上的时候，我们不会让他们感觉自己是个新环境的失败者。以我今天看来，我的每一个大学同学都有着这样那样的精彩。这并不容易，因为那些没有机会精彩的同学，已经消失在荒园子里了。没有一个人希望看到如此的局面。

所以大学，尤其是北大清华这样的大学，应该教给学生谋求幸福的能力，而不是谋求生计的手段。我知道，将来某一天，即使给你一手烂牌，你也一样可以打好。

创新至少是个 NP 复杂问题

我的《人工智能之不能》这本书开拓了一门奇门遁甲的学问。原因是有一次跟人工智能行业的大牛学姐饭后聊天，她开玩笑地说因为我的物理出身，不具备进入人工智能这行足够的履历。以我打烂牌的手艺，我说："那我来'干倒'这一行好了。"于是有了《人工智能之不能》这本书：研究哪些"人的能力"人工智能永远不会具有，努力也不行。不只是说说而已，要有严格的数学或物理方面的证明。

王婆卖瓜，自然要强调其好，AI-NOT 这一领域的研究非常重要。你总不想你今天饱受挫折地陪着孩子们掌握各种技能，等他们长大之后，却发现机器比他们做得更好。这一领域的研究结果，还是挺有意思的。这里露出的冰山一小角，就可以证明为什么清华取消了新传本科是从数学角度上捍卫人类尊严的重要举动。

我们知道人工智能可以在下围棋上赢了人类，但在有些游戏上，未必能够比人做得更好，甚至包括最简单的红白机，例如我们这代人童年时代痴迷的《超级玛丽》游戏。无论怎样的人工智能，今天能够实现的人工智能算法，都是基于经典的图灵机（相对量子计算机而言）。图灵机没法解决的问题，人工智能自然也不行。这里面就包括 NP 复杂问题。机器在有限时间内可以解决的问题我们称之为 P 问题。机器理论上能解决但需要很长很长时间，而验证答案却不难的问题叫 NP 问题，例如暴力破解密码就是一个 NP 问题。找到答案需要很长时间，验证答案也需要很长时间的问题叫 NP 复杂问题。这里的很长时间通常指的是百万年甚至更长。

《超级玛丽》游戏，就是这样一个 NP 复杂问题。它的解决涉及多重任务的同时处理。玛丽又要跳过障碍，又要躲开乌龟，还要吃到金币和变身蘑菇。每一个单项的任务，计算机都能做得不错，但当这些任务叠加起来，需要同时处理时，居然就变成了一个 NP 复杂问题。人不知不觉能做好的事情，图灵机却搞不定了。

考虑在机器学习中运用博弈论，围棋一方的落子导致对手发生反馈，反过来又会影响自己的策略。AlphaGo 就是这样的一个策略，使得一个传统的 NP 问题变成了有限时间内可解的 P 问题：我不需要跑得比熊快，只要跑得比你快就好。但这个策略不适用于很多场景，尤其是这类多任务场景。我们无法证明所有的 NP 问题都会有个简化的解，都能成为 P 问题，或者根本不可能。通俗来说运气不是硬碰出来的。

在谈论"创新"的过程中，我们经常谈到的就是多任务操作和跨学科的问题，这最终会把我们引向 NP 复杂问题："创新"这件事在数学上至少是 AI-NOT 的。我们遵循类似的方法来研究"创造力"是不是一个不可判定问题（另一类图灵机无解的问题）或者 NP 复杂问题。同样，"发现"是不是？"沟通"是不是？"学习"是不是？"直觉"是不可判定问题，这个是数学证明了的。AI-NOT 不满足于表面的名词游戏，我们从数学和物理的角度来证明，这些能力是人工智能所不具备的，努力也不行。

这不是说不深入研究某项学问，你需要至少深入一个行业来了解科学研究的通用方法。我见了太多什么东西都知道一点儿但门门都不求甚解的知识达人，学问对这些人来说只是炫耀的羽毛。做学问似乎要学会深入某一学科，这样才能有所精进，同时又要了解广泛的知识，从而实现融会贯通。当然，这个有宽有深的"T"字模型我还没有证明机器一定不能，但它似乎是将来人们最好的学习模式。要说今天哪些学问值得孩子们学，我觉得大概是语文和数学。语文让人学会与人交流，数学让人学会与新物种人工智能交流。在这个基础上学习历史和物理，了解人类和自然。这样的通识学习可能要延续到大学本科。到了研究生阶段，学生们就可以把这些基础都用起来，学习一些具体的技术来谋生了。

学习学习能力

我们都在酒吧里聊天说了无数的话；我们都被铺天盖地的信息包围，甚至会有算法只给你喂你喜欢的、你能理解的、你舒适圈里的知识，让你感觉到麻醉般的沾沾自喜。但总有人能够在纷繁复杂的环境中有所领悟，大家都是喝酒，为什么人家回去就能把喝酒时脑子里闪过的念头捕捉到，写了篇论文。知道詹姆斯·沃森（James Watson）发现 DNA 双螺旋结构的故事的人此刻可以会心一笑了。为什么他能产生思想的火花，我却不能？怎样让突现的灵感落地为扎实的工作？这个并不容易。对大多数人来说，因读书而累积的谈资就永远只是谈资，只是多寡的区别而已。

通过某一专业的训练，学习掌握有效知识的方法，这并不容易；通过语言训练，流畅地表达自己，哪怕是记录下来自己的想法，用来跟将来的自己沟通，这也不容易；学习与人沟通，在适当的时候从正确的地方获得该有的知识支持，这就更不容易了。

单项技能训练可能无法避免会越来越快地被淘汰，你会发现，有时间、地点、人物、起因、经过、结果的新闻稿都可以机器生成了。摩尔定律说大概一年半的时间硬件的速度会提高一倍，人工智能的相应定律说算法同时会优化一倍。也就是说，大概一年半到两年的时间，机器解决某一问题的效率会提高四倍。这个恐怕就是现实，我们只能接受，并开始积极地准备对策。例如，我们不得不让每一个专属的职业都具有一点点创新的味道。但是，从接受中学的应试教育，到能够系统地组织材料以至于发掘新内容，从而成为某一行业具有所谓创新精神的劳动工作者，这是需要一个相当长的准备阶段的。这时，作为大学老师，我对待自己的学生，反而是承认各种花样的东西我玩得肯定不如你好，我就专心告诉你我知道的管用的东西。先把身体锻炼好，至于是否再去学各种稀奇古怪的功夫，那就是你自己的事了。于是，大学的本科教育，就扮演了这个角色。无论你从事哪个行业，都要先学会如何探究事情，如何表达内容，如何做个幸福的人。

就探究事情而言，怎样才能在纷繁复杂的想法中捕捉到真正能够实现的、靠谱的想法，需要一种专业的训练。它需要以下几种能力的培养：

● 分析性思维：能够对事实、问题进行分解，运用理论、模型、数理分析，明确因果关系并预测结果。

● 实验性思维：能够通过开展实验获取数据，包含选择测评方法、程序、建模及验证假设等内容。

● 系统性思维：面对复杂的、混沌的、同质的、异质的系统时，能够进行综合性、全局性的思考，提取关键因素，但也不能忽略看似不重要的因素。

● 跳出来认知思维：能够对经由观察、体验、交流等方式所收集到的信息进行分析与判断，以评估其价值及准确度，并时刻提醒自己可以从局外和另外的角度来思考问题。

而这些思维训练，只有通过专项的学习才能够体会，它需要一个载体。名词都知道，但所谓"纸上得来终觉浅，绝知此事要躬行"，动手实践是必须的。《论语》的开篇便是"学而时习之"。

这样的学习方法的训练，例如，先从最简单的开始，做一把锤头。复杂一点，设计一个实验，验证一个理论。再复杂一点，提出一个理论，设计一个实验，验证或推翻这个理论。这些都是物理系教的，准确来说，是实验物理教的。

我曾经大概以为物理学是《天龙八部》中的小无相功，精通了之后接触其他学问，如少林七十二绝学，就能信手拈来，学什么像什么，甚至能打败那行的本主。但后来我发现很多学问都能培养这样的能力，对现代人来说，这样的能力是一个必备的基础。这样的学问，大概从下往上说，下面是语文和数学，保证你能跟人和人工智能交流；上面是物理和历史，还有牛津大学奇葩的古典希腊文学。在这样的基础上，你用哪种武功出手，就是你自己的选择了。

MADE-IN-CHINA
MADE CHINA

建立一所真正国际化的大学

伯内特爵士

这一整周，谢菲尔德大学的学生联合会都将引导我们所有师生共同关注一个问题：一所大学真正的国际化意味着什么？在"世界周"的旗帜下，他们将庆祝来自世界各地的学生和学者们所做出的贡献，也将挑战移民政策的界限。这些界限不仅威胁到人们接受高等教育的自由，还损害着我们共同的价值观。而当初正是这些共同的价值观把我们大多数人吸引到学术界中来的。

近年来，谢菲尔德大学对国际学生的承诺已成为人们关注的焦点。令我自豪的是，我们与学生密切合作表达了我们的心声，受学生们的启发而发起的"国际的我们"运动（We're international）已得到了包括英国政府各部门、英国各大学、全英学联、英国文化委员会和英国工业联合会等 100 多家机构的支持。

进而，我不禁要问：我们这么做的目的究竟是为了保护今天的在校学生，还是为了保护他们未来实现自己梦想的机会呢？我认为，当我们从一个完全不同的视角来审视自己的工作时，便可以深刻地洞察这一问题的答案。

我刚刚结束了对香港、上海、北京等城市的大学的访问，在这几个城市里我们为当地的谢菲尔德大学毕业生举行了毕业典礼，会见了校友，并与合作院校及孔子学院等机构进行了会谈。孔子学院在世界各地与当地的教育机构合作，以帮助人们了解中国的语言和文化。

每次出访我都希望我能有更多的机会说中文，使我的中文达到真正流利的程度。在过去的几年间，我从录音带中学到的汉语，已足够让我相对轻松地与学术界同人、出租车司机、我们的毕业生及其慈爱的家长们交谈。掌握不同文化的语言使我具有了一种全新的聆听方式。

那么，你就要问了，作为一位物理学家，我为什么要学习中文呢？是因为谢菲尔德大学的学生中有十分之一来自中国吗？是因为我的儿媳来自广州吗？或是作为一位大学校长，我认识到了英国和中国高等教育合作的重要性吗？

　　不，都不是。我最初开始学习中文源于我代表牛津大学科学和工程学部出访北京。我与牛津大学的校长科林·卢卡斯（Colin Lucas）爵士一起，陪同我们的还有杰茜卡·罗森（Jessica Rawson）爵士，她是中国艺术专家，为在伦敦举办大英博物馆、北京故宫和台北故宫艺术品联合展览而去北京故宫博物院借展品。

　　我完完全全被亲眼所见的中国和所遇到的中国人迷住了，我的亲身经历颠覆了我曾经对中国的许多肤浅的认识。我意识到，如果不了解这个令人称奇的国家及其语言，那么我对整个世界的了解将是不全面的。

　　像所有语言学习者一样，在学习了中文以后，我认识到学习别人的语言被认为是一种尊重别人的行为。所以我一直在尽可能地使用中文，我能够深深地感受到这种尊重的情感回馈，这与我是不是科学家没有任何关系。

　　学生们完全有理由说我们不仅需要挑战地理上的边界，更需要挑战那些阻碍我们探索新认知、新世界的思想上的边界，我们可以学习我们之间的共同之处。

　　没有什么能比看到一个中国家庭在大学毕业典礼上围绕在他们的孩子身边那一幕更能证实这一说法了。我曾经有幸目睹过为了孩子的未来而做出巨大牺牲的那一代人的面容，任何人只要看到过中国家庭在这一正式场合中的形象，都一定会被深深地打动。父母和祖父母不远万里来参加他们宝贝子女的毕业典礼，在仪式结束后围绕在孩子周围拍照。这些孩子穿着代表我们大学的毕业礼袍，沐浴在如此多的爱和自豪的氛围中，这是一种奇妙的感觉。这定格在一张张珍贵照片中的情景会如何改变作为教育工作者的我们呢？

国际学生远不只是统计上一个有着特殊意义的组成部分，国际化也不是一个与高等教育相关的时髦词语。高等教育事务大臣格雷格·克拉克（Greg Clarke）这周将访问印度，他不仅将说明来英国学习的印度学生的情况，更重要的是每年也将有 5000 名英国学生远赴印度的学校和公司实习。这些年轻人的交流使得他们能够从探索新的文化、认识世界中有所收获。

当我作为大学校长访问其他国家的时候，我时常要面对教育核心价值观的问题：我们传递给未来世界领导者的是什么？我们界定成功理念的价值又是什么？尽管世界上仍有学生过着一天一美元生活费的日子，但在中国以及在西方国家，都开始出现盲目崇拜印有苹果图标的商品或路易威登、迪奥等名牌的年轻人。难道我们最辉煌的文化遗产只是商业品牌和遍布世界各地的"精神鸦片"吗？

我们不应该假装说自己有了简单的答案。如果想真正地成为名副其实的国际化大学，我们需要具备从世界中受教和对世界施教的能力，我们可能需要挑战我们的界限，挑战那些不仅仅是国界的界限，而且是存在于我们内心的界限。

MADE-IN-CHINA
MADE CHINA

 智造中国

大学需要改革，但并非进一步商业化

伯内特爵士

英国如果想要实现经济繁荣，现在就要从根本上重新审视高等教育的目的和经费开支。

高等教育往哪里走，这个问题对于我们每个人、我们的下一代和我们国家的未来都十分重要。英国政府宣称其正设法为学生提供更好的教育，并打破高等教育领域"排外"的局面，改变私立大学的发展受到不合理限制的现状。重视教育是一个崇高的目标，我也为此投入了大半生的时光。但显然，我们仍面临着许多尚未解决的问题。

经济发展需要大量的高技能人才，但目前英国却极度缺乏这些人才。公立大学扩招没能解决这一关键问题，私立大学的进一步扩张也可能无济于事。实际上，国家扩大私立学校的规模反而可能会削弱我们的国际竞争力。随着 2017 年的到来，英国所面临的问题是："脱欧之后，我们应该如何建设国家，实现经济繁荣？"

政府已经表明要重新成为贸易大国的雄心，我们的大学也会为国家的繁荣而全力以赴。但是，要想真正实现这一目标，只有战略还不够，还要有接受了正规培训的专业人才。我们尤其需要工程师和科学家，他们能为我们带来全球竞争优势并生产出满足世界需求的产品。而詹姆斯·戴森等实业家告诉我们，英国在这一方面处于劣势。

就像许多陷入困境的公司一样，英国在不断削减培训所需技能人才方面的预算。如今，我们需要一项长期战略以创建和扶持那些能为创新和第四次工业革命提供支持的企业。但创建一支强健的产业大军并非朝夕之事，和奥运会一样，英国队的成功需要长期的计划和投资。

这就是本周议会探讨的高等教育法案如此重要的原因。但这个法案能满足我们国家和年轻人的真正需求吗？我认为不能。我们在别的公共服务领域已见识过这类危害。例如，商务部门未经深思熟虑就优先投资国家基础设施建设中他们认为最有利可图的部分，致使其他项目陷入资金不足的境地。

那我们就拒绝改变、安于现状吗？当然不是。要想建成我们所需的高等教育系统，有大量的工作需要做。眼前就有一个这样的例子，有一个国家在贸易方面取得了世界领先地位，我们与这个国家存在大量的贸易逆差。这个国家不是中国，而是德国。它不拿国家的未来去冒险，坚持培养青年，使他们做好准备去迎接新的工业和贸易时代。

德国极其重视技能培养，绝不允许出现年轻人因费用问题而上不起双轨制学校或综合性大学的情况。他们拥有严苛的准则，并长期专注于工程技术教育，而高等教育收费的理念在他们看来是危险且错误的。德国的大学不仅不收本国学生学费，对外国学生，尤其是对印度学生和中国学生也一概免费。这样一来，他们就能最大限度地为本国的经济发展聚集人才。我们最近的高等教育政策却正好相反——学校迅速扩张，学生需要承担巨额的费用，因而不得不通过助学贷款来维持。如果你是一名学生或学生的家长，你对此事一定非常了解；如果你已经毕业，你现在可能正在承担其后果。如果你是一名留学生，好不容易拿到了签证，等待着你的还有需要支付的更多费用。

MADE-IN-CHINA
MADE CHINA

罗瑟勒姆能教给政府什么

伯内特爵士

去年的这个时候，负责英国高等教育、科技及创新事务的新任国务大臣乔·约翰逊（Jo Johnson）发表了就职以来的首次公开演讲，承诺实行"全国科学战略"。他并未将这次演讲的地点定在传统的实验室或名校的大礼堂，而是来到了北部的罗瑟勒姆镇。

他在那里的发现出乎读者的意料。罗瑟勒姆镇是谢菲尔德大学的先进制造技术研究园区，是高科技产业与基础科研结合的所在地。园区致力于航空航天、汽车、医疗技术及核能等领域的研究。一开始，他的随行工作组对于此行的收获并无把握，因为这个研究中心看起来并不是典型的大学的一部分。但约翰逊清楚，科学研究必须与产业界紧密结合。他那时是否就已预料到建立科研、生产、技能之间的纽带将成为他在新一届政府中的主要职责？恐怕没有。但他显然是有备而来的。

约翰逊看到的研究中心，是 AMRC 的未来工厂。罗罗公司的一位资深雇员向他介绍了大学的科学家和工程师与产业界通力协作，在专注解决现实问题及创造价值的高科技实验室里并肩作战的情况。正是在这里，英国航空制造业的生产率得以提高。

那么约翰逊分管的另一职责——高等教育教学工作，又进展如何呢？一份政府工作报告中提到了教育部使中小学、继续教育、大学协作以增加贫困儿童受教育机会的益处。新首相曾站在唐宁街 10 号的台阶上，谈贫困的白人儿童的教育前景。相关工作将由新上任的教育大臣贾丝廷·格里宁（Justine Greening）监管，而她本人曾就读于罗瑟勒姆镇中学。

　　我们对南约克郡贫困白人儿童的前途有所了解，我们也已经采取了一些措施。约翰逊在了解完大学与产业界合作开发的技术后，他看到了问题的关键所在。在研究中心及各入驻企业旁边，是大学学徒制职业培训中心。这里汇集了 600 位聪慧的年轻人。他们来自谢菲尔德的社会底层家庭，但他们正在全球数一数二的产业研究环境下接受教育，毕业后将受雇于各跨国企业。若非如此，他们绝不会考虑上大学。

　　我们为何要这样做？这又怎么会是一所大学的职责所在呢？当我开始在谢菲尔德大学任职时，曾回顾自己的职业生涯，想知道我是如何从一个生长在朗达谷煤矿区的小伙子，一步步走到了牛津和美国的呢？当时是谁让我认识到了这种可能性？

　　我想这得益于我的父亲，他在 14 岁辍学后，先后"熬过"了第二次世界大战的兵役及函授课程并因此成了工厂的成本会计师，开始了新的生活。这份职业意味着他能向他出身中产阶级的同事们请教如何才能让子女获得大学教育。就像出租车司机因其乘客而能出入于某些重要的场所那样，我因父亲的职业而获得了宝贵的建议，对进入大学的生活有所了解。

　　有许多孩子跟少年时期的我一样茫然，但对未来的规划求助无门。在那些就业率长期低迷的社区，可预见的负债及对就业的渴求使年轻人几乎不会考虑上大学。尽管我们努力尝试了各种办法，要攻下那些之前与大学鲜有联系的社区依然困难重重。纵观教育现状，对这些欠发达地区和对尚不了解大学教育系统的年轻人来说，从社区到大学，再从大学到就业的这条路看起来实在太过崎岖难行，不仅曲折漫长，其中还缺失了许多关键信息。

因此，我请了一位精通地方情况的专家设计了"谢菲尔德体系"。它就像 GPS 导航一样，指导学生走出家门，进入学校，并教会他们就业所需的一切，帮助他们进入心仪的工厂，就像在美国有专业的导引系统手把手教人报税一样。我认为这种做法很好。我也了解到，本地区的政府也认为高端技能在发展经济和吸引新投资方面显得至关重要。

在与地方学校的会谈中，我意识到尽管许多人展现了合作的态度，但在没有相关政策框架进行指导的情况下，这一设想就难以实现。许多人对此感到惊讶，甚至有人表示疑惑：为何一所研究型的大学会对这种事情如此积极？

原因很简单，为了钱。教育经费紧张，而承担更多学生的教育可能就意味着要付出更多的资源。在一些学校的教职员看来，这样做可能会导致他们可以投入科研的经费和资源遭到削减。

在与英国先进制造业专家基思·里奇韦进行讨论之前，我几乎就要放弃这一想法了。和我一样，他也出身于工业地区的工人阶级家庭。对他的一些亲戚而言，大学教育依旧遥不可及。他当时告诉我，重大机遇已经到来。罗罗公司正在我们罗瑟勒姆的 AMRC 旁新建涡轮机叶片厂，当地的企业都在担心罗罗公司会抢走所有的技术工人，而这正代表了实际的需求。

里奇韦认为大学可以打造一个学徒中心，培养出新一代的顶尖工程师。学生将在世界上最先进的学徒中心接受训练，对先进制造业的未来心中有数，学成后，能供职于海内外最好的制造企业。他们不会成为负债累累的学生，也不愁就业，前途无量。这将是一条真正的康庄大道。

为什么一所大学要做这些？因为只有我们才能够胜任这项工作。我们也必须这样做：现在是一个大谈教育与工业战略的新时代，是一个国家对如何把握自身机遇有分歧的新时代，而我们能使年轻人未来的事业与当今企业的真实需求相适应，使之成为未来工业的一部分。我们学校的优势就在于能利用世界一流的学术研究，实现科研与顶尖的公司及其供应链的对接。我认为参与其中是我们的职责所在，我们也正是这样做的。

我非常喜欢邀请别人来罗瑟勒姆亲眼见证这一变革，而人们也一次次地为其质量与潜能感到惊讶。这些年轻人的未来并不是将就的未来，他们梦寐以求的未来一片光明。有能力的学徒可以继续深造，获得学位，甚至进一步攻读硕士、博士。学徒中心与世界领先的科学研究紧密相连，吸引着一流的人才。

我们的确需要打造一条高效联动的教育之路，将教育与就业相连接。就业机会源于高效联动的工业战略，而没有世界级的研究水平，工业战略也是空谈。摆在约翰逊面前的是一项艰巨的任务：他不仅要使教育部与商业部、能源部与工业战略部联动，还要在不同社区之间建立纽带。但他必须成功完成这一任务，因为这对年青一代乃至英国的未来都至关重要。

MADE-IN-CHINA
MADE CHINA

大学是否物有所值

伯内特爵士

参加本学年大学入学考试的学生已经拿到了他们的成绩。其中近一半的学生会去上大学，但如今，他们或许会考虑自己为接受高等教育而花的钱是否值得。传统意义上我们通过上大学所能够获得的财富与社会阶层流动性，在当今的局势下似乎已经难以得到保障。

英国萨顿信托基金会（Sutton Trust）的研究估算出，英国的大学毕业生平均欠债 44 000 英镑左右。有人认为，负债额度如此之大，如果无法取得高薪工作，学生便没有什么理由再去上大学。这当中有很多都是迷茫的大学毕业生，他们发现这条路并不适合自己。

刚上大学的年轻人大部分连贷款买车的资格都没有，而大学教育的昂贵费用却迫使他们在做决定时不得不考虑投资回报率。年轻人怎么能知道未来的经济需要什么呢？职场变化迅速，他们有可能会与机器人竞争，而机器人永远也不请病假，不带薪休产假，也不领退休金。

27 000 英镑的学费再加上生活费，借的钱数额巨大，而回报则是未知数。因此年轻人有理由考虑不去上大学。对于我们当中已为人父母的人而言，我们愿意付出一切让孩子发挥自身的潜能，在相对安全的环境中历练成长，或是遇到人生的另一半，又或仅仅是离开家走向社会。普通的纳税人也在为高等教育买单。让学生负担加重的贷款制度同样消耗着国库。我们试图为高等教育制订实惠的价格，让学生买单，但是我们所带来的结果却是双输的。

在这种情况下，我们该怎么让大学更好地为学生和社会服务呢？政府发布实施了《高等教育与研究法》(Higher Education and Research Bill)，认为竞争和市场化是高等教育的出路所在，而将学生变成明智的消费者就会带来改变。但我认为这种方法行不通。

在美国，高等教育几乎已经完全市场化，近 1/5 的学生主修商业。其他热门课程包括法律和医学，从事这些职业的人总能受到尊重，获得高收入。但是如果我们根本不需要那么多律师，而是需要化学家、计算机科学家、工程师以及建筑师呢？建立在个人金钱刺激基础上的职业选择难以满足我们国家的发展需求。政府和雇主不能把一切都丢给市场。

在我的职业生涯中，我不停地告诉学生只要他们足够努力，大学会是最神奇的机遇之地。我也有话要对那些认为大学不适合自己，或者对高等教育的费用愤愤不平的社会人士说，你们仍然需要依靠大学来创造财富，带来经济增长。小到养老金回报率，大到医疗卫生，大学研究质量的高低影响着社会的一切。

我们的愿景应该是实现融合发展，让刚刚踏入社会的学生不至于负债累累。无论大学生什么时候毕业，我们的经济发展也都能给他们提供好工作。教育战略的目的应该重新回归到公众利益上。许多人正致力于此，例如，在工程学领域发展和赞助学徒制，确保研究对社会产生最大化的影响。虽然这些做法都不能在短时期内看到高额的回报。

大学不只意味着在时间和金钱上的投资，而是有着更为深远的意义。大学对国家的发展壮大具有重大的意义。大学是培养专业人才，发展研究满足工业需求的地方。大学让我们的社会具备抵抗力，持续发展，不断壮大，进而与世界紧密联系。若失去恰当的培训和教育，我们将会付出更大的代价。

MADE-IN-CHINA
MADE CHINA

MADE-I-N-CHINA
MADE CHINA

第 4 章
打造新工程教育

科学家解决可能性问题，而工程师解决可行性问题。从科学所需的千分之一成功率过渡到工程所需的千分之一失败率，需要大量的创新工作。每一步改进，都意味着大量的选择和优化，决定怎样做、知道选哪样，是大量开发经验和工程训练积累而成的能力。

　　我们还是来看看美国的例子。拜登的"重建美好未来"（Build Back Better）计划要为美国的普通人提供更多好的就业机会，但是没有一个人能说清楚这些好的就业机会从何而来。制造业的岗位还会回到美国吗？像苹果公司那样的超级明星企业把生产线建在国外，但是其所生产的产品的大部分利润仍留在美国。同样，在电池、太阳能和芯片这样的新兴科技行业，就算企业是利用新技术在美国创立的，但新技术的商品化却是在美国之外进行的。这是未来制造业的发展模式吗？对一个地区而言，怎样才能利用在新科学、新技术方面所具有的优势来发展制造业，甚至是实现整体经济重建，使经济充满活力呢？现在看来，只有建立起相应的生产制造生态圈，才能抓住创新和创业精神给经济发展带来的好处。

　　经济的衰退会导致制造业岗位的流失，金融危机之后，各国的经济虽然逐渐复苏，但这些岗位的回归速度却很慢。实际上，很多流失了的岗位也就永远流失了。第二次世界大战之后，美国经历了很长一段时间的经济繁荣。在这段时间里，制造业就业机会对工人以及需要付出人工成本的企业来说都是特别宝贵的，因为制造企业给只有高中或高中以下教育程度的工人所支付的工资和福利，相比于其他工作都大幅增加。与那个时候相比，最近几十年美国新增的制造业岗位的工资都相对偏低，福利也不再那么好。

在后工业化时代，劳动力成本只是产品总成本中很小的一部分。在先期工业阶段，低廉的劳动力有着无比巨大的吸引力，尤其是经过了基本的技术培训后就可以从事生产活动的工人，他们的劳动力成本是劳动密集型产业布局的核心要素。随着产业技术含量的增长，企业开始意识到劳动力并不像工资表上看上去的那么便宜。一个重要因素是单位劳动力成本，即制造一个产品所需的小时数乘以每小时的工资。如果生产效率低下，低廉的劳动力也会变得非常昂贵。产品的运费也是一大笔开支，即使是能源相对便宜的时候运费也不便宜，因为这里面通常会有大量的人力成本参与产品的投送过程中。如果不能及时交货，成本就更高了。这些都造成了制造业难以简单直接地回流到经济发达地区。

"微笑曲线"是一个被广泛认知的经济学曲线。这个简单的曲线生动地描述了制造业中研发、制造和市场营销这三者之间的关系。在相当长的时间内，"中国制造"一直被定位在这个曲线的底部，被认为是一个没有含金量的环节，是一个低成本与劳动密集型生产相匹配的低端区。按照这样一个曲线来看，设计是龙头，是利润的最高端，也是高科技所在。微笑曲线所隐含的一句最重要的潜台词就是：制造和组装，与创新无缘。

微笑曲线的两端，一端是原理发现的创新，另一端是商业模式的创新。然而，这是对制造创新的一个最大的误解，是不懂工程的外行人对工业的认知。你会看到，今天在高校里和社会中所宣传而为大众所熟悉的技术和模式创新中，微笑曲线所代表的另一面是创新的死亡谷。不能把死亡谷转变为创新谷，基础研究就只能停留在实验室阶段，商业创新也就只能在这样或那样的模式里打转转，而实现这种转变需要培养大量有工程思维的工程师。

工程思维是什么

科学文明和工程文明是人类现代历史的基础。科学需要大量工程沉淀，在充分的工程文明的基础上，科学文明自然地发生。在工程文明中，我们直到现在还是比欧洲至少少发展了 100 多年，但这也许并不是什么坏事，因为工程文明也有工程文明的好处，我们需要为这个阶段培养合适的人才。科学家解决可能性问题，而工程师解决可行性问题。从科学所需的千分之一成功率过渡到工程所需的千分之一失败率，需要大量的创新工作。每一步改进，都意味着大量的选择和优化，决定怎样做、知道选哪样，是大量开发经验和工程训练积累而成的能力。

科技有自然属性和社会属性，这两种属性的配合与竞争促成了科研的各种不同目的和导向。由自然属性主导，科技会更关注在科学底层的探索和基础研究，所谓"蓝天研究"，体现为更多高质量文章的发表，对人类的好奇心负责；由社会属性主导，科技体现为更多地适用于社会的技术发现、工艺改进，解决卡脖子的核心问题。怎样在大学范围内实现二者的兼顾，或结合新的教育模式和学科设置，使得一部分的研究由社会机构来做而大学聚焦于科研的自然属性？这是值得积极探索的。就一个大学而言，既然必须由社会来资助，那么最终也无法脱离为社会服务这个主题。怎样在学术自由和为社会服务之间取得平衡，建立好的转化机制，清华和北大作为高等教育的排头兵有义务做出尝试，并借此引领其他高校的技术转化。

　　每个人都把自己的选择正义化。作为一个科学家、一个物理学家，我要给物理学站台了。哲学和物理学的英文分别是 philosophy 和 physics，它们有着相同的词根，事实上，所有非神学的、法学的、艺术和文学的，它们原本就是一类，历史上都归属于哲学，所以今天的理科博士生英文为 Doctor of Philosophy，在牛津通常简写为 D.Phil，在剑桥简写为 Ph.D。大多数美国的学校基于清教徒的习俗，反对保皇派的牛津，统统跟着剑桥叫了 Ph.D。无论如何，物理学家理查德·费曼说："今天的物理学是历史上的哲学的延伸，物理学家本来就有责任去认识世界、影响世界。"随着科学的进步，作为"物格无止境，理运有常时"的万物运作学科，物理学逐渐缩减到了一个狭窄的领域，但它依然不满足。你无法抑制一个物理学家的好奇心，物理学的训练就是让你了解所有不了解的事情，于是它继续生长。物理学的四大力学：理论力学、电动力学、热力学和统计物理、量子力学，都渐渐地生长而成为新的工程学，如机械工程、电子工程、热机工程等，只有新的量子力学还"捂"在物理系。没有量子力学参与的课题几乎都成了物理系的边缘科学。当然也有量子工程学逐渐成长起来，例如量子光学、量子通信和量子计算，而最主要和最成熟的，还是半导体，这个领域无外乎量子隧穿效应。

　　那么什么是工程思维，又该怎样培养工程思维？工程方面的很多东西看起来驽钝，但并不愚笨。这恐怕就是所谓"进一寸有进一寸的欢喜"的工程师精神。

安　全

　　进入牛津大学读研究生，令我至今记忆犹新的第一节课讲的是安全。没有什么事情值得让自己落下残疾！在实验室做实验的时候，保证自身安全是最重要的。工程能力首要考虑的莫过于此。做工程不同于做理论、玩计算机或码字，总是要碰到些真家伙的，无论是车床还是电焊枪，无论是激光还是液氮，都有潜在的伤到人的可能性。几年前，北京某高校的实验室爆炸是一个十分严重、对学生不负责任的事故。保证实验室安全继而到工作安全，是每一个具有工程思维的人的首要训练任务，安全怎么强调都不过分。

例如激光安全课上老师会讲，只要激光开着，无论功率如何，你都一定要戴上防对应波长的护目镜。为了加强安全教育的效果，老师一定要讲耸人听闻的规则，如果一只眼睛有严重弱视甚至失明，那么你是严禁从事激光实验的，以防另外一只好的眼睛也被伤到了，从此成为盲人。

养成积累的习惯

然后，重要的就是做笔记。实验记录和日常的草稿笔记是培养人的工程思维的重要手段。它可以帮人厘清思路，明白自己为什么要做、怎样做、做的结果怎样、怎样改进等。研究生第一节课上，授课老师拿出了 1987 年诺贝尔物理学奖获得者诺曼·拉姆齐（Norman Ramsey）60 年前在牛津物理系工作时的实验室记录本，其精美和工整，堪称艺术品。

我的一位师兄西蒙，在牛津大学读本科和研究生，在美国国家标准局做博士后研究，后来回到英国工作，直至成为教授。他的办公室里有着整整一书架同样规格的大开本笔记本。那些是他从进入大学开始积累的所有笔记本，包括课堂讲义、考试内容、实验记录等。这也许有点笨拙，尤其是在自以为靠脑子聪明做物理的人看来。然而这么多年下来，真实的经验是，像物理这样传说中靠天分的学科也无非是工程的东西，靠的是有方法、有积累的辛勤劳作。俗话说，天才是 99% 的汗水加 1% 的灵感。如果说那 1% 的灵感指的是正确的思维方式，那就没有灵感什么事情了。当思考问题的方法正确，又有足够的努力，日拱一卒，灵感和天才是迟早会发生的事。

验证、测试、调整

工程化的核心思想是最小化可行产品思维（Minimum Viable Product），即用最快、最简明的方式建立一个堪用的产品原型。通过这个最简单的原型来测试产品是否符合预期，并通过不断地快速迭代来改进产品，最终适应市场需求。

在可用资源和时间都有限的实际情况下，必须根据目标重点进行合理分配，要将弱目标从强目标中分离出来。取舍是在可行性、可能性、期望与限制之间的权衡，即如何在已知条件不足的情况下做出决策。不要因为一个无解的问题而耽搁另一个有解的问题。先做能做的，不要因为对缺失板块的烦恼而裹足不前。别被看起来很严肃的东西吓到，随时操起你手上有的家伙，优化、迭代，走走看，尽快形成可以测试的产品闭环。简单来说，应该快速造出一个能够基本运转的东西，而不是一开始就去追求一个完美的产品，完成胜过完美。人总会犯错，不要因怕犯错而不开始尝试。即使是追求极致完美，也要在试错的过程中一步步实现。

这通常需要两种基本能力的培养：

● 资源的构架能力。放大已有的方案，实现从 1 到 100 的能力。从 0 到 1 只解决了可能性，从 1 到 100 则要解决可行性。这需要多种能力的组合对多项技能和资源的深入了解，以得出最好最稳定的解决方案。

- 有边界的设计能力。因为工程学的目的和意义是解决现实生活中的某些
  实际问题，所以必然会受到"条件约束"，即物理学上常说的边界条件。
  这里的约束，首先是科学规律的约束，其次还有时间约束、财力约束、
  竞争约束、人类行为的约束等。梦想和现实的距离，商业上的投入产出
  比，也是约束。

稳定性的乘积

我读博士时的研究方向是原子分子光学物理、实验量子计算和量子混沌。
物理学给人一种信心和愿望，一切从第一性原理开始，明白了就是真的明白
了，做出来就是真的踏实了。实验越来越多，我们越来越不满足于已有的工
具，于是自己研究工具怎样做，才能从事最前沿和最基础的研究。任何已经被
用过甚至商品化了的工具，便与中学物理实验无异，是教科书一般的重复和验
证别人的工作了，基于这些已有设备的偶尔的新发现，无非是边角料的科研工
作。所以一流的实验物理学工作是为了新理论的需求而造设备，在新设备上发
现新现象，从而提出新理论，探索人类认知的新边界。二流的工作是在已经发
现的路径上看看还有哪些工作没有做，哪些数据别人忘了测。而发现新现象本
身，就是学会制造新工具的过程。这个新工具的制造，对物理学家而言，不只
是纸上的工作，也不只是编写程序做数据模拟，而是把设备做出来。不只是像
英国科学家罗伯特·胡克（Robert Hooke）那样做出显微镜，而是要自己去
把芯片生产出来，让原子在芯片上表演量子现象（见图 4-1）。

做实验、搭设备，是一个可靠性的工程，它包括试验系统的可用性、可测
试性和可维护性。可靠性是工程思维的重要因素，它强调的是设备运行过程中

不会出现故障。可靠性指的是组件或系统在指定时刻或时间间隔内运行的能力，即在时间 t 的成功概率，表示为 R（t）。系统的运行概率是由所有的 R（t）乘积来决定的。当一个零件的可靠性为 0.99，那么 1000 个零件所搭成的系统的可靠性就是 $0.99^{1000}=0.000\ 043$。这个概率是可以通过详细的故障分析得出的，先前的数据集是通过可靠性测试和可靠性建模来估计的。工程系统的不确定性在很大程度上使预测模型和测量的定量方法无效。虽然理论分析很容易将故障概率表示为方程式中的值，但实际上其真实大小几乎无法预测。它是大规模多元变量，我们可以对可靠性方程式的值做出评估，但它本身的可靠性却无法预测。提高可靠性的唯一办法就是把每一个部件都做到极致可靠。

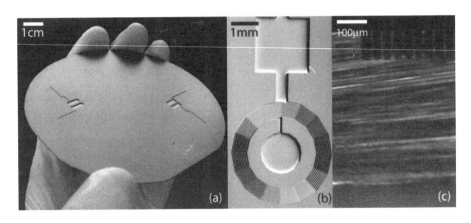

图 4-1　笔者在伯克利纳米实验室生产的原子芯片

做冷原子实验是一种痛苦的经历，但常年经受这种痛苦的经历对人的禀性也有了很好的锤炼。这一屋子东西，不是这个坏就是那个坏。如果算上小到电路的元器件，大到真空或控制系统，几十万个部件，兼有软硬件控制的成千上万的步骤。无论哪一个零件不能正常工作，实验都做不出来。如果某些零件的可靠性是 99%，当有成千上万个的时候，碰巧在一起工作的概率就是它们可靠性的乘积。这些设备又往往因为太新所以没有被商品化，只能靠自己动手做，可靠性要求就责无旁贷了。所以冷原子实验中，我每天都在做东西、修东西、优化参数。做不出来就会给人造成一种稳定的挫折感。克服这种挫折感的唯一办法便是不用着急，慢慢来。一个部件接一个部件地优化，把每一个细节都做到极致，当然方向不能错，终有一瞬间结果自然就会在那儿了。所谓日拱一卒，终见其喜。

中美贸易战中，常常听到卡脖子的问题。让人尤其关注的就是芯片行业。解决卡脖子问题，"举国体制"被认为是不二法门。这难免会给人造成一种错觉：但凡举国体制，问题便可迎刃而解。这是基于过往成功经验的理想期待，毕竟我们曾经依靠这种制度优势攻克了"两弹一星"，如今为何不能如法炮制攻克芯片呢？其中一个本质的区别就是，眼下正在发展的芯片不是供应链中一个简单的科研项目，而是一个纷繁复杂的产业。现代工业的体量和产业链规模都很大，各技术领域专业细分且大量交叉融合。卡脖子的并不是某个关键技术，而是产业整体运行机制和能力中的薄弱环节。这个环节做好了，下一个最不可靠的部件就成了新的卡脖子问题。下一个环节做好了，还会有另一个可靠性相对较差的部件成为新的卡脖子问题。这样一轮一轮优化迭代下去，每次都解决掉"最短"的板，可靠性最差的卡脖子的问题才能进化，从而实现整体的不卡脖子。

自从以中兴为导火索的中美贸易战开始以来，各地政府在先进半导体、微处理器和高性能计算技术方面做了大量投入。长期以来，芯片严重依赖进口，部分类型的高端半导体则几乎完全依赖进口。计算能力是人工智能的基础能力之一，因此具有极高的战略意义。然而芯片产业的问题绝对不是芯片本身，它是整个制造业能力的问题，是整个产业生态的问题。我们引入技术和设备，但不具备可与之匹配的上下游产业和供应商，不能提供足够支撑先进技术的技术工人。这项技术即使能够落地，其生产成本也将在市场竞争中不具备任何优势。很多人工智能芯片公司在开发芯片的过程中，会基于已有的芯片开发平台，进行应用型开发。这些公司具有一定的芯片设计能力，但芯片的设计还是要依赖美国的软件，芯片的生产还是要依赖国外设备。芯片生产是考验制造业能力的核心要素，它的成熟和应用不是一蹴而就的，而是需要进行持续的耕耘。

一批造芯项目的夭折已经证明：仅靠地方政府倾斜性的财政支持，企业难以获得可持续发展的资金和能力。芯片产业有许多关键的细分领域，所有细分领域耦合相加才能支撑起整个产业链。政府在新的生产组织形式下，需要发挥市场在资源配置中的作用，同时又要积极探索协调性作用，来创造新技术生成的环境，从而保证国家重大利益和国家创新战略目标的实现。比突破技术壁垒更难的是建构产业生态。和很多先进制造业一样，芯片制造业也没有所谓的核心技术，做得最差的那个零件就是核心技术！

他山之石可以攻玉

设计空间站里用的光学平台要大量使用微型光学器件，该器件需要在调节之后迅速固定。一是空间窄小，二是对稳定性要求很高。实验室常用的光学调节架螺栓体积太大，而且机械件在设备发射过程中的晃动会让光路产生偏差。一位实验物理学家去看牙的时候发现牙医补牙时用的胶合剂，在没干的时候可以进行调节，在紫外灯照射下，这些胶就可以稳定地固化。这种胶合剂迅速被运用到航天器的光学系统设计里，取代了传统的光学机械调节架。工程思维的一种重要能力在于把一个行业的技术迁移到另一个行业中去，把一件事的解决方案应用到另一件事上去，解决另外的问题。

　　工业创新往往来自已知技术在新领域中的应用。一个领域中已有的技术，在另一个领域中发挥新的功能。这些新应用的发生需要不同领域的人在一起交流碰撞，营造良好的沟通氛围。对于波音而言，减重是重要的技术目标。在飞机的使用寿命里，每一公斤的重量相当于 100 万美元的成本。怎样把该省的重量都省下来？ AMRC 借鉴了谢菲尔德一家有着悠久历史的纺织厂的技术，这家纺织厂有着通过编制经纬线的疏密来形成织布花纹和图案的古老技艺。AMRC 在碳纤维编制中充分使用了这一技术。在数字设计中，先模拟设计出哪一部分承重，需要密织，哪一部分可以适当稀疏来减轻重量。再用机器手臂完成整张碳纤维的编制，镶嵌在模具中，加上定型剂。这样加工出来的碳纤维机身既能保证关键部位的强度，又能最大限度地减轻重量。同样的技术迅速被跑车公司麦卡伦看上，成为麦卡伦车身生产的新工艺。麦卡伦甚至因此把新工厂也建在了 AMP 内。

　　工业创新来自对已知工业技术的改进，甚至仅仅在于可靠性的突破提升，即所谓的"灰度创新"。实际上真正的创新恐怕更多的是一地鸡毛式的创新，谈不上哪一点是核心、关键，最多就是这里好一点，那里好一点。我们常说，完成比完善要好，先来个批判稿。这往往是几个过程的反复，先搭个起码的架子来验证方法的可行性，在这个基础上进行优化。但往往这种办法并不是每次都能奏效，需要把每一步都做到极致，才能看到累积的结果。每一步成功的概率都是前面所有步骤和所有器件稳定性的乘积；再就是在已有的基础上进行改进，每次提高一点点，但当这个提高了一点点，周边的零件和设备又显得不匹配了，你就继续把周边的都提高一点点。所以说做得最差的那个就是核心问题。你一旦解决了这个，一定会有下一个成为新的核心问题。一路这样迭代下去，你就会发现整体上有了质的飞跃。

工业创新又源于协同创新，需要大量不同行业的工程师在一起协作，彼此深入了解对方的技术和工艺，从而知道怎样改进自己的工艺和设计以最好地配合其他部分，从而实现整体的目标。

工程师可能的思维缺陷

学习跨学科思维很有价值，但是，你不可能从一个你不懂的学科跨出什么东西来。联想是一种发现新应用的策略，我们常常用类比来触发灵感，但永远不要假想它就是对的。数学上有所谓同构映射，要求作为对照的双方有严格的对应关系，这样才能把一个领域的规律借鉴到另一个领域中来。这是个极为苛刻的要求，现实中，这种情况极为少见。所以在工程实践中，一定要避免所谓的双盲诠释，即用一个黑盒子去解释另一个黑盒子，用一个似是而非的概念去解释另一个似是而非的概念。很多喜欢学习新东西的人，学了一堆半懂不懂的名词，借此来解释另一堆半懂不懂的名词。这种知识不仅没用，还很害人。胡适在散文《名教》中说我们的文化里有一种对"名"的崇拜，正是对这种现象的抨击。类比很高级，但是对于绝大多数的论证和研究来说是没用的。对于一个对牛顿力学一无所知的人来说，量子力学对他是没用的。但联想也是一个好的出发点，依据胡适的老话，"大胆假设，小心求证"，便是工程思维的最佳总结。

Worker 4.0——培养面向智能制造的工程师

我的导师伯内特爵士是著名的物理学家，也是冷原子物理的奠基人之一。

2007 年，伯内特爵士离开牛津去谢菲尔德大学任校长。由于他对制造业的深刻认知和卓越的管理能力，任期的 10 多年里，他把谢菲尔德大学 AMRC 从几个人的研究室，发展成为有教授、工程师和技术工人等近千名员工的综合研发中心。在他的规划和建设下，AMRC 成为英国众多制造企业的研发共享平台，打通了从知识产权共享、企业研发投入，到大学产业转化和金融投资的各个环节，使得高端制造业技术可以在这个机制内高速迭代，为最终实现工业 4.0 找到了可实施的方案。波音、空客、罗罗、ABB 等大公司均以 AMRC 为其研发中心，中国在英国投资兴建的欣克利角 C 核电站，就采用了 AMRC 生产的核设施。谢菲尔德大学 AMRC 的成功经验，源于伯内特爵士作为冷原子物理学家对工业技术和工业组织的深刻认知。

冷原子技术产生于人类对时间标准的追求，通过激光冷却把原子冷却到极低温度，这时原子运动速度极慢，可以作为更精确的时间标准。同时，低温的原子团形成量子气体，可以作为极好的研究量子力学系统的对象，使我们对量子力学有更深入的认识。1997、2001、2005 和 2012 年的诺贝尔物理学奖均授予了这一领域相关的研究人员。为了实验对原子的操控达到单个的宏观量子层面，研究生要在光学、机械、电子、软件、硬件、通信等工程技术上亲自动手并设计加工设备。冷原子实验技术可以说是实验科学领域密度最大的技术之一，它集物理学、电子学、机械设计、自动化、远程控制、图像感知、数据分析等技术为一身，而这些技术的综合利用，要基于对每一项技术的深入理解和应用实践。在与之相关的实验过程中，研究人员实现了对复杂工业技术的全面了解和综合利用，凭着个人训练的大量知识冗余"经验"来协调这些不同技术之间的复杂系统关联，从而达到最好的效果。

以我参与设计的将搭载"天宫四号"开展实验研究的空间冷原子平台为例，

除了实验性能之外，它还要考虑到空间运行的稳定、与其他设备和实验环境的配合、传输和无人值守的实验数据处理等问题，实际上是一个综合应用硬件制造、工业设计和互联网的复杂系统。工程设计是一个有着创造能力需求的行业，需要针对真实应用的复杂需求提供解决方案。在以智能制造为特点的未来工业中，单一技术为主导的模式已经不再能满足新的需求，多种新兴技术的集群式创新、融合发展与突破成为产品设计的特点。冷原子领域培育了一种"新的系统设计师"，这些设计师应对工业需求给出特定的解决方案，并组织和配合各行专家在此基础上进行优化开发，最终实现产品设计的目的。

经过伯内特爵士多年的努力，这一方向越发受到冷原子物理同行和工业企业的认可。经过一两年的培训，这一行的博士毕业生可以顺利转向工业产品的底层设计，尤其是涉及复杂分工的智能制造行业。这些人显示出了扎实的设计功底，符合高端产品的要求，并具备融会贯通各个工种的卓越能力，从而成为适应智能制造时代的特殊人才。

在智能制造的场景下，尤其是在未来制造业的流程中，人工智能、虚拟现实和增强现实等技术将得到综合应用，以提高生产效率，产生新的生产工艺和生产模式。其核心在于实现两个世界的联结：人类制造的数字世界和真实存在的物理世界，最大可能地使物理世界的生产符合人们的实际需求，降低生产成本，实现按需生产。这将是一个综合客户需求、硬件制造、工业设计和互联网的复杂系统。结合虚拟现实技术和虚拟设计，缩短从智能设计到柔性制造的距离，使得制造的数字虚拟空间与工厂生产的物理空间实现无缝对接，这涉及计算机辅助设计的重组，硬件与软件的接口、协议和标准的规范，可重组生产以及智能培训方面的研究。例如，海量视频数据在制造业中就有很大的应用空间。视频和图像处理为工业 4.0 所需要的数字世界和物理世界提供了标准接口，也将会成为智能制造所需的数据来源。依据视觉技术产生的大数据，再加上人们对视觉数据的认知，这一领域的研究和技术发展会对智能制造的实现起到关键的作用。

在《量子大唠嗑》中，我们讲到关联的思维模式，与之相对的是经典科学中把学科划分为不同的专业，工业技术也划分为各种更加细致的具体技术。随着技术的加深，不同技术之间的隔阂和鸿沟实际上也是加深了的。由于个性化需求的增加，未来的工业生产将变得丰富多彩起来。设计师会不断进行多种专业的学习，听取客户的需求，针对客户需求设计新的产品，有可能会集成所有的工业技术，等基础功能实现之后，再找更专业的各个行业的专家进一步完善，最后变成工业产品。工业设计不再局限于简单的美学设计领域，而是聚焦于功能的实现。这些跨专业的再训练，也将成为未来生活的支柱性教育核心，人们需要不断地在新产业中得到训练和学习，然后不断实践，发现新的学习要求，从而不断有创新的思想和设计理念产生。这些东西都是人工智能实施成本极高或本质上无法替代的工作。

未来工业设计将综合人工智能、虚拟现实和增强现实等数字技术来研究适应工业 4.0 的新生产模式和管理模式。以智能制造为特点的未来工业设计中，单一技术为主导的模式已经不再能满足新的需求，多种新兴技术的集群式创新、融合发展与突破成为新工业设计的特点。面向工业 4.0 的工业设计的核心在于将虚拟的数字世界和真实存在的物理世界有机融合，它将是综合客户需求、硬件制造、工业设计和互联网的复杂系统设计。除了传统意义上工业设计的功能与造型设计之外，未来工业设计也将更加关注用户在产品设计中的意愿和个性化表达。小批量高速迭代，多种技术融合，产品快速升级，这些要求都对传统的制造业模式和产学研管理提出了全新的挑战。以物联网、智能机器人、3D 打印、虚拟现实、柔性制造等为代表的工业设计，正越来越清晰地为我们描绘出新时代工业生产的形态和场景变化。组织跨专业的设计团队和制造型企业协同创造，将是一个复杂但必需的过程，这也将成为未来工业设计中的核心研究课题。

人工智能化的工业设计不仅强调生产过程中机器的智能，也强调生产过程中人的智能。新时代的工业设计也需培养适应工业 4.0 的"新型工业设计师"，新型工业设计人员需要不断地在新产业中得到训练和学习，不断地在实践中发现新的学习要求，通过与用户沟通和产业实践不断获得创新的思想和设计理念，凭借来自各工种训练而获得的经验来协调和综合运用多种技术，从而实现设计目标。跨专业的实践训练和持续学习，将成为未来工业设计教育的核心。

成就另一半人的新工程教育

《英国乡村故事》（*This Country*）是英国广播公司拍摄的一部伪纪录片，已经播完第三季，讲的是被伦敦遗忘的英国乡村里年轻人的非主流"躺平"生活。它之所以被称作"伪纪录片"，是因为它取材于真实事件，以纪录片的方式拍摄，反映了真实的社会问题。这个片子充满了英式的幽默，既展现了旖旎的田园风光，也呈现出百无聊赖的年轻人的躁动和单纯。就像片中的主人公一样，不能够通过读书上学而离开乡村的大多数英国年轻人，一辈子就是村民，经营村里的农场，在村里的酒吧和社区里做杂工。这个人群的比例并不低，在英国毕业之后能上大学的中学生也不过 50%。

在 AMRC，我听到了另外一个故事。鲁塞尔是 AMRC 培训中心的第一届学员，毕业以后，大学校长伯内特爵士带着他去伦敦议会，给上议院的议员们讲发生在 AMRC 的故事。在这之前，他从未搭过长途火车，从未到过伦敦。作为一个没考入大学的村里孩子，他的一辈子似乎就被锁在了英国北部的乡下。然而 AMRC 给他提供了完整的工程师课程培训，第一年进行高强度的动手能力培养，金工、电子、焊接、水电、机器人控制、数字设计，第二年开设了稍微抽象的物理、数学和编程课程，其中一半时间开始在工厂参与具体的工程师工作。经过 3 年的课程培训，作为第一届 AMRC 培训中心的毕业生，他成为波音的工程师，被波音派往了西雅图总部。

　　我从小就是传说中邻居家的孩子，从太行山里的一个小地方一路读书，考入北京大学、牛津大学、加州大学伯克利分校、芝加哥大学，然后进入中国科学院、北京大学、谢菲尔德大学、清华大学做教授。我是既有游戏的赢家，虽然并不是最好的。但我相信，教育改变了我的命运，使我从一个乡村小孩走到了博士这一步。但当我们说到教育改变命运时，我们所设计的教育游戏规则，却只改变了一小部分人的命运。有些同样聪慧有才能的年轻人，被我们所设计的游戏规则甩到了外面、后面和下面，乡村小孩就永远是乡村小孩，甚至他们的下一代也是如此。

　　"我们知道他们不喜欢读书，所以第一年会为他们提供高强度的动手训练，第二年结合在企业的实践，他们就知道了专业知识的重要性，反而会更加珍惜这些学习的机会。" AMRC 培训中心的主任这样说。作为一个研究型大学，谢菲尔德大学开拓了另一条路，让更多的年轻人可以发掘自己的才华。这条新路，为年轻人开拓了完全不同的成长路径，掌握更多的技能是不一样的。他们不是不聪明，也不是不勤奋，只是不适应我们所设计的游戏规则而已。作为家长，我们无法保证我们的孩子将来可以在既有的游戏规则中成为邻家孩子，如果到那时，我们才想起来呼唤另外一条新的路，那就只能遗憾自己的孩子赶不上了。

这一两年我越研究人工智能做不了的事情，越发觉得我们所设计的这条佼佼者的路，是最容易被机器所取代的，而那种可以利用我们已制造的工具做出新工具来解决问题的能力，是机器无法取代甚至最难取代的。谁知道二三十年后，最早淘汰的是不是我们这些会读书的人呢？

对这些工程师的培训，并不是简单的机床操作或焊接，具备这些技能是做出新东西的基础。正如所谓的工业数字化，只有了解制造过程才能让数据更好地服务于制造本身。在牛津读博士，在加州大学伯克利分校做博士后研究，事实上我觉得收获颇丰的是在车间的时间，这些需要动手的技能告诉我东西是怎样做出来的，让我掌握了大脑思维和物理世界对接的工具。同时，动手的过程对心性的锻炼，是另一种升华。除去这些虚的，学而时习之，又动脑又动手，这至少是像我这样做基础研究的科研人员认为能做出一流科研成果的经验。就真实的产业需求而言，其重要性就更不言而喻了。

陪同伯内特爵士去看 AMRC 培训中心的学员时，年轻人骄傲地拿着经过激光 3D 扫描，在五轴机床上亲手加工出来的自己的不锈钢像给校长看，那目光中流露出来的骄傲和被肯定的喜悦我至今都记得。他们可以通过在这里的学习成为波音的员工，成为罗罗的员工，成为行业的引领者和实践者。大学不应该成为既定游戏规则的收割者，而应该参与、制订并修改游戏规则。我们作为教育者，不应教导孩子们应该成为什么样的人或者掌握怎样的谋生技能，而应为他们构建一个可以充分发掘他们潜能的平台，并非制订狭隘的游戏规则，使他们中的大部分人都成为失败者。事实上，历史会证明，那样做，失败的是我们。

巴伐利亚州的分流考试

　　牛津大学物理系的研究生办公室小小的，一间小屋子只够两个人背对背坐。杰拉德·黑臣布兰克纳（Gerald Heichenblanckner）是我同屋的师兄，Heichenblanckner 这个姓的大概意思是奥地利山里的农民，他自己说的。于是当我刚到英国还处在文化冲击中，杰拉德成了我的全方位保姆，虽然他是奥地利人。我们一起吃午饭，一起喝咖啡，一起去酒吧，我甚至被他撺掇去跟切尔西·克林顿（Chelsea Clinton）搭讪，对了，你没猜错的那个。毕业以后，我们很多年都没见面了。再次见到时，他已成为欧盟射电天文望远镜的总工程师。我们在慕尼黑车站的咖啡馆匆匆一聚，他已一改不着调的大男孩样貌，聊天十句里八句离不开儿子，俨然已是个中年老爹。小杰拉德痴迷棒球，已经打到州队。但慕尼黑有 12 岁严格的分流考试，会有 50% 的学生在这场考试中被分流去上学术型大学，另外的 50% 被分流去做工程师。杰拉德大为担心他儿子考不过。虽然他自己是牛津大学的博士，但担心儿子从此走上工程师的路，对德国小孩子的分流考试制度颇为抱怨，明明没开窍呢嘛，这么早就要决定自己的将来。

　　2005 年，我要在朱棣文和威廉·菲利普斯两位导师之间选一位做博士后导师。我选择了去菲利普斯课题组。几年以后，我搬到加州大学伯克利分校，跟新晋助理教授霍尔格·马勒（Holger Muller）一起聊天时发现他跟我同一年做博士后，他去了朱棣文那里。我们这行有几位大佬，其中一位是卡尔·威曼（Carl Wieman），他在美国天体物理学联合实验研究所（Joint Institute for Laboratory Astrophysics，简称 JILA）工作，2001 年获得了诺贝尔物理学奖。获奖之后，他便离开物理界潇洒去了。霍尔格博士后做完找教职的时候，朱棣文给 JILA 写推荐信说："如果你们需要一个人替代威曼，这个人就是你们要找的。"霍尔格本科毕业于德国一个非常普通的工程大学，应该是杰拉德特别担心他儿子也会去上的那种培养工程师的学校，但是，他如今早已是加州大学伯克利分校物理系的教授了。

对小男孩而言，12 岁真还没开窍呢，这时候成绩好的多是女生。小男孩大多是到了高中才刚刚明白学习是什么样子、怎么回事，而在德国却已经走上了成为工程师的路。但也正是因为有这种机制，才让一些非常聪明的人留在了工程师的团队里。无论是上大学做学术研究还是做工程师，到 30 多岁成家立业的时候，人们的收入都不会有太大的差别，也都能在企业升到高管的位子。正是这种机制，保证了德国极强的工程能力，因为工程师团队不是被系统选择的失败者。系统的设计又保障了两类成长路径不是割裂开，而是可以互相流动的，走上双轨制教育工程师的路也一样可以成为科学家。

我们推崇从 0 到 1 的创新，人们也喜欢看从无到有的魔术。然而从 1 到 100 也是一个充满创新的过程。我们对科学家的训练是千分之一的成功率，对一个工业产品的要求是千分之一的失败率。一项科学发现，做 1000 次实验，其中有一个数据能用就敢去发文章了，而做一个合格产品，1000 件里有一个次品，骂你的一定是那个买到次品的人，剩下的 999 个人都会选择不说话，好东西应该是默认的。这从千分之一的成功率到千分之一的失败率之间的过渡，同样充满着耐心的改进、积极的探索、勇敢的创造，而事实上多数情况下会更难。我们可以设计芯片，但却做不出好的芯片。把创意落地成产品、把科学转化为生产力需要专门的技能，这些技能的获得需要人们理解新的科学前沿知识，也需要熟悉工业生产流程。我们讲科学研究要"顶天立地"，而这些顶天和立地的"身子"，应该是构成这一伟大目标的中坚力量。

从科学到工程的训练

在牛津读博士的时光算是我学生生涯中现在回想起来最为轻松和充实的日子，相比之下，在北大读书时的记忆就只剩下昏暗的屋子里苦读背书的画面。在牛津做话剧、划赛艇、做实验，两三年下来居然也有不少研究成果发表。读博士第三年，实验用的激光坏了，是那种极其昂贵的钛宝石激光，整个欧洲只有一个工程师在做这种激光的客服，排期太满，我只好自己弄。十几年后，我自己烧了一块晶莹剔透的钛宝石，请艺术家刻成佛像（见图 4-2）。

图 4-2　钛宝石

虽然我很年轻就做了教授，但我始终不认为自己是个优秀的物理学家，我只是个国际二流的地下室实验台上做工的实验物理工作者。为了修那台坏掉的钛宝石激光，整整两个月的时间，我都待在恒温 18℃ 的地下室里，每天工作十几个小时来调激光（见图 4-3）。钛宝石激光需要更强的另外一束激光来激发，才能发出实验中要用的颜色和强度。激发光源要用水冷的氩激光，有十几瓦。氩激光在几面特殊镀膜的镜子之间反射，穿过钛宝石，从其中一面镜子射出，成为一瓦左右的红外激光。这时需要做的就是使氩激光的方向与钛宝石的某一个晶轴完全重合。通俗一点来说，相当于闭着眼把两根针头尾相接地立起来。在完全立好之前，不会看到任何迹象。立好的一瞬间，会有极强的光射出来。这光虽然极强，却又不是人的肉眼可以看到的，需要借助红外观察器才能看到，所以操作的时候需要不停地拿起观察器检查。详细点说，要做的就是，双手的手指绕开十几瓦的激光，一点点轻捻每一个镜子的旋钮来调节。十几瓦激光的概念是，一旦手指碰到，就会像被细针扎到一般，瞬间有焦煳的味道。

图 4-3　调节中的钛宝石激光

别人以为我读博士是青灯古佛，其实我的工作是在黑暗的地下室，日复一日地调激光，尤其是每天十几个小时没有任何进展，情况稍微好一点，可能立刻就坏了，好不容易有点希望了瞬间就毁了。第二天重复做同样的事情。这与其说是做科学研究，不如说是修行心性。脑子里飘过一句"世尊在灵山会上，拈花示众，是时众皆默然，唯迦叶尊者破颜微笑"。多年以后，反倒觉得那段时光对心性的修炼是莫大的收获，面对挫折，不急，慢慢来，日拱一卒。胡适所谓功不唐捐，连着几十天都没有丝毫进展的调激光工作竟然抚平了我少年时期的焦躁。

后来我到加州大学伯克利分校做博士后研究，做量子极限测量。我们发现在极低的温度下，用激光居然可以把小的物体一直冷却到一动都不动的状态，然而这项实验所需要达到的设备精度和稳定性完全是工业界闻所未闻的。我们不得不自己做激光、做探测器、做稳定器、做原子芯片。做这些东西，要在金工车间车铣刨磨，要在纳米实验室生长芯片，要在电子实验室焊电路，要在低温实验室制液氮……这是我所认为的一个物理学家的日常，与数学家相比，我们只是体力劳动者而已。这个研究可能远超当时的技术水平，但我们并没有做出举世瞩目的发现，其中的技术倒是用到了激光干涉引力波天文台（LIGO）上，测量了引力波。

作为一个合格的科学家，也只能说是训练合格的科学家而已，还算不上是一个优秀的科学家，近些年我越发认为科学并不是第一生产力，只是工业文明的副产品，能够带来社会变化的反而是技术。这些技术沉淀于日复一日的动手劳作中，当然不是电影《摩登时代》中底层工人式的动手，而是"学而时习之"式的一边动手一边思考的劳作。这样的动手能力，又恰恰被《人工智能之不能》这本书论证为人可为而人工智能不可为的未来人类安身立命的本事。新工程教育，指的并不是培养生产线上的操作工，而是培养了解科学、懂得技术，并能把构想和创意造出来的新型工作者。事实上，就我自己的经验来说，这样的创作过程，同艺术一样，也可以给人带来愉悦的感受。

科学是工程的副产品

在 2014 年的国际原子物理会议（International Conference on Atomic Physics）上，菲利普斯介绍了一本书《经度》（*Longitude*）和这本书的作者达娃·索贝尔（Dava Sobel）。很多年后，我才认真读了这本书，尤其是加上自己作为教授以来申请科研经费的经验，才惊呼，原来我们的这些"勾当"，300 年前就有人在做了！

300 年前，在地球上度量经度是个非常麻烦的问题，纬度在正午时测量太阳高度就可以得到，但经度怎么办？地球在自转，一天要经过 360 度的经度，怎么才能确定本地的经度呢？这个问题有多重要？地球上，没有经度和纬度的定位，是要命的！这不是危言耸听，而是不断被大航海历史的惨烈证明过的。英国成立了经度局来奖赏能够给出实用解决方案的人，而民间的投资人也大胆地对不同的方案进行早期投资。要知道，一旦成功，就会收获 20 000 英镑的奖金，在当时这意味着可以买 20 艘战舰。

牛顿和牛顿的学生早就盯上了这个问题（这笔钱）。依仗其良好的数学功底，他们提出了月距法，即根据每天晚上月亮在星象背景上位置的不同来判断经度。为了验证这个办法，我自己买了一台天文望远镜。按理说，我的望远镜的配置应该比牛顿时代高，但作为一个实验出身的物理学教授，我投降，这还真是有点儿难。可想而知，那个时代，作为船长的探险家们要想掌握这个办法，通常还要在摇摇晃晃的船上实施测量，得是多牛（不可能）的一件事。当然，牛顿学派的科学家也没少拿研究经费。也有人提出在大西洋上每隔 100 海里放一条船，每隔一小时往天上打炮，根据炮声来确定经度。更有甚者提出巫医的办法，说有一种神奇的金创药，可以远程疗伤，但特别疼。把狗带在船上，出发前捅狗一刀。刀留在格林尼治，每到伦敦的正午 12 点就把金创药撒在刀上，狗在船上就会疼得大叫。这时，根据船上测得的本地时间就能知道经度。稀奇古怪的研究方案都获得了或多或少的政府和民间的资助。当然，最终解决这个问题的人是木匠约翰·哈里森（John Harrison）。从 18 世纪 20 年代开始，他花了几十年的时间做了 4 只航海钟，实测的精度远远超过了经度局的要求，从此迈出了人类精确测量时间的第一步。

还有一个例子是另一位钟表匠约翰·凯（John Kay），1733 年他发明的飞梭大规模提高了织布的效率。织布效率提高又要求纺纱的效率提高，于是纺织工詹姆斯·哈格里夫斯（James Hargreaves）1764 年发明了珍妮纺纱机。这样一来，纺纱的效率又大大超过了织布机，1768 年，牧师埃德蒙·卡特赖特（Edmund Cartwright）发明了水力织布机，使织布效率提高了 40 倍。这时，机器够强大，但人力却推不动了。1785 年，詹姆斯·瓦特（James Watt）改良了蒸汽机，开始用作纺织机械的动力。接着蒸汽机被广泛应用于采矿、冶金、磨面、制造和交通运输等各行各业。1807 年，美国画匠兼工程师罗伯特·富尔顿（Robert Fulton）把蒸汽机装在船上发明了蒸汽船。1814 年，英国煤矿工人乔治·斯蒂芬森（George Stephenson）发明了蒸汽火车。进入 19 世纪 40 年代，英国的主要产业均已采用机器，完成了工业近代化，英国成为世界上第一个工业化的资本主义国家。而作为科学家的代表，牛顿在飞梭发明的 6 年前就已经去世了，工业革命是在他去世后的 100 年里发生的。这些开启了轰轰烈烈的工业革命的人，有多少懂得万有引力定律，能算出来星地运行规律，又有多少懂得微积分，我们不敢确定。事实上，发现热力学第一定律的罗伯特·迈耶（Robert Mayer）是个德国医生，发现热力学第二定律的萨迪·卡诺（Sadi Carnot）是个法国工程师，对电磁学做出奠基性工作的迈克尔·法拉第（Michael Faraday）是个英国铁匠。

当然，历史线索纷繁复杂，我们总能找到证据证明我们想要的结论。然而如上的这些证据让我深刻怀疑，"科学是第一生产力"这个提法是否反映了历史的真实。似乎工程技术才应该是第一生产力，科学反而是工程技术的副产品。作为科学家，我说这话不是贬低自己所从事的专业的价值，也不是这山望着那山高。只是，脱离技术支撑的科学就成了空中花园，而科学需要通过强大的工程支撑，才能真正对社会有用，才能真正推动社会的进步。

Worker 4.0

工业 4.0 是基于工业发展的不同阶段而做出的划分。2013 年的德国汉诺威工业博览会正式推出对工业阶段的划分：工业 1.0 是蒸汽机时代，工业 2.0 是电气化时代，工业 3.0 是信息化时代，工业 4.0 则是利用信息化技术促进产业变革的时代，也就是智能化时代。工业 4.0 的提法旨在提升制造业的智能化水平，建立具有适应性、资源效率智能化的工厂，包括在商业流程及价值流程中整合客户及商业伙伴。这是以物质生产能力定义社会的发展，但社会是由人组成的。从农民、手工业工人到马克思时代的工人（Worker 1.0）、福特时代的中产工人（Worker 2.0），再到人与计算机（Worker 3.0）、人与人工智能机共生时代的自由工作者（Worker 4.0），人类也正面临着 Worker 4.0 的时代。

根据英国高等教育 2016—2017 年统计报告，英国有超过 100 万的大学生学习了 STEM 相关课程。大学开始修改教学大纲以适应工业 4.0 技术的发展。然而，由于创建新课程的周期很长，对应新技术的发展大学可能会落后。目前，英国只有少数几所大学已经为工业 4.0 的发展准备了专门的课程和设施，如自动驾驶、虚拟现实、人工智能、云技术和物联网。企业要求大学培养更多技术型的毕业生，以便他们能够适应不断变化的环境。虽然有人预测工业 4.0 将减少对劳动力的需求，而工程和制造部门却发现职位空缺正在增加。市场中应对环境需求的技能是稀缺的，这包括自动驾驶、虚拟现实、人工智能和云技术。如果不采取任何措施来解决这个问题，这些行业将无法继续发展。

在未来越发不确定的市场中，随着新技术的不断发展和变革步伐的加快，考虑未来的业务需求至关重要。在英国，71% 的制造商都认为学徒制教育正迅速成为高等教育真正的替代方案。高校毕业生进入企业，应该向已经融入劳动大军的高技能和有经验的员工学习。一方面，鼓励个人在高校接受教育，从而获得更扎实的技能储备，另一方面，公司可以通过培训把员工发展为行业专家，特别是通过即将出现的新技术来为员工赋能。通过学徒制和工作置位方案将青少年和年轻人纳入企业，这一点在工业 4.0 中具有特殊的好处。操作员和技术人员在大多数制造和工程业务中都发挥着关键的作用。除了从高校招聘这些人员外，还需要对已经加入组织的人员进行技能的更新。如果某地区要成为工业 4.0 的驱动力，那么该地区的制造商也需要参与技能课程的开发和培训，了解未来工厂所需的技能，并就发展这些技能进行投资。

我曾经跟一些远走在时代之前的 Worker 4.0 一起工作。实验物理学家，尤其是为了解决量子力学底层问题的冷原子物理学家，就是这样的一个群体。一台实验由一支三五人的团队合作完成。实验本身要涉及声、光、电、力、热、机械、电子、软件、数据分析和物理等多种工业技能，你能想象到的各种工业技能都会在这个平台上得到使用，我们不断通过挑战人类工业技能的极限来探究物理问题。事实上这是不太现实的，谁会全懂呢？博士通常要读七八年，大多数的时间都在黑暗的地下室解决从激光到电子的具体问题。你要想早点毕业，就要去别的实验室别的人那里偷师，但谁会白给你人家钻研出来的技术呢？所以总要用自己懂的东西去换，再加上这个领域并不太老，算来算去都会有共同的前辈，于是这个领域就形成了一种非常融洽的师兄弟氛围。你总可以去师兄弟那里学一些新技术，用到自己的实验上。在所有学术会议的间隙，最积极活跃的场面也是研究生们在一起喝酒聊技术细节。

我在欧洲留学的时候，有什么东西不会，听说哪个课题组有这样的技术，就可以打个电话，买一张便宜的机票飞过去，看看别人是怎么做的，对方也会很得意地给你显摆最新研究出来的小窍门。这并不意味着课题组之间没有竞争，竞争更多的是在精巧的物理思维上，而不是在技术和工程问题的解决上。在工程和技术问题上，这些人更像是手工业工友之间的开放和协作。请不要忘记，这是一群掌握了数据分析技术、复杂系统自动控制技术的物理学家。我想Worker 4.0 的人类更加应该是基于未来的技术发展的人类。面对机器，人类是个共同体，构建怎样的人类社会，是个有意义的新命题。

我有一段萧峰碰到段誉似的友谊，两个完全没有交集的匠心人，在彼此敬重的行业里遥望，惺惺相惜。在北京、上海和台北的街头小铺里喝咖啡、抽雪茄、吃60台币一碗的卤肉饭，随意、亲切得隔了很久之后再见都是大哥和小弟间的无话不谈。两个手工艺匠人之间的倾慕、了解和默契，源于手工活。当然他有音乐我有物理，我不得不承认他对文字的运用至少在这个场景下好过我，所以直接拿来：

> 我知道手艺人往往意味着固执、缓慢、少量、劳作。
> 但是，这些背后所隐含的是专注、技艺和对完美的追求。
> 所以我们宁愿这样，也必须这样，也一直这样。
> 为什么？我们要保留我们最珍贵的、最引以为傲的。
> 一辈子总还得让一些善意执念推着往前，我们因此愿意听从内心的安排。
> 专注做点东西，至少对得起光阴、岁月，其他的就留给时间去说吧。

操作工、工匠、工程师与科学家

工程师不仅要把东西做出来，还要把东西做到稳定可靠，继而把东西做到造价合理，具有市场竞争力。但我们常常错误地把工匠和工程师混淆了，错误地把科学家和工程师混淆了，也错误地把操作工与工程师混淆了。工程思维不仅是系统思维的同义词，也是系统建设的同义词，是一种从不同角度观察问题和解决问题的能力。人们不仅要了解各个组成部分和它们之间的相互依存关系，而且要真正领会整体以及它的意义所在。工程师往往需要推导至问题的本源、避免双盲解释，要不囿于表面现象及细枝末节，发掘事物背后隐藏的模型和机制，而非简单的熟能生巧、惟手熟尔的事。

1952 年，中国进行了全国范围内的高等教育院系改革，按照苏联模式建立专门从事某一行业的大学。于是清华把文科和理科给了北大，北大把工科给了清华，另外一部分发展成了今天的北航。从这时开始，北大成为一个文理兼修的大学，清华成为一个工科大学。北大培养科学家，清华培养工程师。我们也用类似的办法建立了中国科学院和工程院，给科学家贴上了标签。这个高级，因为有德先生和赛先生的提法，但没有 E 先生（Engineering）和 T 先生（Technician）的提法。再加上我们所宣传的古代中国的发现多数是技术层面的，而非科学层面的，所以才使得中国在近代落后，继而挨打。这样一来，从近代开始，我们就一直在宣传科学是高大上的，得科学者得未来。在一个没有工程启蒙的国度里，过度宣扬科学，就容易因为取代绝对正确的"旧宗教"，而转为信仰绝对正确的"新科学教"，也就无法回答"钱学森之问"。我算是个二流的科学家，但由于生活在科学家圈子中间，接受过正统的科学教育，又因为我做实验物理，经历了正式的工程训练，甚至参与了天宫的实验平台设计，所以知道了工程做到极致是什么样子。这些年做实业，越发意识到工程本身的重要性。跳过工程文明而直接追求科学文明，是舍本逐末，是要建造空中楼阁的。

科学工作者常常会向往 19 世纪的欧洲。那时的科学工作者通常衣食无忧，自己有钱，或者有贵族或有钱人供养着，研究一些自己感兴趣的问题。人们也常说，只有这样科学工作者才能不为功利做出举世瞩目的成果。这样做的基础是 19 世纪的欧洲工业发达，工业革命已经开始 100 多年。强大的工业基础可以支撑诸如科学、文学和艺术的发展。相比中国而言，现代工业到今天不过 100 年的时间，而且是最近的 40 年发展最快，这本应带来的就是工业文明的红利，科学的发现和探索才刚刚开始。我们开始进入现代工业化，做好大国的工业基础建设并不是什么丢人的事，发展得也并不慢，多少是有点后发优势的。当我看到有越来越多的次世代年轻人开始自由地享受、充分地理解现代工业文明的当下，就知道科学的春天不远了。

科学家和工程师本来是共生的。牛津物理系餐厅里的墙上，为系里服务很多年的老工程师和在系里工作过、功勋卓著的诺贝尔奖获得者的照片挂在一起。这是一个好的生态，就科研来说，有工程师的支撑，科研的技术便可以有所传承。我们做冷原子物理研究的，因为涉及的工业技术太多，很难让一个学生从头开始学习，一旦他掌握了大概，又该着急写论文毕业了。读博士动不动就要七八年，前面四五年都在学习基本的实验技术，否则你什么都不会干。Where is Yang，where is Bang，这是杨振宁先生在芝加哥大学读博士时闹的笑话，杨在哪里，哪里就爆炸，所以杨振宁最后决定研究理论，成了一代大师。好的工程师做科研支撑，他们在系里相对稳定，可以有好的技术传承和积累。牛津物理系电子车间有 30 多名工程师，承担系里各个课题组关于电路的研发任务，也接受牛津周边公司的研发订单。电子车间的工程师可以如数家珍般地把自从电子学这门学科建立以来的电路图拿出来跟你一起研究需求，或是高压控制器，或是电流控制器，一个月以后，你就能领到自己所需的设备。只管用就好，质量和性能甚至会优于一般的商业公司。同样的服务由系里的金工车间、软件和网络工作室以及各种提供专业支持的车间提供，这既保证了科研的顺利进行，也保证了学生和教授可以花更多的时间和精力在科学问题上。研究生课程刚开始的工程基础训练，保证了学生可以跟工程师无障碍地进行交流，应实验需求所设计的部件工程师可以有效地加工出来。牛津大学是个富足的大少爷的学校，而伯克利就穷多了，几乎所有事情都要学生自己做，但这也正是美国西部开拓精神的沉淀。

美国有一种工业时代的文化传统，这种传统也许来自清教徒或西部开拓者，学生在进入大学前就在自己家的车库里有过很好的动手训练。系里的金工车间和电子车间的使用率是最高的，只要是上班时间，就永远会有学生或博士后在车间里忙碌。导师只要给博士生安排工作任务就好了，他们自己会在全校范围内找资源来解决问题，并不需要手把手地教。因此，这样的博士生训练时间也臭名昭著的长，但每一个博士生毕业后都能独当一面，自己张罗起这一学科所需的所有设备和资源。

再来看看我们这一代海归的教授们。近 20 年来回国以后经费不缺，实验室里不是美国货就是德国货，国产的设备我们是不敢用的。我认识的教授，实验室买了几台国产的激光，之后就碰到过一个暑假整个光学平台的所有激光都坏掉，完全没法做实验的情况。与其这样，不如花钱买自己在美国、德国习惯使用的实验设备，贵虽贵点，但文章发了，就可以赶快申请新的经费，买更贵的设备。在这样的系统选择下，国产的实验设备就越发没有了市场。便宜的设备除了便宜一无是处，贵的设备除了贵之外没有缺点。直到这次新冠肺炎疫情出现，我知道的就有几个实验室的设备坏了，却请不起美国的工程师来进行售后维修，没人愿意为维修一台激光飞到别的国家，被隔离两个星期。而这些激光又不敢让学生碰，因为太贵，学生的动手能力不行，碰坏了更麻烦。我至今还记得带着学生逛中关村电子市场时的快乐，就像我在伯克利的电子元件库房里翻东西一样的快乐。然而这些东西今天都没有了。中关村只剩下互联网、金融和互联网金融。中关村的学校里的学生们也只剩下读书、读书，创新创业也只剩下了商业模式，怎样动手做东西学校里没教，也没人会教。

纵观人类历史，我们是先解放了双手，然后才进化了头脑的。工程师和科学家是一个硬币的两面，就像成府路的两边一边是北大一边是清华一样，经过20年追逐大学的世界排名，最后都变成北大了。我觉得我是有资格这么说的，并不是我在贬低科学，因为我也是科学家，即使是个世界二流的。但我知道科学工作中工程的重要性，动手能力的必要性。尤其是当你知道你设计的东西将要放到空间站里作为实验设备时，作为科学家，我是胆怯了的，我们太浪漫，太没有节奏了。

操作工与工程师

第二次世界大战时，德国有一则笑话。因为德国这个民族擅长打仗，历史上就是几十个大公国打来打去，所以一般德国成年人都具有专业的军事技能，扛上枪就是士兵，放下枪就是市民。战争一旦爆发，就只需要分工谁干什么，并不需要进行基础军事技能的训练。招兵教官有个秘密法则：头脑聪明而个性懒惰的人，让他去做指挥员；又聪明又勤快的人，让他去做参谋长；又笨又懒惰的，让他去当大头兵；笨但勤快的，直接枪毙。这个原则对公司用人有些参考意义，而更重要的是提示我们，通过新工程教育应该培养哪类人才。

说起工程师的培养，人们首先想到的是蓝翔式的职业教育。一个能够容纳几万人的标准厂房里，每人一个灶台，每隔十几米就有一个大电视从屋顶吊下来，几千人步调一致地颠勺、倒油，蔚为壮观。这样的职业技术学校，训练的是操作工，这样的工种恐怕很容易被机器取代。培训要求的是短时间内上岗、步调一致的操作，而不需要创新，甚至，创新是不可以的、不合群的，是会给队友带来麻烦的。于是我们培养的技术工人就像电影《摩登时代》里卓别林扮演的流水线上的工人一样，做的唯一一件事就是拧螺丝，一天拧十几个小时，下了班看到路人大衣上的纽扣，也会条件反射般地抄起扳手去拧。我们不仅这样训练生产线工人，也这样训练读书动脑的孩子。以至于我们培养出了数学能力很强、编程能力很强的大量程序员，他们做着敲键盘的工作，很快通过996的工作高压成为世界一流的码农。批量生产有批量生产的问题，当利润摊薄的时候，人们就会趋向于生产更多数，因而导致恶性循环。

这样的训练未必会带来技术人口红利，没有动手能力的动脑能力或没有动脑能力的动手能力，都只是半部《九阴真经》，最后会走火入魔的。创造力本身并不真实存在，能够验证的想法才重要。没有实践的能力，想法也终究是想法，而这样或那样的想法在人类历史上并不新鲜。

我们的宣传常会把这些名词混淆，认为工程师就是技术工人，技术工人就应该在职业学校进行培训。技术工人里面熟能生巧，倒油倒到铜钱眼儿里一滴不外漏、惟手熟尔的叫大国工匠。但这是对工程师最大的误解。工程师应该是会动手的科学家，而科学家应该是会动脑的工程师。职业学校培训的千篇一律的操作工，迟早都会被机器所取代，卖油翁般的技巧，对比机器来说就差远了。但正是这种认知上的误解，让我们对工程师的培养在过去几十年间出现了偏差，要知道，Made-in-China made China，中国制造成就了今日之中国，也将创造中国智造。在这个阶段，中国应该享受自身正在工程化、拥有大量工程师的红利，而不该太着急地追求跨越式发展。这里就是罗马，现在就是最好的阶段。

> 一个陌生人到了一个村子里，看到村子里的人在比赛跳高，他看了一会儿说，我可以轻松赢了你们所有人。其中一个说，你跳一个，陌生人说，我参加过罗马运动会，运动会上我得了冠军。村民说，你跳一个给我们看看。陌生人说，那是在罗马，我的才能在罗马才能发挥到最好。村民中一个年长者说："年轻人，你可知这里就是罗马！"

务实主义讲的是即使是写作这类看似非常依赖灵感的事情，也必须是下功夫的套路。写作的灵感不一定总会有，但把写作当作手艺活，每日不停地写，当灵感来临的时候，我们才能用好的文字把这些灵感表达出来。

科学研究也一样讲究务实主义。科学家也不过是个手艺人，或说是科学行业里的工程师。跟打铁的相比，我们的手艺只是听起来高大上一点而已。而科学家的培养与打铁师父带徒弟并无二致。物理学的基础训练并不在于培养天才，也不在于通过博士研究的训练让一个人在获得博士学位之前成为某一行业的开拓者，而是在于一种职业训练。就像铁匠铺的老师父带徒弟，出师了只是说徒弟懂得了行业的规矩。这些规矩无非是怎样接活，怎样打铁，怎样交付。就科学研究而言，我们日复一日的训练就在于让学生懂得科研的流程，经过这样的长期积累之后，学生才有能力在脑子灵光一现的时候，知道如何捕捉这些灵感，如何把灵感转化为一个可以证实的实验过程。

同样的情况，我们也可以看看画家毕加索的成长。据说，他的艺术家父亲看到 14 岁的少年毕加索的画后决定从此放弃绘画、全心全意培养这个少年成为艺术家的时候，毕加索的绘画水平就已经相当深厚了。

科学是第二性的，工程是第一性的。有了科学，工程不至于走偏，不至于原地打转，但工程实现一定是科学的不二法门，没有工程实现，科学只停留在想法上，就与其他的宗教信仰没有本质的区别了。

工业文明一定是发展到了很高的阶段，才会出现科学。工程和制造并不是什么羞于启齿或不高级的事。从珍妮纺纱机到物理学被系统地总结出来，有了力学、热力学、电学等这些学问也要 100 多年的时间。我们今天所说的科学，跟考古学、博物学一样，是 18 至 19 世纪衣食无忧的欧洲贵族们阳光夏日里喝下午茶时，向太太小姐们炫技的道具。而现代工业文明的建立，为科学和现代文艺的诞生奠定了基础。从 1949 年开始直到今天，我们依然走在工业化的道路上，也才刚刚进入后工业化，所以不必着急追求所谓科学的原创，脱离制造业的基础追求科学进步，事实上是舍本逐末，妄想着弯道超车。然而在人类发展的真实路径中，永远没有白走的路，走过的每一步都算数。

新工程创造更多就业机会

地区对产业波动的反应导致了劳动力市场需求的变化，这种变化是长久的，短期的职业培训政策并没有从根本上解决这方面的风险问题。以美国东海岸为例，工作时间 3 年以上的工人失业后，即使还能找到工作，收入也会减少20% 左右。更多的人运气都不够好，根本找不到与原来类似的工作。有证据表明，很多失业工人，接受再培训后可以拿到比失业前更高的工资，虽然很多人对这个现象持怀疑态度，但事实确实如此。把短期工作政策和再培训机会结合起来，打消年青一代、家长和学校职业辅导员对制造业职位的顾虑，才能消除人们对制造业工作不稳定、波动大的负面印象。在这个科学技术日新月异、全球化现象无处不在的环境里，想要成年人在一个充满变数的行业里对自身进行投资，就要采取一些制度上的措施，来降低所有投入到教育中的时间、精力和财务的风险。

《未来简史》《人类简史》等几本时下流行的书把未来设想成一个反乌托邦式的地狱世界，机器人已经取代了所有普通工作，大多数人类失业。上流精英掌控了世界，底层社会的人们生活在无助与绝望中。没有就业机会，人类的生活将变得毫无意义，最后导致人们吸毒成瘾、暴力行为和广泛的社会动荡。但始终有另外一部分人相信机器人将消除我们工作沉闷的一面，解放人类，让人类有更多的时间和精力去专注于更具挑战性的工作，最终构建一个整体更快乐和生产力更高的社会。

无论如何，工业 4.0 的成熟将影响每个国家和每个行业。它的发展目前看来主要受到四类具体技术发展的推动：高速移动物联网、人工智能和自动化、大数据分析以及云技术。在这四类技术中，人工智能和自动化预计将对全球劳动力中的就业人数产生最显著的影响。麦肯锡全球研究院最近发布的一项研究报告称，全球约 1/5 的劳动力将会受到人工智能和自动化的影响，其中英国、德国和美国等发达国家受到的影响最大。大多数公司认为自动化将减少其全职员工的人数，到 2030 年，机器人将取代全球 8 亿人的工作。虽然这些数字听起来令人沮丧，但它也可能只是代表了劳动力内部的变化，失去现有工作的雇员只要具备适当的技能，就可以承担更有意义的工作。世界经济论坛报告说，38% 的企业认为人工智能和自动化技术将允许员工从事新的提高生产力的工作，而超过 25% 的企业认为自动化将导致新职位的出现。

人们担心，第四次工业革命可能会创造一个反乌托邦世界。机器人夺走了我们的工作，拥有机器人的人和那些未拥有机器人的人之间会存在巨大的贫富差距。劳动力的变化和技术进步是正常的，任何发展中的社会都应当期待。自动化的关键任务可以消除我们工作更烦琐的方面，并允许人类员工专注于更有意义、更完整的任务。我们也看到了，机器能够取代的，是操作工、惟手熟尔的大国工匠的工作，无法取代工程师和科学家的工作。根据哥德尔不完备定理（详见《人工智能之不能》），我们知道人类的创造力正是在于我们怎样在已经让机器替代人类做无聊的工作之外找到适合人类自己的事情来做。而制造业这件事情是没有止境的，从工业革命早期到现在，人类得到满足的需求越多，新的需求也就越多。这就好比 NP 复杂问题，新的需求搭接出更多新的需求，而人类凭着直觉来创造的解决方案和需求也就越丰富。

MADE-IN-CHINA
MADE CHINA

智造 中国

动手与线下教育

一次跟伯内特爵士聊天，说到中国香港的经济问题，他说解决方案是"为人们提供工作"。

用香港人的老话说就是"手停口停"，尤其是对那些还在捡纸皮住劏房的老年人来说。还是拿中国香港和德国做比较，

2019 年香港人均国民生产总值 4.8 万美元，德国 4.9 万美元。但两地的生活质量差别却是有目共睹的。差在了哪里？人均与中值有数学意义上的差别，人均意味着看起来大额的数字其实是由金字塔顶端的人贡献的。我不禁想起《雪国列车》和《人类简史》中所宣扬的折叠了的社会。

我到牛津读书的第一天，系里的秘书问我有没有做过金工，有没有做过电子。北大物理系是没有金工的，电子我倒是在电子系学过一年。接着，我就被安排去金工车间做了一个月学徒工。这样训练的目的是可以跟系里的工程师高效地沟通。再后来到了伯克利做博士后研究，组里的美国学生动手能力极强，你跟他讨论物理问题就好。对于实验设备或技术，他自己会想办法解决。相比之下，我在芝加哥大学曾经有一个印度学生，能申请到芝加哥大学留学的印度学生理论功底是很好的。不幸的是，我们是做实验的，这孩子虽然每日忙忙碌碌，但实在没有独立完成任何实质性的工作。在美国，虽然好的教育资源没有给到动手能力强的工程师，或者，尽管缺乏德国式的工程师系统教育，但美国有很好的车库文化，这一点就比中国和印度强多了。

2010 年 10 月，我在美国买了小房子后就回了国。在我离开之后，芝加哥的严寒很快冻爆了房子的水管。水足足流了一个月，整个房子被水淹没。等我再回到芝加哥的时候，房子里面一塌糊涂。出于钱的考虑和实验物理出身的自信，我决定自己来修。于是接下来的一个多月，我频繁出入于建材超市，自己看说明书，修房子的水管、地板、墙壁。也因此常常会看到美国的家长们推着手推车，车里装着各式各样的材料，后面跟着不大的孩子给大人帮忙。挽起袖子干活，自己解决问题，小孩子们耳濡目染，从小就培养了自己做东西的习惯。美国家庭的车库里常常会有各种机械加工、电子设计的基础工具。当这些孩子长大了，开始在大学读书的时候，就已经有了很好的动手能力和解决问题的能力。从这个角度来讲，美国人在自己家里就完成了这些动手能力的训练。

在美国读书的中国留学生和印度留学生，在动手能力的训练上有着类似的弱势。对中国学生而言，成长于城市的学生几乎没有这种动手能力的训练和环境。对印度学生而言，能够到美国读书的学生家境一般都很殷实，是从小两手不沾阳春水的，只是专心读书考试的。所以印度有很多杰出的软件工程师，就像我们今天在人工智能上的优势一样。

大多数人并不担心这种系统的问题发生。这多少受到传统认知中"劳心者治人，劳力者治于人"的观点的影响。然而，在古代，读书是个稀罕事情，如今，数据生产都算不上是知识的生产，而是变成了一件普遍、充斥着冗余的事，我们越来越发现想法并不重要，怎么做出来才重要。简单的读书坐办公室已经越来越难在人工智能面前具有长久的竞争力。

作为生态系统的营造者和技术创新中心，AMRC 发挥了重要的作用：通过给企业、大学和其他组织机构提供最好的专业技术、基础设施、技能和设备，扮演开放式创新者的角色，在创新生态系统内把技术和创意由概念转化为商业成果。这使得企业能够参与技术研发和创新活动，从而拓展其内部知识、专业技能和自身资源。工程行业中最缺乏的人才都来自熟练技术领域，因此学校需要更好地培养那些有能力提出解决方案并解决实际问题的青少年。

罗罗公司主席伊恩·戴维斯（Ian Davis）爵士在皇家学会发表的演讲中表示：英国必须重新审视过去的教育政策，重新建造技术学院或其他能够改善职业学习的学校。相关课程必须根据行业的需求来制订，必须提供良好教育、培养能为未来高价值活动贡献力量的劳动力。延续工程教育中心的设计与技术课程、工程文凭课程、学徒制课程和职业课程，这些都可以帮助青少年追寻工程职业生涯，成为技术人员或由此进入高等教育，获得工程背景的高等学位。

2020年新冠肺炎疫情期间，清华的在线教育取得的成果很好，多半原因是清华的学生有很强的自我驱动力。古话说"名师出高徒"，但事实上，真实的情况可能是"高徒出名师"。清华学生的勤奋上进和聪明，逼着老师们孜孜不倦、夜以继日地进行自我提升。学生们不好哄，也不敢哄，老师们每次提心吊胆兢兢业业地备课教学，都是为了应对学生的优秀。基于这种基础的远程教育的成功是可以被所有高校和学生复制的吗？可能也未必，甚至对于清华自身而言，学校形成的氛围和压力，相比自己在家一个人学习、自我掌握节奏要好太多。一个人在家学习，时间久了就要经历所谓"慎独"的考验。我不知道我的学生能否做到，对于在学校教书的我而言，是做不到"慎独"的，总要起身翻腾点别的事情做，或者找点东西吃，所以身体会发胖。不过"高徒出名师"吧，也许真有高徒可以做得到"慎独"。与此类似，有多少人在一个人居家奋战的环境和在线教育方式下，可以长期坚持下去呢？学习大多数时候还是辛苦的，能够甘之若饴的人还是少数。所以这种经验怎样复制，多大程度上可以借鉴和参考，或者怎样参考，这些问题在疫情之后的新时期是值得人们深入研究的。

从传播知识内容和知识点的方式来看，慕课教育具有足够的灵活度和深度，利用得好恐怕也是刷题应付考试的好办法。然而记忆知识点是学习的全部吗？有一个著名的语言学实验，实验就是给正在学习语言的美国婴儿放中文电视，看婴儿能否掌握一定的词汇和说话能力。结果完全出人意料，婴儿没有任何迹象表明学了哪怕一点点中文。作为对照实验，讲中文的是婴儿身边的保姆，实验者会看到在相同时间内，婴儿会掌握基本的中文沟通语句。我曾经以为在线教育也和给婴儿放电视节目一样，使学生学习新东西的能力大打折扣。但疫情期间的在线教育完全否定了这一点，原因大概是互动在教育中起到了关键的作用。

这一点也可以从学生和学者之间漫无边际的聊天中得到印证。牛津的学生所生活的一个重要场景是学院和系里的公共空间（Common Room），在这些公共空间里，学生和教授、学者与学者之间以一种轻松的形式展开对话，咖啡和啤酒通常是这种对话中引起停顿和思考的媒介。通过这种对话，参与者往往可以很快提纲挈领地进入一个新的知识领域，相对于浩如烟海的读书、在线看视频的学习而言，这种方式有时效率会更高。重要的是，这种对话促成了每个参与者对自己所研究课题的深入思考，因为很多时候你不得不把自己所理解的知识以不通过ppt的非正式的方式解释给别人听。更进一步来说，这些场合也是新的灵感和火花的爆发地。至于人类为什么会这样，沟通怎样促成了新的思想和创造，沟通是否需要常识，常识是否可以被足够的大数据所取代，这些都将会是一系列有意思的新命题。

因此，大学可能还是要致力于创造"大唠嗑"的师徒环境，而不是仅仅满足于知识内容的传播，因为这件事情，慕课确实可以做到，甚至更有效。

你有没有想过这样的场景，虽然有些人没有进入校园读大学，但他们可以通过慕课来共享这些大学的课程内容资源，甚至因为疫情，很多已经被大学录取的学生都不得不这么做，这样的大学生活将会怎样？学校氛围的另一个意义就在于此。为什么毕业很多年后，记忆中重复最多的是博雅塔和未名湖，师兄弟见面聊得最多的是燕南食堂和五四操场。如果上大学只是来学习某一行业的知识内容的话，对于这些身为校友但不是同一专业的人来说，他们之间几乎不会有任何的共同语言。那么慕课会成就一代没有同学的大学生吗？这种对大学生涯的回忆，未来还有没有必要存在？或者说这种校友关系建立起来的亲密，这种不能通过一起上过某一门在线课程来建立的亲密，是一个旧时代的模式，还是由人类本身所决定的。这一点我并不清楚。有数据显示，疫情期间患抑郁症的学生的数量是上升了的，这里面包含大学生、中学生甚至小学生。从这个角度来讲，学校氛围至少可以在一定意义上舒缓和减少个人独处时的精神压力。

　　写到这里，答案就呼之欲出了。我们认为慕课和在线教育使得教育更为便捷、教育资源更为公平地被全社会共享。但慕课教育似乎更局限于知识内容本身，更适合为从事某种工作而进行的职业教育，在短时间内让人掌握某个行业的基础知识。甚至在自学能力强的人那里，这些人是永远不缺的，慕课教育能够成为足够好的工具。而大学，更重要的是帮助学生建立良好的学习习惯、塑造完善健康的人格和掌握与人沟通的这些作为人类群体的基本技能。这一切，又回到了本科教育是素质教育而研究生教育是职业教育的这一命题。

　　当我们谈及工程师教育的时候，尤其是讲新工程教育的模式的时候，我们会惊讶地发现，理科和文科课程中一大部分内容可以批量复制、一个教授可以给五百人上课，或者通过慕课给几万人在线上课。但工科这种强调动手能力的课程却不能这样批量复制。比如操作车床，即使是从最简单的、最重要的安全课程入手，也需要一个师父带几个徒弟，工科有太多的技能知识不能形成说明书来批量复制。从这个角度来讲，过去三十年的中国高等教育，我们培养了太多可以批量复制的读书人，而现在要转向工程教育了，老师们在哪儿？哪里来这么多可以"手把手"教工程专业学生的老师？

MADE-IN-CHINA
MADE CHINA

大学学徒制：工程教育的新模式

伯内特爵士

　　两个世纪前，当地人民创办了谢菲尔德大学，希望本地的工人子弟也可以在这个工业城市接受最优质的教育。如今作为校长，对于谢菲尔德大学今后能否继续履行这一承诺，我感觉自己肩负着重任。

　　我自己也是一位身处英国高等教育重大变革浪潮中的大学校长。如今有一半的中学毕业生会选择读大学，继续深造意味着他们需要支付高昂的费用。与此同时，大学也逐渐被市场化，教育被定义为"个人投资"，年轻人被身份和品牌所吸引，对"好"大学趋之若鹜。许多家庭都认为，传统的大学学位是通往成功的唯一途径，而三倍于以前的学费意味着他们需要担心毕业之后如何偿还这笔开销。此外，英国脱离欧盟将对高等教育产生巨大的影响，这在部分高校中已经有所显现，假以时日，对其他学校的影响也将显露无遗。

　　但是我们真的给了年轻人他们所需要的吗？脱离欧盟之后，英国的未来又将走向何处？那些前途光明、充满希望，却因无力承担高昂学费而即将止步大学的人又该怎么办呢？还有那一半没去上大学的中学毕业生呢？我非常担心这些问题，而且我认为大家应该都会担心。我不只是一位大学校长，我还是一位家长，我在南威尔士贫困的废弃采矿山谷里还有亲戚。同时，作为一名教师，我也关心我们所教授的内容是否正确。

在我的职业生涯中，我先后在科罗拉多大学、帝国理工学院及牛津大学教授物理学，而且在牛津大学教书 20 年（我之前在牛津求学时接受过奖学金资助，但当时的资助系统与现在的系统完全不同），有幸结识了许多青年才俊。我亲眼见证了大学是如何改变人生的，所以会尽我所能地去保护好它。

我并非是大学制度的"自然保护论者"，我要保护的是能培养人才的大学制度。如果我们想要满足年轻人所需，我们首先得好好考虑需要做什么。有些年轻人无法叩开一流大学之门，或者无力从事对财力和天分都要求颇高的职业，我们不能仅为他们提供一些低投入却不适合他们能力发展的出路。

下面我将介绍如何创建一种满足工业需求的新型学徒制，这种制度将为无法接受传统高等教育的人开拓新的出路，帮助他们通往充满无限可能的世界。这一制度的闪光点在于，研究型大学与企业进行有效的深度合作，采取新的职业教育方法。

奥格里夫：从工业衰退到"英国北部振兴计划"

说到英国工业衰退，必定要提及南约克郡矿工与警察对抗的"奥格里夫大捷"事件。从 20 世纪 70 年代开始，全球钢铁生产变革引发了大量的后遗症，第一次工业革命中建造的矿区被拆除，对以煤炭开采为生的社区造成重创。此前的普通英国人"高中毕业即可就业"的既定工作路线不复存在，众多工作机会消失。面临困难和挑战的本地制造业公司包括历史悠久的卡特勒公司（Company of Cutlers）都曾资助过谢菲尔德大学，也出资建造了美丽的市政厅以及矗立在商业街等街道旁的华丽建筑。

那么在你的设想中，今天的奥格里夫是何模样？是矿渣堆，是萧条疲软的社区，还是健康状况差、失业在家的社区人民？你可能不会将其设想为一个世界领先的研发与创新园区。

实际上，经过 10 多年的投资，谢菲尔德在大学 AMRC 现已发展成为一个完整的创新园区，有崛起的制造业"臭鼬工厂"（Skunk Works）[①] 之称，其中尖端大学研究与超过 100 家工业高科技有合作关系，合作伙伴包括罗罗、捷豹路虎、麦卡伦、波音、西门子以及英国宇航公司等知名企业。这是 2007 年至今我在谢菲尔德大学担任校长时所见证的。AMRC 以英格兰北部制造业的潜力为依托，并以人们从未想象过的方式重塑自身。

那么这一切与年轻人又有什么关系呢？因为现在，制造业

---

① 洛克希德·马丁公司（Lockheed Martin Space Systems Company）高级开发项目的官方认可绰号。——编者注

主要是在资本密集的环境下进行的，廉价劳动力已不再是优势，全球竞争优势源于高科技以及价值链的创新。公司若与大学研究相结合，便会接到更多的订单，也会实现扩大规模的愿望，这就要求对符合要求的技术工人进行投资。

两个世纪前，谢菲尔德市的工人纷纷捐资建大学，为他们的孩子接受高等教育创造机会，为当地经济发展提供助推力，最终才促成了如今的景象。谢菲尔德已经有两个以应用工业主导研究的技术创新中心，AMRC 和 NAMRC。AMRC 主要研发并测试新型飞行器以及能源方面的技术，并助力未来工厂的建设。AMRC 拥有世界上首个完全可重构的工厂，其配置可实现不同高价值组件间的快速切换生产。工厂也一改以往的铸造厂或油渍抹布的形象。这座工厂外观呈圆形，远看像一个飞碟，厂房的外壁是宽大的落地玻璃。工程师在前卫的工厂车间内作业，车间内的机器在自动导航车的控制下移动，机器人在设定的程序下有条不紊地工作。

除此之外，专门设立的 AMRC 培训中心为年轻人提供了一条通往大学的高质量职业道路，培养雇主所看重的技能与文化。该培训中心始建于 2013 年，目前正为 600 多名年轻人提供世界顶级的工程培训课程。在他们的家乡，这些年轻人往往 16 岁之后就无法继续接受教育。培训中心配有一流的硬件设施，所学课程均由临近技术创新中心的合作公司直接提供。学徒从 AMRC 培训中心毕业后，会直接受聘于各种制造公司，上至全球的顶尖集团，下至当地的高科技供应链公司。毕业后，人人都有工作，因为他们现在所学习的正是与未来工作相关的技能。人人有钱赚，人人无负债，每个人都在实现自己的梦想。

未来工程师的崭新路

最近，学徒制职业教育已经成为政治人物讨论的主要话题，伦敦的部长们敦促我们寻找新的社会流动路线，帮助提高英国的生产力。

但是警钟已经敲响，我们必须正视。投资职业教育、让学生掌握可助力公司成长的技能，才能实现从国外引进生产力、让制造业回流的愿望。但前提是要有质量保证，以确保职业教育能够成为运用最新技术的工业合作体系中的一环。如果我们所做的一切，都只是铺设了一条不知通往何处的道路，甚至用廉价劳动力来取代现有的工作岗位或毕业生的就业机会，那我们还是一事无成。

AMRC 培训中心的学徒制职业教育，并非是为考不上大学的人所提供的备选之路。这条路线是要培养国家迫切需要的工程界人才，这一点业内皆知。对于那些依靠自身的技术知识领先世界的公司而言，拥有置身于富有研究价值的生产力价值链中的学徒才是未来成功之关键。公司需要具有未来所需技能的学徒制学生，也愿意投资培养并留住他们。

至于谢菲尔德大学，对学徒制职业教育的投资反映了我们的核心宗旨以及对社会的责任，而且这一方向会比其他方向需要更多的投资。我们让人们相信，职业教育绝非是死胡同。相反，它为年轻人提供了广泛的选择，为其打造了良好的职业发展开端。我们也正在竭力促成由企业赞助的制造工程学学位，同时，我们也在尝试拓展法律、管理、医疗工程等其他职业发展的渠道。

我们给年轻人提供训练并操作机器人的机会，同时他们也可以参与未来产品的工程设计，而以前只有那些"科班出身"的人才能做到这些。他们将深入当地的中小型企业中，这也将有利于重建社会。人们需要的不是夸夸其谈，也不是纸上谈兵，而是实际行动。大学、学院及公司需要的不是没完没了的会议去讨论那些贫穷工人阶级白人男孩的境遇，它们需要行动起来。在我们所接收的学徒中，有些是家中唯一有工作的人。他们也很聪明，他们雄心勃勃，他们不想一直贫困下去。

英国许多顶级大学都已在研究及创新领域与国内顶级企业合作，我们也应鼓励这些大学同时提供更多高质量的职业教育学位。那么，这样做的障碍有哪些呢？

首先，职业教育的质量难以保证。有时我希望可以用一个更好的词来代替"学徒式职教"，这个新词所表达的，不再是学生质量低下，不再是他们所接受的教育课程资金不足、技术过时、无法提供就业机会。现在，对学校来说，向政客许诺让几千名学徒注册上课，再在报纸头条上造势宣称成功，太容易了，尽管最后还是会有三分之一的学生将来会中途退学。这一行为背叛了雇主，背叛了年轻人。我们试图让职业教育路线和学术教育路线受到同等重视的努力也因此而大打折扣。

谢菲尔德大学提供世界领先的学位学徒制职业教育，既能满足行业需要，也能满足年轻人的需要。英语的 apprentice（学徒）一词源于法语 apprendre，意思是"学习"。在谢菲尔德大学，学徒与其他学位路线的学生地位平等，也会以同等荣誉毕业。我们的培训中心挑选的是合作公司，并非学生，这样才能保证我们所有的学徒都能有工作，并接受货真价实的业内培训。即便发生预料之外的事情，例如某个公司时运不济或陷入危机，也会有其他公司知晓我们培训教育的质量，并继续接纳这些学徒。尽管工业不甚景气，但到目前为止，我们的学徒岗位都未曾遭到冲击。

其次，还存在内部障碍和系统障碍。尽管人们总说要扩大高等教育对工程培训的参与度，但大学排名根据的却是学生入学考试的分数高低，而非毕业多年以后的最终成就。这一现象亟待改变。大学排名是高等教育系统市场化的祸根，考虑到高校自己的排名，我们不愿接收弱势背景的学生。我们要做正确的事情，便需承担其带来的冲击。

最后一层障碍，便是老生常谈的成本问题。我们知道，职业培训的开销不低，而且我们向学生提供的培训课程不应是廉价的。我们不会因为成本问题就提供技术资质低劣的培训。我们对此进行投资，因为这种做法是正确的，而且我们不会自降标准。这种状况不应该由高校独自面对，政府不仅应对有大学参与的高等职业机构提供财政支持，还应对高质量的办学给予奖赏。

我们的教育体系为谁服务

我之前曾说过，谢菲尔德大学的建立，是要为工薪阶层的孩子提供最好的教育。那么，当今的大学又是为谁服务呢？

谢菲尔德大学 AMRC 的学徒制职业培训十分有启发意义，其他机构纷纷效仿。英国宇航公司正在与我们洽谈在西北地区再建一所培训中心。波音公司与我们合作，支持其在美国俄勒冈州开展类似的教育业务。我最近接待了剑桥大学校长，他想知道，在科技技能不足、失业率极低的地区，这种模式该怎样培养技术熟练而又富有创造精神的劳动力。从伯明翰到韩国，全世界都对我们的学徒模式感兴趣。

我们也正商议在威尔士建立合作中心，提供高质量的学徒制职业培训。这对我个人来说意义重大，因为这使我想起了自己的家乡——坐落在南威尔士的一个矿区。这也使我想起了父亲关于职业技术技能的教导：将学术与实操分离不仅使英国工业受到损害，也使威尔士的社区遭受重创，能提供体面工作和培训的行业，都不复存在。

最近我去 AMRC 培训中心参观，看到有一群年轻人，他们并没有穿着印有赞助公司商标或我们大学校徽的蓝色 T 恤，而是穿着红色短袖衫，正和工程师教员一起工作。我便走过去跟他们交谈，发现他们是从当地的就业服务中心得到信息，过来参加短期培训的。在我们交谈之际，这些年轻人向我展示了他们的学习成果。每个人都热情洋溢。我能明显感觉到他们在掌握新技能之后的自豪。教员告诉我，看到这里的每位年轻人都潜力巨大，他大为感动。他给了这些年轻人严格的、棘手的挑战，最后所有人都成功通过了考验，并且还想要迎接更多的挑战。这些少数的年轻人只是机缘巧合才来到我们这里参加学习，但从此迈入充满新机遇的世界中。还有多少年轻人仍闲坐家中，无所事事？我感到了沉甸甸的责任感。我们这些教育工作者，我们的社会，不应该让这些年轻人对未来感到失望。

我们需要仔细想想应怎样利用宝贵的教育资源。我不想通过提高大学的收费门槛来降低大学成本，或是保证精英学生的质量。我想要全社会的年轻人都能得到机会，满足他们真正的需求，使他们学到的技能经得住推敲。

对于学术型研究与应用型研究二者的划分，社会上的误解根深蒂固，我们要向其发起质疑，让其做出改变。我们也急需使经济重新趋于平衡，从而能够对年轻人的教育进行长期投资。要知道社会与我们都需要他们的技能，以此来创造英国的竞争优势，特别是在脱离欧盟后设法生存。经济平衡，我们才能重新得到工作，恢复工业，驱动创新，建设大型基础设施，促进对外出口。

　　我所期望的高等教育领域的未来是怎样的呢？我希望高等教育能为年轻人提供更加多样化、更高质量的发展道路，学生可以选择对自己未来有所帮助的课程。我希望对学生资助的系统不是建立在高等教育私有化的债务上。我希望学生能够既学到技能又不用去背负家庭无法承担的债务，在繁荣的经济中，他们可以积极申请提供培训的工作岗位。未来如此，谢菲尔德才能像轮船的发动机一样，成为英国经济最重要的部分，成为英国北部振兴计划中的工业中心；未来如此，才能满足英国其他地区的需要。

　　浪费年轻人的潜力，是最大的损失。为了我们的学生、学徒，为了我们自己，为了今后的繁荣，为了建设更美好的未来，我们必须如此。

工程思维的核心——务实主义

　　现代科学的走向，首要的就是务实主义。它所聚焦的是人类灵魂深处自我正义化的初衷。每个人都把自己的选择正义化，这是与生俱来无法回避的，人们会想方设法努力证明自己是对的。这就难以避免会产生一个后果：通过立场来找证据，通过观点来筛选材料。但《量子大唠嗑》这本书就指出，物理界第一个不同意上述观点，相反，作为检验人类思想的第一道标准，实验提供了唯一的尺子，"实践是检验真理的唯一标准"。这还不够，《人工智能之不能》这本书接着又补充说，不用实验验证的人类思想本身，也存在天然的不完美，不能代表绝对正确。因此，没有人或理论可以代表永恒的真理，别说代表，永恒的真理本身就是个伪命题。务实主义把事实放到了绝对优先的地位，"树立起来某个理论就是为了推翻它"，后浪推着前浪，科学界形成了老师笑着看自己的学生把自己当年的理论推翻的宽容风气。对事不对人，对人我们还是尊重的，只不过这是科学的传统。我爱我师，但我更爱真理。由此延伸出来，人们以为"科学"就代表了真理了，这无非是将旧的绝对真理的思维方式套用到科学上。当人们发现科学的结论不能够解释所看到的事情的时候，就认为"科学的真理"错了，又回到老祖宗那里去拜神。这恰恰是扛着"科学"的旗帜反科学了。科学本身就不是静止的结论，科学只是个方法论，只是在所有的方法论中，它目前看起来是最有效和最靠谱的。

《量子大唠嗑》和《人工智能之不能》这两本书是用当下流行的学问来讲科学的态度和治学的方法，试图让人们意识到，即使我们喜欢用科学名词说事情，也并不意味着我们领悟到了科学精神。许多看似科普的行为和科幻著作，无非是升级版的《封神演义》，故弄玄虚罢了。这一点很重要，因为只有我们抛弃了绝对真理的思维框架，能够聆听"自我正义化"之外的声音，我们才能怀有平常心去接受现代文明。这是不容易的。这条路，从胡适开始直到现在，对这个古老文明来说，并没有走完，甚至，开民智和现代化的工作并没有完成。

历史回看时，2020 年对现代中国而言也许会有些特殊的意义，胡适那个年代太早，这个工作现在来做也不算太迟。

务实主义产生于 19 世纪 70 年代，在 20 世纪初成为美国的主流思潮，对法律、政治、教育、社会、宗教和艺术的研究产生了深远的影响。其思想根源可以上溯到英国大宪章时代，而这大宪章又朴实得一塌糊涂，无非鸡毛蒜皮几百条法则，订立几百年以后提炼出来最重要的一条算是"王在法下"[①]，但这也成就了务实主义的思想根源。

非理性主义是唯心的、柔性重感情的、凭感觉的、乐观的、有宗教信仰和相信意志自由的，理性主义是唯物的、刚性不重感情的、理智的、悲观的、无宗教信仰和相信因果关系的。务实主义则是要在二者之间找出一条中间道路来，是理性主义思想方法与人类宗教性需求的适当调和。

务实主义者忠于事实，但不反对神学的观点。如果神学的某些观点证明对具体的生活是有价值的，务实主义者就承认它是真实的。务实主义将哲学从抽象的辩论，落实到关注个人的细节，但仍然可以保留宗教信仰。务实主义承认达尔文的进化论，又承认宗教，既唯物又唯心，不承认二元论，而事实上是多元论的。总结下来，务实主义有如下的主张：

- 知识是控制现实的工具，现实是可以改变的。
- 实际经验是最重要的，原则和推理是次要的。
- 信仰和观念是否真实在于它们是否能带来实际效果。
- 理论只是对行为结果的假定总结，是一种工具。它是否有价值取决于是否能使行动取得成功。
- 人对现实的解释，取决于现实对他希望获得利益有什么效果。

---

① 英国《自由大宪章》的签订确立了"王在议会"和"王在法下"的原则，即英王的权力并非是至高无上的，它只能在法律的约束下行使权力。——编者注

● 强调行动优于教条，经验优于僵化的原则。

《量子大唠嗑》之后

量子这东西可能并不是你想的那东西，敌人的敌人未必是你的朋友。最近看到某业界退休大牛到处在讲量子科学和佛学，也不断有朋友转来他的言论让我评判。我只能说，扛着科学的旗帜反科学，是很多受神秘论的影响坏了脑子的人的普遍沉疴。

佛学呢，我本来是很尊重的，按钱穆的讲法是有"温情的敬意"，但你不可以滥用这种敬意。我想，你至少知道科学的基本精神的第一条是，有一分证据说一分话，另一条是大胆假设，小心求证。别的人可以说，但你不可以这样说，因为你的说法会被其他人引证，因为你肩负着"科学家"这个名词的责任。在一定意义上，公众会以为你代表的是科学共同体。

关于量子呢，我们确实发现了不少跟经典理性不那么一致的地方，例如不够客观、不够实在，但这些不一致的地方都还是按照严格的科学方法证实的，因为我们有足够多的证据来证明，迄今为止，一切都还好。它确实启发我们，我们的理性认知和自然之间可能会有些不一样，所有的事情才刚刚开始，我们缺乏足够的工具和证据，告诉我们怎样往前走。但你非要先知般地，老朽般地说要上山跟佛学碰在一起，和尚们已经在山顶上等着了。这个没有证据，如果是猜测，别的人可以说大胆假设，但你作为科学家要注明这只是你个人的猜测。

我所认识的很多物理学工作者都有自己的信仰，但是大家把这两件事分开了。信仰归信仰，恺撒归恺撒。信仰是不需要逻辑的，至少中间的很多步骤是可以通过神秘论来代替的，但科学不是。科学就是这样的一个笨办法，有一分证据说一分话，进一寸有进一寸的欢喜。当年，路易·维克多·德布罗意（Louis Victor Duc de Broglie）提出波粒两象性的时候，在自己的论文里明确说了这是猜想，甚至不愿意用波动性这个词，因为缺乏实际的证据。虽然证据很快就有了，但这至少应该是个好的典范。如果你觉得这两件事之间真的有关系，至少要给出一两个能够证伪的证据，以物理学工作者的科学训练来看，这应该不是一个特别难以区分的事情。

所以呢，《量子大唠嗑》是一本好书。它至少说明了科学的核心要义，这当然包括量子科学：科学的核心在于务实主义，它是研究问题的一个方法。这个方法就是：细心搜求事实，大胆提出假设，再细心求证。一切主义，一切学理，都只是参考的材料，启示新思维的材料。有待证明的假设，绝不是天经地义的信条。体验主义注重具体的事实与问题，不承认根本的解决方案，只承认一点一滴做到的进步。一步步充满智慧的指导，一步步勤苦的实验，才是真的进化。实验的方法应至少注重三件事：

- 从具体的事实与环境下手。
- 一切学理，一切知识，都只是待证的假设，并非天经地义。
- 一切学理都须用实验验证过。

实验是检验真理的唯一试金石。第一件事，注意具体的情境，这可以使我们免去许多无谓的假问题，省去许多无意义的争论。第二件事，一切学理都看作假设，可以解放许多"古人的奴隶"。第三件事，实验，可以稍稍限制人们那上天入地的妄想冥思。

对比之下，神秘论是这样的：

- 信仰绝对真理的存在。
- 信仰绝对权威。
- 所有证明都是为了证明绝对权威掌握绝对真理。

神秘论是一套与务实主义有着本质区别的认知体系。神秘论还有几个小特点：特别爱用比喻，而这些比喻通常是双盲的，这个也不懂，那个也不懂；特别喜欢拉科学站台；特别喜欢万能钥匙，新名词满天飞；特别喜欢颠覆；还特别喜欢阴谋论。从另一个角度来看，老年人有老年人的紧张，老年人对死亡感到恐惧，他发现所有东西都将在突然间不属于他，因而他不愿看到任何东西离他远去。因此人一旦到了老年，就会显得贪心而小气。他们充满了舍我其谁的自信，一点儿也没有成功不必在我的雅量，总觉得他一遽归道，天下就无人救了！

孔夫子却早就看到这一点，因此他劝老年人"戒之在得"，换成白话就是："你们这些憨老汉还是休息休息吧！"但是话虽这么说，贪得之心即使是说大道理的圣人也在所难免。以劝人"戒之在得"的孔夫子本人而论，他说自己"道不行，乘桴浮于海"，于年轻人有益的，还是行之于海吧，不送。

《量子大唠嗑》成书中和销售后，都有朋友发来帖子让我看看量子是不是跟佛学有关系，以此来证明被现代的理性打倒的旧文化有了新盟友。我可以很负责地说，对不起，没有一丁点儿关系。那是不是跟意识有关系呢？我只能说可能，但现在还远远谈不上，中间缺乏的证据太多，我们只能有一分证据说一分话，任何夸大的猜想，都需要实践和时间的一点点检验，检验一点，就有一点欢喜。

《量子大唠嗑》本来就是打算写给正在读书的年轻人的，它的道理可以很浅显，只告诉年轻人怎样去追求思想的自由。它的内容也可以很深刻，看到人类理性的自然缺点。但这缺点并不是弊端，也不会掣肘，看清楚了便知其可为也知其不可为，只有这样我们才能获得更大的自由，而这自由，才是源于人类内心的。

什么？你学的科学不是科学？

《九阴真经》是本神书。没有它，江湖武林将沉寂在少林长拳对付韦爵爷的王八拳的局面中。这对于人类社会来说是有着惨痛教训的。从公元前 4000 年到公元元年前后，古埃及的文明程度不亚于中国的清朝中叶，然后就没有然后了。中国古代文明从公元前 2000 年到清朝中叶，然后就有然后了。

法国思想家伏尔泰说："自然和自然界的真理隐藏在黑暗中，上帝说，让牛顿去吧！"于是人类有了现代文明，有了科学方法论。抛弃了对上帝的绝对信仰，才两百年的时间，就建立了对科学的绝对信仰。尤其是对于我们的东方文明，本来有皇帝和列祖列宗的绝对权威罩着，一下子却不灵了、积贫积弱了。对新的、灵的、原来如此的新信仰就格外推崇，抛弃了列祖列宗的权威，建立了新的科学的权威体系。

从牛顿之后，科学翻起来上半部，无疑是成功的，摧枯拉朽地捅破了三四千年来的魔咒，把人类带到了现代。各种学科门类纷纷建立起来，人类开始相信我们认知的世界是无限的，世界无限可分，唯心是邪教，唯物不太对的时候，加上了辩证就可以解释一切。回溯我小时候学习过的书本，篇篇都是讲这样的普遍真理。似乎只有背会了就好，谁背得多快好，谁就越接近不败的真理，从而获得人生的成功，人类的胜利。所以，凡是逻辑的、理性的、科学的就等于真理的、崇高的和正确的，凡是直觉的、经验的、主观的，就成了残旧势力的代表。但科学一旦把自己变成了真理的代言人，就给自己找了麻烦，如同《笑傲江湖》里黑木崖的教主，当教主的固然一呼百应、万众归心，但仙福永享的机会少之又少，很快他就成了众矢之的，被人推下台来。

从梅超风到周芷若，他们练的《九阴真经》无疑是武林绝学，但如果只练上半部，就会走火入魔练成九阴白骨爪，把脸练得黑黑的，1984 年版《射雕英雄传》里的梅超风构成了我小时候的心理阴影。梅超风夫妇练的这邪门武功只是半部书，虽然说半部书治天下，但这半部书对人的身体有着极大的损害。当《九阴真经》下半部出来的时候，人们才恍然大悟，原来这才是更好的武林绝学。练武功不仅要胜于他人，更要修行自身。

1900 年前后，牛顿体系的科学渗透到了人们的好奇心所引导的所有地方。各种科学都建立起牛顿式的理论体系，有假设有逻辑推演，有现象有结果，一切似乎都在康庄大道上阔步前行。人类科学的大厦已经建立起来，21 世纪之后的科学家就是做些修修补补的工作，我们必须知道，我们必然知道。戴维·希尔伯特（David Hilbert）代表科学界跨世纪的宣言不是说着玩的，也不是吹牛，这是牛顿之后的 200 年间人类建立的新信仰。

不是欺师灭祖，爱因斯坦是这上半部科学的集大成者，"老家伙不掷骰子"。我们在今天的小学、中学和大学的课堂里，只教这上半部。然而，没有下半部的《九阴真经》其实是邪门武功，科学也有下半部的。

20 世纪二三十年代，诞生了量子力学和哥德尔不完备定理，这神奇的 10

年间，科学揭开了下半部的面纱。有了这下半部，科学才不至于残缺，才不会因为回答不了所有的问题而让人怀疑，进而让人怀疑真理，才不会让科学成为代表绝对真理的"科学教"。简而言之，所有相信真理存在的理论都不是 20 世纪 30 年代之后的科学、都不是科学的下半部；所有言之凿凿、不容置疑的权威都是威权的代言人，他们不讲科学也不懂现代科学，只是换了个面具的牛鬼蛇神；所有对静止永恒的追求和对真理的追求都是值得怀疑的，它们听起来很好，但人类每个独立的文明都证明了，它们只是把人类困在了某个文明的瓶颈处，囚禁在了不能再发展的牢笼里而已。法老这样，列祖列宗这样，上帝这样，"科学教"也是这样。

科学的追求无非是：树立起来一个新的理论体系，只为追求对自然更好的解释，因为新的证据的发现而推翻它。科学工作本身就是行为艺术，它不代表真理，它只是代表追寻真理的靠谱的路径，同时有着推翻了再重来的佛性般的虔诚。正是这样谦卑的特质，使它成为人类迄今为止手里最好的工具。我知道我的剑有点破，但它是我的剑。

所以《量子大唠嗑》和《人工智能之不能》这两本书，名曰写量子，写人工智能，其实写的是科学的下半部。这对于我们这个文明中的人们，理解起来多少有点辛苦，因为上半部的普及还处在磕磕绊绊中，但敌人的敌人未必是你的朋友，下半部的科学让科学更完善，虽然完善本身是个有缺陷的定义。

但这才自然，才跟我们的切身感受更接近，毕竟，我们是靠"人"自身的直觉、感性来理解世界的。

这，才是人的伟大。

哥德尔不完备定理和人工智能

克里特岛是希腊最大的岛屿，自古以来就成为希腊人孕育好奇心的温床。在一个古老的寓言中，一个名叫埃庇米尼得斯（Epimenides）的人为他父亲放羊时在克里特的一个山洞里睡着了。他睡了足足 57 年，醒来时，为了掩盖他的偷懒，他说这个洞是宙斯的神圣之地。从此，埃庇米尼得斯古怪的沉睡赋予了他先知的能力。

他说："所有克里特人都是骗子。"显然，由于埃庇米尼得斯是克里特岛人，因此，他自己也是一个骗子。但是，如果他是一个骗子，他说的就不是真的，因此克里特人是诚实的。这意味着埃庇米尼得斯的声明也是诚实的，因此克里特人是骗子。因此，我们可以继续讨论下去，埃庇米尼得斯说的这句话究竟是真的还是假的。

在人们的生活里，这样的问题也会有，只不过人们往往在潜意识里就把它忽略了。人们可以很快意识到这个问题可能不那么重要，即使重要，也没有什么解决办法，于是就随它去。奥地利数学家库尔特·哥德尔（Kurt Gödel）在数学世界中精明地借鉴了类似的悖论。他的不完备定理称，在任何并不矛盾的数学系统中，都会存在某些陈述，尽管这些陈述是真实的，但它们在系统中是无法被证明的，换句话说，它是站不住脚的。简而言之，哥德尔用逻辑的方法把这样一个陈述转化为在逻辑系统中可证明的命题："一个定理声称它不是可以证明的。"如果定理是可以证明的，则系统显然是不自洽的，它存在矛盾，因为定理是可以证明的，并且不能同时证明。另外，如果定理是不可以证明的，那么就意味着它必须是真的，因为系统不存在矛盾之处。因此，一个自洽的系统是不完备的，因为它将永远无法从已知的公理中推演出它所在的系统中所有真实或虚假的命题。

数学界真实存在不止一个这样的依靠直觉存在的事实。它们存在，或正确或错误，但都无法证明。这里需要注意的一个关键点是，数学系统被设计为自洽的，系统就永远无法证明某个陈述是否真实。相反，人类的思想，是可以在数学系统之外运作的，总是能够认识并验证这些事实。

关于哥德尔的定理是否意味着强人工智能不可行，几十年来各种学术流派之间一直存在争议。我们这里谈到的强人工智能系统，是指那些可以应用于解决任何问题，并表现出人类思想和意识的系统。而弱人工智能系统则处理具体的、定义狭窄的问题。有一条推理路线是，由于人类的大脑可以执行数学，一个强人工智能系统可以模拟人类大脑的建模活动，因此它也必须有能力进行数学抽象。根据哥德尔不完备定理，真实的陈述可以存在，但机器无法判定其真假，而人的大脑可以。因此强人工智能是不可能被创造出来的。当然，这些辩论充满了细微的差别，而上述只是一个删节的版本，详见《人工智能之不能》这本书。

同时，几个世纪以来，我们开发了大量的逻辑结构来构建学术理论，以便系统地引导人类的智慧来解决相关问题。这些正式的系统基于基本公理，并通过逻辑一路构建复杂的知识体系，在此基础上进行叠加推理，从而把从宇宙中得到的纷繁复杂的规律整理成为人们可以认知的知识。

随着计算机的出现，这种方案可以实现半自动化了。基本假设可以从书本上获得，被翻译成正式的算术逻辑结构，送到机器里，它就能自动吐出所有真理性的结论。这些结构决定了机器解决问题的根本方法。随着廉价计算能力的出现，人们可以利用机器，尤其是图灵机，来发现我们周围的世界，这也成了科学界的普遍做法。例如，人工智能这门学问已经存在了五十多年。在过去，人们要让计算机的使用产生有价值的结果，就必须为其指定规则。如今，我们有了可以让机器自身去掌握一些规则的算法。

这些算法与具体的学科无关。一个计算机程序，可以用于发现疫情有可能的变化，也可以用于计算卫星围绕星体运动的各种轨迹，还可以通过大数据发掘信用卡欺诈。机器学习模型的非参数化集区别于有限的公理，可能不会出现自洽性或完备性的问题。因此在人工智能的领域里，围绕着一个机器是否需要像人类一样严格思考，它是否可以借助概率来绕开逻辑的相关讨论，也一直是学术界激烈争论的焦点。

但是，机器学习通常侧重于相关性而不是因果性。在多数情况下，这样做并不能让人放心。人们希望有一个公理式的标准模型来描绘事实的关系，如数据可以破译一些医疗手段的复杂模式。利用机器学习，医生可以处理病史，同时考虑各种医疗干预及其对症状的影响，这反过来又可能促进新的药物的研发。但如果无法掌握数据的基本因果关系，就有可能导致发现不了起作用的真实模式，导致医疗过程中做出错误的推断。

此外，考虑在机器学习中应用博弈论这个问题。一段代码的目的是通过自适应预测对手的下一步行动，在此情形下，一方的行动导致对手发生特定的反馈，反过来又影响自己的策略。用计算力暴力求解在这种场景下会有用吗？博弈论有可能会带来新的启发，人们试图进入对手的角色并把决策合理化。AlphaGo 就是这样的一个策略，它使得一个传统的计算复杂问题变成了有限时间内的可解问题，我不需要跑得比熊快，只要跑得比你快就好。

在两种方法的正确组合下，自适应机器也许能够在经验模型和公理模型之间实现切换和优化，从而得出最优的结果。顺便说一句，人工智能在理论建构方面并没有多少建树。在理性主义与经验主义的古老争论中，这个时代的人工智能只是在一路加强我们的经验能力。

不过，想象一下，即使是我写下的这本书里的文字，也还是通过在一台图灵机上敲键盘而写下的。想一想，当你读完这篇文章时，大脑中贯穿的推论。你的大脑在逃避哪些真相吗？即使是这篇文字，也是人机结合的产物，只是可能分界线本身就没有那么清晰，我们成了彼此的一部分。

哥德尔不完备定理给了我们最终可以区别于人工智能的基石。面临新物种的到来，如何定义人类和人类生存的意义，将是一个长久的命题。而它的答案，莫过于培养手脑兼备的新工程人才。

培养我们甘于笨拙的能力

我们最近才知道，我们是着实地被打败了。但我说，建设国家的急躁根本不是因为长久落后，而是我们从来没有耐心去培养笨拙的能力。我们从来不相信日复一日的努力，总想这里试试，那里试试，万一放个卫星呢。但假以时日，我们会发现，我们不过是在离原点不远的地方醉汉一般走来走去，而那些懂得笨拙的人，却在日拱一卒中把我们远远地甩下了。越被甩下，我们就越为着急，就越想着抄捷径，越想要弯道超车，殊不知前面根本没有路，路都是人家走出来的，哪里会有给你准备好的弯道。很不幸，这是工业真实的情景。

现代的工业能力要求的不是培养身怀绝技、万人瞩目的一代宗师，而是培养成千上万个虽只掌握了基础技能但能熟练配合共同演进的集团作战的军人。工业的进步也不靠灵机一动的发明创造，它靠的是成体系和系统性的、稳定的工艺提升，一点一点的进步。

虽然只是一个自诩还可以的量子物理学家，我一直骄傲于在牛津和伯克利物理系金工车间得到的训练。老师傅会跟你说这台机床是第二次世界大战时留下来的，经年保养，手感柔顺得很。加工一个器件，怎样制作刀具，怎样选择润滑液，怎样根据材质调节铣床转速，甚至加工不同材料之后的洗手流程都有讲究。怎样把一个滚珠做得更好，有什么专利和独门秘籍可言呢？

专利给了第一次提出这样想法的人获得丰厚回报或幻想财富的机会。但凭借今天的信息交互之便利，越来越多的工业企业意识到把知道怎样做的方法拿出来与同行和供应商共享，反而会获得更大的收益。如今，在要实现工业4.0的制造业中，专利在有限地作恶，它成为知识工作者妄想坐享其成的迷梦。不要轻易否定这样的言论，如今发展得如火如荼的开源研究模式，就是对专利这一历史上产生的怪物展开的斗争。

回到现实来讲，我们不断地把一时一地的兴盛，寄托在对某一技术的引进和突破上。这跟我们从古至今对独门秘籍和"名教"的信仰是分不开的，但很快我们就会发现这样的单点突破往往并不符合工业发展的规律。工业本身是复杂的，需要的是极强的协作和配备能力，是整个供应链上每一个部件的每一点每一处都要好那么一点点，而不是某一项技术好。长期引进或转化先进技术，而不重视工业环境的塑造，让我们看似"厉害了"，但其实本质上并没有符合市场成本原则配备和工业生产的能力。

　　前段时间跟朋友聊起洋务运动和明治维新，其实二者并没有实质的区别。自称天朝上国的清政府有钱，买来枪炮，买来造船厂，买来兵工厂，派人去欧洲学习技术，清军的海军长官会讲一口流利的英语。这背后是千千万万尚未进入现代的民众，你们的洋务与我何干。我们没有看到现代工业社会庞大的动员和组织能力，以及欧洲国家为工业建立的繁复详细的组织体系。明治维新时日本也没有，跟张之洞那些人走的一样的路，但日本人终究出了福泽谕吉，终究要跟古代文化决裂了。

　　浮躁的机灵是个古代的事情，笨拙的努力是个现代的事情。我不喜欢喊口号，但对今天中国迫切而紧要的制造业的升级而言，没有白走的路，每一步都算数。

MADE-IN-CHINA
MADE CHINA

第 5 章

从中国制造到中国智造

中国制造之所以能够崛起，是因为在制造的过程中，大量的中国式创新得以形成。结合 AMRC 的发展经验来看，在后工业化时代，中国有中国的优势，总结来说，有三个方面：工程红利、升级红利和制度红利。

Made-in-China made China

17 世纪，英国的清教徒到了美国，学着英国人开始建大学。清教徒的革命党，怎么也看不上牛津的保皇派，于是自己称剑桥，自己建大学，由此开启了现代平民高等教育的先河。

100 多年后，美国为工业革命构建的平民高等教育反过来影响了英国，以至于英国不得不赶上来，在 19 世纪二三十年代迅速建立了一批平民大学。十几所"红砖大学"都是在这个时期建立起来的。从此之后，大学逐渐不再聚焦于精英培养，而是走向了为社会服务，但也逐渐演变成小学、中学教育的延伸部分。

第二次世界大战之后，以美国为首的大学教育逐渐走向了偏锋。虽说"科以人重科益重，人以科传人可知"，但学生报考学校总要知道哪个学校排名更好，好学生要尽量去好的学校，因为会有好的校友圈、好的机会，会奠定职业成功的基础，反之，学校有了更好的学生也为其更好的排名奠定了基础。那么怎么才能知道哪个学校更好呢？除了口碑之外，科学界发明了高校排名的科学方法。但学问这东西毕竟是"文无第一武无第二"，你怎么知道一个大学里有这么多学科，尤其是有这么多不能用数量来衡量好坏的学问，该用什么来衡量呢？先别管这些，就科学而言，数字是最好的工具，因此这件事情最简单的解决办法就是看文章的发表数量。

这样的制度系统筛选了会读书的人进入更好的学校，获得更好的教育资源，并且一代一代下来也成为制度制定者，成了"建制派"，也霸占了好的教育资源，时间久了也会影响国家的教育导向。为什么这么说，因为作为制造业基本单元的工人并不能成为合格的工程师，制造业的人员培训机制差，产业工人的技能不具有全球竞争力。这些机会轻易就被别的国家抢走，有了人工智能之后，同样也很容易被机器抢走。

第二次世界大战之后，美国的制造业经历了30多年的繁荣，之后制造业开始逐渐转移到日本，以至于美国工人抱怨工作机会去了日本。20世纪80年代城下之盟，日美签署了《广场协议》，美国以为制造业会因此回流到美国。但实际上并没有，韩国和中国台湾抢了过去。虽然日本不做芯片了，但韩国三星公司做了起来，中国台湾台积电公司做了起来。接着韩国和中国台湾又把制造业机会转移到了中国大陆。中美贸易战之后，这些制造业机会也不会回到美国，只会继续转移到越南、印度，特朗普卸任之前，不是把越南也列入处罚名单了吗？暂且不谈别的待发展地区，劳动力成本并不是决定制造业成本的唯一因素，有效的劳动力才是。特朗普把美国制造业机会的丢失归因于全球化，但问题可能并不是那么简单。真正的问题在于作为知识生产的主体，高等教育结构性走偏了，更直接点来说，是教育的评价方法走偏了。

没有对比就没有伤害，德国没有抱怨全球化，也没有担心其他国家抢走德国的制造业机会。默克尔总理在任的 16 年间，一直积极推动全球化，甚至因希望更多的劳动力来到德国而接受大量的中东和叙利亚难民。德国的高校不搞排名，好的教育机会不仅开放给会考试的研究型学者，也开放给愿意动手动脑的工程型人才。几十年下来，这样做系统性的好处是：第一，不用担心制造业机会被抢走；第二，在发生金融危机的时候，制造业发达的地区不会受到太大的冲击。

相反的例子来自英国，第二次世界大战之后伦敦努力把自己发展成金融中心，为欧洲大陆乃至全球算账存钱，类似的还有冰岛、中国香港等。房地产和金融成为这些地区的主要产业和 GDP 贡献来源。这些地区看起来一片繁荣，但却存在巨大的危机。金融和房地产不能解决就业问题，没有抵御金融风险的能力。殷鉴不远，金融危机来临的时候我刚好在美国，那时加州政府每天都在"倒闭"倒计时。中国香港的人均 GDP 高于德国，但德国人和香港人生活状况的差距是有目共睹的。简单来说，德国有宝马，香港有楼。

而我看到的是，深圳正在迅速成为下一个香港。说起深圳，我深深地感到担忧，它所牵引的大湾区是中国制造的发动机。科学这东西，我是科学家，我有发言权。科学可以寄托未来，但我们不可以用它来赌未来。科学中的大多数东西是无用的，而且科学家常常会把能够做一些没什么用的东西作为自己的终极理想。但中国的经济毕竟还是需要发动机的，美国 3 亿人，制造业消失了就再也没有回来，中国 14 亿人，扛得住吗？

很多人都在谈中国的经济奇迹，40 多年的稳定增长是诸多经济理论都无法解释的。但从制造业的角度来看，40 多年中国人吃苦耐劳的精神扛下来制造业的低端，任劳任怨地一点点进步，不断积累，以 Made-in-China 为品牌，才成就了今日中国的国际地位与国泰民安的盛世。

在大学待久了，会忘记自己来自哪里。我出生于太行山的一个小山村，成长在一个老工业城，也真的在伯克利寒冷而黑暗的实验室里做过量子极限的测量，把实验室弄上天宫。科学做得越多，我反而对自己和同行的所作所为越担心。如今，大学对自己所肩负的社会责任的担心不是变多了，而是变少了。

接下来回归到有积极因素的一面。在国内产业扶持政策和知识产权保护政策等备受欧美舆论质疑的背后，中国制造对世界创新所做出的积极贡献常常被抹杀了。在全球化分工的格局中，"制造"似乎只是创新链条上一个低端的配角。但真的是这样吗？很多人在强调中国制造的发展时，都会谈到"人口红利"，好像低成本的劳动力是中国制造崛起的核心因素。但我要说的是，在历史上，中国的人口红利曾起到非常重要的作用，而如今它已经不再是中国制造的内在机制和优势了。制造业高素质的人才和他们所表现出的创造力才是决定制造业发展的根本因素。全球模块化分工早就开始，从英国到美国，再到日本和东亚四小龙的崛起，这都是发达国家制造业外溢的结果，但没有一个地区呈现了中国制造如此丰富多彩的生态群。中国制造之所以能够崛起，是因为在制造的过程中，大量的中国式创新得以形成。结合 AMRC 的发展经验来看，在后工业化时代，中国有中国的优势，总结来说，有三个方面：工程红利、升级红利和制度红利。

中国的工程红利

2000 年的时候，中国制造业的产量只占全球总产量的 5.7%。到了 2011

年，中国就已经跃居全球第一的位置，占比达到了前所未有的 19.8%，超越了美国曾经创下的 19.4% 的纪录。中国制造业产量飞速增长，一度集中在纺织、炼钢和电子消费品等产业。近些年来，中国在新能源和人工智能等新兴科技领域取得的成就与前面创下的纪录一样令人兴奋。

2005 年，中国的风力发电机产量低得几乎可以忽略不计。到了 2011 年，中国制造的风力发电机占了全球总量的 50%。太阳能电池板制造的增速则更为惊人。2005 年，中国在太阳能电池板这个产业中的地位还微不足道，到了 2010 年，中国已经一跃成为全球最大的太阳能光伏电池生产国和出口国。

很多新能源技术的上游创新还是主要集中在美国和欧洲内部，生产制造则在中国进行。中国制造业的整体生态环境已经为制造业创新提供了优良的资源。这种制造业的创新与升级和低廉的生产要素成本关系不大，也不完全依赖政府的补贴。它位于上游设计和下游生产的交界处，依赖的是工程创新。这从很多方面来看都是中国制造业生态环境所独有的，中国企业利用这些工程技术把来自国外的复杂设计转化成很容易制造和扩大生产的制成品。中国制造企业的产品开发工程师在规模、节奏和成本方面的同时管理上有着几十年积累下来的工程能力。他们可以很快地把来自国外的先进设计转化成一个可以大规模生产的产品，随着产量提升还可以大大降低生产成本。今天的中国制造业具有非凡的创新能力，它有着高水平的知识密集型专属技术，它的生态环境在全球创新生态环境中扮演着一个非常关键的角色。

中国的新能源产业在欧美备受反倾销、反补贴的攻击。然而，美国政府对光伏产业也有着大量的补贴，包括美国能源部给太阳能制造商提供 130 亿美元的贷款担保等诸多政策，以及即将落地的拜登的 3 万亿基础建设计划。但是，美国光伏产业并没有因此而大规模发展起来。2002年于美国加州成立的光伏纳米材料 InnovaLight 公司，尽管得益于美国能源部的国家可再生能源实验室的大力支持，却还是无法实现规模化生产。在几乎快破产之际，中国河北省晶澳太阳能公司通过投资得到了它的技术授权。晶澳放手一搏，凭借其大规模工艺转化的制造能力，最终将源头技术和工程能力成功结合在一起。在晶澳的支持下，InnovaLight 公司的硅墨水技术成功转化成太阳能电池。因此而活下来的 InnovaLight 公司在2011年被杜邦收购，迅速成为杜邦的新亮点。

很多学者都把中国制造业的崛起归因于它低廉的生产要素成本。他们有的认为这种价格结构是市场力量的自然反映，有的认为是大量政府补贴的结果。无论持哪种观点，他们的论点都是建立在制造业只向成本最低的环境迁移上。然而今天活跃在粤港澳大湾区和长三角地区的中国企业并不是一味依靠生产要素低廉和补贴而进入高科技制造业的。很多国家都对新兴技术和行业提供补贴，中国也不例外。但是，中国进行补贴后的结果比别的国家要好得多，产量得到了很大的提高，同时技术也更为先进，现在很多领域都可以称得上世界一流。那么是什么原因造成了这种差异？

中国式创新制造的精髓在于同时应对生产制造的三大挑战：规模、节奏和成本。中国企业不但在扩大生产方面表现出了无与伦比的能力，它还能以稳定的速度不断降低生产成本。从生产的角度出发，这三种挑战中的任何一种都是非常棘手的，能够处理好都需要极强的工程创新能力。能够同时克服这三种困难是一个了不起的成就，要取得这种成就企业需要具备极强的专业知识，并且能够在生产过程中的每一个领域进行创新。这种专业知识与上游的科学研发以及革命性、突破性的创新，其实并无本质区别，很多高科技产品离开了这种专业知识就不能进行大规模的商业生产。中国在创新制造业领域独辟蹊径，使之能够很快地把复杂的产品从构想转化为可以大规模生产的产品。通过这种能力，生产制造端和上游研发端之间建立了密切的关系。制造企业在中国建立了能够把研发和生产连接起来的强大的生产能力，中国制造的工程创新深深地植根于全球生产网络中，是其中的一个重要组成部分。

如果你用历史的眼光来看待这个状况，那么这只是再正常不过的工业化的一个自然阶段。在英国工业革命的早中期阶段，有大量的工程师活跃在产业界，而我们常常只会记得那些带来关键点突破的人名。如果没有这些能够将原理样机大规模复制并且形成规模化产品的工程师，这些发明也许就会被埋没在历史的长河里，而不会形成整个社会的广泛认知和集聚，最终引发工业革命了。

对于新技术而言，产品设计和生产流程都是全新的，它还要面对技术商业化的第一步。比如早期设计，产品是否可以稳定地生产出来，单个产品生产出来能否投入大规模生产，量产的性能、成本等，这些都有着高度的不确定性。因此，参与新产品开发和商业化的企业就不能像成熟产业中的企业那样实现高度明确的分工，只专注于自己分内的工作，把自己做好的部分交给下一个合作方就可以。相反，为了完成这一阶段的研发，新技术的组织者必须具备在不同企业之间交流学习、共同解决问题的能力。这种结构创新的能力就是中国制造业工程创新的核心。

中国企业以后发优势进行了很多的工程创新活动。后生产的东西，无论我们称之为模仿、冒牌还是低价版本，常常会被看作非原创的。但事实上，原始创新和工程创新并无不同之处。以车床产业为例，中国企业对世界上老牌企业的主要产品型号进行了重新设计，创造出全新的"中档"产品，在多个国家发展最快的细分市场里,这些产品以其独特的性能和价格优势出尽了风头。例如中国的 OPPO 手机和小米手机,满足了非洲和亚洲很多发展中国家的市场需求。一种重要的创新活动就是对现有的全球性产品进行因地制宜的改造,再把这些产品推向低端市场,也就是为了满足不那么富裕的、对产品性能要求不那么高的客户的需求。它们可能把产品简化了,但也把价格降下来了。

中国内燃机行业的潍柴动力公司是一个高度国际化的公司,在过去 10 年里,该公司大手笔地并购了法国博杜安国际发动机公司(Moteurs Baudouin)、意大利法拉帝游艇(Ferretti Yachts),重组了德国凯傲集团(Kion Group)、林德液压公司(Linde Hydraulics)、德马泰克公司(Dematic)等国际强势品牌。它在 2017 年达到的 2200 亿元的收入中,40% 来自海外。尽管有着国际化的技术背景,但真正让潍柴动力在国内获得用户好评的是,它通过这些技术改造来适应中国的市场。潍柴动力发现了一个巨大的市场空隙,进而思考如何适应中国多层市场的复杂性,大江南北,气候、交通、地形和司机偏好。而这些,都与原有的国外设计师的配方有着很多不同之处。潍柴动力在技术消化吸收的基础上,突出了对于"本土适应性"的理解。这种从市场倒推回来,和制造相结合的"可靠性"理念,就是一种工程的再创新。一种靠近市场、结合制造的提质增效的灰度创新。

反过来讲,外国企业为什么要依赖中国企业的创新制造能力呢?这个问题有很多不同的回答角度。可能是由于外国企业本身根本不具备足够强的规模化生产能力,也可能是由于它即使能够把产品生产出来,但价格让这个产品根本不可能在市场上取得成功,还可能是因为把一项新技术商品化所需的资本和设备成本太过巨大,让它们裹足不前。这些企业最后都依赖中国企业的生产能力,以市场能够接受的价格对它们的产品进行大规模生产。过去,外国企业都是把过时的技术通过授权或出售的形式转给中国企业在国内进行生产，现在的中外合作把全新的创新带到了中国，因为中国具备了把创新内容产品化和商品化的专长。

对很多国际企业来说，今天中国制造的吸引力不再仅仅是低廉的劳动力，更重要的是中国区域性工业生态环境。在这里，低技术、低成本的劳动力和高技术的工程人才并存。这些人才作为产品开发工程师，既年轻又高效。新技术产品所在市场的变化有可能会非常快，为了抓住机会，产品开发必须在很短的时间内完成，新能源、人工智能等新兴产业尤其如此。在这些领域里，政府政策和需求方监管条例强烈地影响着实际需求，使得全球市场都很动荡，商业机会常常稍纵即逝。所以，注重节奏和速度的生产制造能力是对于产品能否在市场上取胜的一个非常重要的因素。

在上游研发企业和生产制造企业分离的全球环境下，经过 40 多年吃苦耐劳、任劳任怨的积累，中国形成了独特的工程创新优势。虽然它们在地理上是分离的，但是在组织上却紧密相连。这种联系方式有很多正面的影响。对有关企业来说，虽然在地理上远隔万里，但还是能够依靠中国企业强大的工程创新能力，建立紧密的合作关系，这一点意义特别重大。对于不同的生态环境来说，把研发和生产制造分开，就意味着其中的两个生态环境都不得不延伸一部分能力来保证规模、节奏和成本的竞争优势。同时，企业之间开展长距离的合作，共同开发产品，有利于让产品更快地推陈出新，降低成本，增加产品功能。中国改革开放 40 年来，以劳动密集型产业作为原始积累，普及高等教育作为人才储备，使这种向上延伸的能力得到了充分的发育和积累。

因此，中国的工程创新能力一定意义上有着国际背景和国内高等教育普及化的原因。外国企业也对中国的工程创新能力做出了相当大的贡献。一个公司项目可以在美国，概念设计也由欧洲的团队负责，具体工程设计由上海的团队来做，设备生产制造在广东完成。但是，这又不同于单方面的技术转让、单方向的知识流动。这也和传统的供应链不同。在传统的供应链中，供应商和转包商创造的营业额大部分都被领头企业拿走了。制造企业在中国深度参与产品的规模、速度和成本的优化中，中国企业贡献的专长和能力对产品开发和商业化来说是必不可少的。

逆向工程和创造性模仿也并不只是先发地区对后发地区的道义指责。指责只会导致两败俱伤，"知识的有偿共享"才是更好的解决方案。在技术的跨国合作中，谁得到的比较多，很难得出简单的结论。风险和回报的分配通常是很复杂的，合作双方通常不是上下级关系。为了受惠于中国的创新制造能力，外国企业在合作的过程中是有一定风险的，但收益是明显的。具体来讲，有以下三方面特征。

第一，学习不是单方面的，工业知识不只是从发达国家的行业老大输送到后起之秀那里，实际的学习是双向的，特别是带着上游设计知识的外国企业，它们通过学习来适应中国制造和扩大生产的方式，反之亦然。

第二，中国企业不仅仅是对海外设计的模仿，还有本地不同企业之间共同进行新技术、新设计的研发。这使得海外技术的消化和优化具有良好的研发环境。

第三，融合高速的开发节奏。以能源技术产品为例，节奏特别重要，静态成本是大家很少关注的问题。大家关注的是这个产品在具有技术领先优势的时间段内能够做到适合批量生产的成本。上游开发商知道新产品必须很快开发出来，速度重于一切，能够为他们提供满意答案的通常是中国的制造企业，因为中国的合作伙伴最擅长的就是以非常快的速度把上游设计转化为可以生产的产品。

类似的知识产权的问题同样存在于 AMRC 系统之内，制造商会担心委托给 AMRC 的研发内容被竞争对手利用。然而十多年的经验让人们意识到，加强软环境的建设，包括 IP 界限、投资和保护知识产权的习惯养成，可以很好地避免这类事情的发生。在这样的一个技术共享的空间里，彼此在系统内获得的收益会远大于概率非常低的侵权事件所造成的损失。

外资企业在中国设立运营基地的原因也是多种多样的。有些是因为中国政府对某些技术的采购要求这种技术必须在中国有运营中心，有些是想利用中国生产制造生态系统中特有的设计和制造能力，有些是想要靠近它们的客户。很多欧洲的机械生产厂商发现，靠近大型的全球化制造业生态系统非常重要，中国有粤港澳大湾区和长三角地区这样的区域性的制造业生态群落。这些生态系统的供应商种类繁多，应有尽有，各种价格和质量水平的产品部件都有。这些区域有大量的工程人才储备，能够从事产品开发和降低成本的人才特别多。欧美德设备供应商在这里取得了一个又一个的商业成功。总的来说，它们的产品设计构思常常来自本国或国际的市场需求，它们在中国的设计团队会重新设计产品，从而降低成本，让产品更易生产，也更实惠。这就意味着产品的供应链也要在中国了。原来的产品设计经过这些改变，成本降低了，这对新兴的中端客户很有吸引力。这些中端客户有些在中国，更多的是在中国以外的新兴发展中国家和地区。

我们以盖茨基金会为例来说明这种工程红利。比尔及梅琳达·盖茨基金会于 2007 年在中国设立了办事处。盖茨认为,中国在改善卫生公平和减少贫困等方面取得了显著的进步,其提供的经验教训可以帮助包括非洲在内的其他发展中国家加快发展。盖茨曾说道:"中国在许多方面的成功都是惊人的,从农业生产效率、公众健康到可以与世界一流大学对话的强大的教育体系。"他认为,中国可以帮助其他一些与中国相距甚远的国家:"根据中国的经验教训,加快发展中国家的发展速度。当盖茨基金会进入与中国建立伙伴关系的第二个10 年时,我们将继续致力于帮助中国应对其在健康与发展方面所面临的挑战,并支持中国分享从自身的进步中学到的东西,以帮助我们,共同使得世界变得更健康、更繁荣。"

盖茨说:"如果回溯到 1980 年前后,中国并没有真正参与全球化中,其他国家也没有给予中国太多的关注,因为实际上贸易水平非常非常低,人们确实低估了中国会发生什么。"但是,如今,中国已成为世界上两个最大的经济体之一,与许多国家进行贸易往来,并且大量的中国公司正在以其产品走向世界。"我们正在与贸易伙伴合作,将中国的产品、经验和专门知识带给非洲国家,以支持他们在加强卫生系统、控制传染病和农业转型方面的努力。"盖茨基金会与中国政府和研究机构合作,向非洲国家介绍适当的耕作技术、新的种子品种和其他创新,帮助他们提升生产力和改进农业产业价值链。该基金会还致力于加速高质量、低成本的中国制造的疟疾医疗产品进入全球市场,并促进在疟疾高发地区分享中国在疟疾控制方面的经验。盖茨基金会还与中国最大的疫苗和血液产品制造商中国生物技术公司合作进行疫苗研究,为了能够在其他国家和地区分发疫苗,盖茨基金会鼓励中国生物技术公司向美国食品药品监督管理局和世界卫生组织申请批准。

我们再比较两家企业，这两家企业都是在异国他乡的土地上建造生产工厂，建设的初衷都是离消费市场近。

特斯拉的上海工厂于 2019 年 12 月正式启动，这是该公司在美国以外的第一个超级工厂。中国的承建单位以创纪录的速度完成了这个耗资 20 亿美元的项目。从获得政府许可到最终启动生产，仅用了 168 个工作日。这一壮举使特斯拉成了中国的独角兽：这是第一家在中国的全外资汽车生产厂。以前，政府要求外国制造商与当地公司建立合资企业以生产汽车。由于新冠肺炎疫情，该工厂在 2020 年 1 月 29 日被迫关闭，但 2 月 10 日就恢复营业。在工厂的第一阶段完成后，特斯拉每年将增产 15 万辆 Model 3 车辆，并计划在下一阶段之后将产能提高到每年 50 万辆。首席执行官埃隆·马斯克（Elon Musk）将上海工厂描述为汽车制造商的"未来增长的模板"。

马斯克向中国市场介绍了 Model-Y 跨界车，称人们对这款车型的需求可能会超过特斯拉所有其他车型的总和。他说，其他计划还包括在中国建立一个设计与工程中心，以便特斯拉最终可以从那里开发出新一代汽车。特斯拉中国工厂的批准和建造的过程非常迅速，并以创纪录的时间完工，这是马斯克将特斯拉打造成为真正的全球汽车制造商计划的基石。同时特斯拉赢得了中国政府的各种政策支持，从项目批准到优惠贷款，这在与美国的贸易战背景下尤为突出。此外，在上海生产的汽车被列入免征 10% 购置税的车辆清单，政府补贴帮助特斯拉降低了汽车价格。特斯拉正在考虑通过使用更多的本地零件来进一步降低轿车成本，因此售价可能会进一步下降。上海工厂目前使用的零件中约有 30% 来自本地，特斯拉计划最终实现零件全部由中国生产。

与特斯拉在中国的经历相比，福耀玻璃在美国的经历完全是另外一番景象。奈飞公司（Netflix）拍摄的原创纪录片《美国工厂》（*American Factory*）获得了第 92 届奥斯卡最佳纪录片奖，但上映之后美国国家劳动关系委员会很快就开始对电影中反映的问题进行调查。影片中的一个片段是福耀玻璃美国公司的中国管理层在讨论解雇试图加入工会的美国工人，这涉嫌违反了美国《国家劳动关系法案》。

2014 年，福耀玻璃创始人曹德旺在伊利诺伊州迪凯特的工厂中收到数十名员工的投诉。在因工作作息制度和工作环境被起诉后，他向员工支付了 130 万美元的补偿金。据《代顿每日新闻报》（*Dayton Daily News*）报道，该公司还面临着美国职业安全与健康管理局超过 70 万美元的罚款。美国参议员谢罗德·布朗（Sherrod Brown）出现在纪录片《美国工厂》里，在福耀工厂的盛大开幕式上致辞，鼓励员工参加工会。布朗说："我们有一个每天都背叛工人阶级利益的州政府和美国总统。他们庆祝工会的失败，使工会组织不能进行为工人争取权益的运动。"在 2017 年 11 月福耀工厂的工会运动失败后，俄亥俄州政府发布了一份文件称，作为一家刚到美国的企业，福耀对工会组织的反馈能力和协调能力较弱，而美国汽车工人联合会利用了中国管理层与福耀的美国工人之间巨大的文化和沟通鸿沟而获得工会斗争的利益。鉴于美国国家劳动关系委员会提供的证据和纪录片《美国工厂》的影响，州长迈克·德温（Mike DeWine）可能会考虑取消福耀近千万美元的州税补贴。

中国的升级红利

升级红利植根于中国很多行业中既有的庞大的生产规模，以及并不算高的生产效率和品质。提高品质、增加效率将使企业在庞大的生产规模上进一步获得惊人的利润。不断通过工程创新而获得的提质增效的空间和潜力是无穷的，这将具体体现在规模庞大的以基础建设为前提的制造业产业升级转型中。

20 世纪 80 年代以来，中国的工业竞争优势取得了很大的进步，这是毫无疑问的。刚开始时，这种相对竞争优势只是建立在低廉的生产要素成本上，主要是能源、土地和环境成本，尤其是劳动力成本，因为工资水平低。到了 20 世纪末，中国的竞争优势已开始表现在知识密集型产业上。中国的创新者不再满足于想尽办法地从现有的产品中挤出一丁点儿价值来。新技术工程化进而商业化已经变成了一个全球化的跨国合作，中国是这种合作中不可或缺的参与者，这些技术处在全球科技发展的最前沿，植根于全球创新网络的核心。

提质增效

在知识密集型产品的开发中，为了降低生产制造成本，企业利用在上游研发和生产制造中，在 TRL4-6 级的交接处建立起来的研究化能力，对现有产品进行重新设计。这个形式与传统的逆向工程有很多的相似之处。在现有产品的基础上创造出一个新版本，这个新版本更易于进行大规模生产。这样一来，中国企业就能够在价格上打败最先生产这个产品的企业，在国内外市场上抢占更大的市场份额。很多中国企业靠逆向工程设计，使得产品特征适应某个价位的要求来取得这种价格优势，而不是依靠单纯的生产要素成本和大规模生产。中国企业利用它们所掌握的知识、产品开发能力和逆向工程设计能力，来帮助外国企业把产品设计变成一个可以进行大规模生产、能够取得商业成功的商品。外国企业提供最初的原始设计，中国企业想办法对设计进行修改，让设计能够适合大规模生产。在这里，企业调动了生产制造和上游研发交接处的工程能力来控制节奏、产量和成本，在展开大规模生产的过程中使商品得以实现优化。具体来讲有以下几点。

第一，中国企业的专长主要集中在活跃于上游研发和实际加工之间的工程设计团队。这些工程师能够把上游设计转化成可以进行大规模生产的产品，由于他们能够很好地控制成本，这些产品才能在市场上取得成功。很多时候，中国的工程师团队拿到的设计缺乏大规模生产所需的最基本的资料，例如设计上没有指明要用什么材料，有些零件还没有具体的设计，缺乏易于生产的工程设计等。要把这样的设计转化成切实可行的产品，中国工程师就必须进行流程创新、结构创新和产品创新。这些工程师要在很多领域独辟蹊径。他们要调整生产设备，把新自动化生产方式整合到生产流程中，改变原有的产品设计，让各个零件之间更容易模块化，有时为了让产品具有新的商业用途，他们甚至要对整个产品和性能进行重新定义。贯彻这些活动始终的是，是否能够将产品进行大规模生产，是否能够降低最终的产品生产成本。

第二，创新生产知识的积累不仅仅是模仿别人那么简单，很多的中国制造业工程师都能够在全球科技发展的前沿学习中积累属于自己的知识。除了逆向工程、模仿设计外，这些工程师还在这个过程中成为创造性流程再设计，产品结构创新，修改传统生产流程，对新材料、新技术进行用途革新的先锋。

第三，因为这些制造企业处在创新制造业的核心，处于科技发展的最前沿，学习和知识的交流都是双向的甚至是多向的。中国企业要向其合作伙伴学习，它们把这些海外合作伙伴的技术专长和企业本身的专属知识结合起来。但是，耐人寻味的是，现在中国企业提供的解决方案也经常成为海外合作伙伴学习的对象。这和我们固化的以为先进的合作方单方面地向后起之秀传授科学技术的想法很不一样。

第四，中国的创新生产能力深深地植根于由很多企业共同组成的国际性生产网络中。在这样的一个网络里，很多情况下，很多上游产品设计和关键的生产技术都来自国外。中国工程师要知道如何利用这些生产设备，在市场所限制的时间里，把原理设计变成一个可以大规模生产的产品，产品推出的价格又必须让产品能够在市场上立足。

把握升级红利，需要培养大量具有全球竞争力的、符合高端制造业需求的工程师。与高等教育机构融合，通过 AMRC 这样的机构来培训技术工人、本科生、硕士生和博士生，让不同教育水平的人都有机会发展自身的工程技能。经过 70 多年现代工业化的发展，中国已经做好了充足的准备，如果幸运的话是可以利用特朗普窗口的时间差，实现工业的升级的。

制造业的数字化转型

我们以大数据和人工智能技术为例，来说明在制造业中通过提质增效使得制造业升级转型是怎样实现的。

人工智能产业应用没能像预期的一样在各个行业快速展开，一个具体原因在于以人工智能为代表的大数据技术首先发生在学术界，然后迅速被资本界追捧。这个背景出身的从业人员很少有机会和耐心深入了解产业的真正需求，在对制造业技术和流程还不够了解的情况下，没有找准切入点就盲目投身到智能制造这个行业里。这造成了人们对人工智能几个细分领域的过分关注，从而形成了不良竞争，导致了社会资源的大量浪费，结果收效甚微。但是经过了沉淀期的人工智能技术，在工业 4.0 的推进中将起到越来越重要的作用。按照"到农村去，广阔天地，大有作为"的说法，我们要说的是，人工智能"到工厂去，海量需求，大有作为"。

人工智能技术赋能制造业领域，可以显著促进制造周期和效率的优化，改善产品质量，降低人工成本。智能制造产业链场景范围很广，其典型应用场景包括：智能产品与装备制造；智能工厂、车间与生产线维护；智能管理；智能供应链与物流；智能软件研发与集成；智能监控与决策等。

从基础研究到应用开发，再到硬件生产，人工智能可以渗透到制造业中的每个环节，与实体产业深度融合，从而起到提质增效的作用。其具体措施和步骤体现在：

- 数据采集首先要完成工业协议打通和标准化的数据整合。采集来的数据要做统一的主数据管理，第一步就是建立标准。
- 发展"端"技术以减轻在传输和云端的数据压力。
- 强大的数字化云端支持。工业数据本身的特殊性导致平台必须有强大的中层支撑能力。高压缩、高性能的时序数据库，就是平台层必备的能力之一。
- 设备端的质量控制。采集合适的实时数据，结合该设备所适用的机理模型，用机器学习的方法挖掘出产品质量与关键数据之间的关联或因果关系，就有可能实现实时在线的质量控制和故障预警。
- 工厂级计划排产。实现大规模的个性化定制。这一问题的目标是实现当时当地的产能最优，约束条件来自企业的生产线设备、人员、产品属性、供应链数据等，通过历史数据的机器学习和训练，形成一个较好的预测和反馈模型。
- 大型生产设备的维护和保养。通过数字孪生技术对设备的运营状况、损耗状况和工作压力进行实时映射，合理安排设备的检修和维护，大幅度提高设备使用寿命和使用效率。

● 信息系统安全。合理安排人员介入，以保证信息系统的完备性和可靠性，构架包括区块链和人工智能在内的信息系统安全体系，防止网络攻击导致的生产风险。

在传统制造业中应用人工智能，首先应该纠正人们关于"人工智能技术在实施过程中成本很高"的看法。事实证明，经过十几年制造业信息化建设的不断努力，很多制造企业已经建立了相对完整的物联网信息采集系统。这些数据只采集而不处理，没有对生产过程形成有效的反馈，造成了数据的无效堆积与资源的浪费。人们可以在这些已经被采集的数据的基础上应用人工智能技术，通过相应算法发现其中的规律，从而大幅度提高劳动生产效率。

在数据处理中，基于单一数据进行分析往往容易出现偏差，所以在处理过程中需要考虑具体的情景。例如，在测量发动机排气管的内部压力时需要考虑启动发动机，以及水流经排气管所需的时间、温度及状况发生时发动机的状态等因素。在机器学习的过程中，机器会不断结合其他数据源，加强对于工具和流程状态的理解，增强超量值和流程中其他情境之间的关系，最大化数据应用的价值。机器学习现在已广泛应用于多个行业，汽车、航空和石油天然气等行业都是主要受益者。它能够基于计算机程序学习数据，对生产流程进行自动调节和适应，甚至可以根据经验自主改进。

机器学习需要基于有效的大数据的基础，那么，有效数据在哪里？

一类是生产的管理数据。这类数据以结构化数据为主，如产品属性、工艺、生产、采购、订单、服务等数据。这类数据一般来自企业的 ERP、SCM 和 MES 等系统，这些数据本身体量并不大，但却具有很大的挖掘价值。

另一类是机器运行和物联网的数据。这类数据以非结构化数据居多，如设备工况（压力、温度、振动、应力等）、音视频、日志文本等数据。这类数据一般采集自设备以及部分外装传感器，数据量很大，采集频率高，需要结合边缘计算在本地完成一些预处理。

由于场景的割裂和分散，制造业数据本身具有量大、多源、异构、实时性要求高等特点。这是制造业大数据服务的核心难点之一，因为它和互联网大数据相比，不仅量级不同，结构不同，应用也完全不同。这对人工智能在工业4.0 阶段的具体应用提出了挑战，也为其落地应用提供了实际场景。但是，我们也应看到，哥德尔所规定的计算逻辑的有限场景（参见《人工智能之不能》一书），正是可以在工业自动化中得以匹配的。虽然利用机器来管理人这个有着无限可能的事物总是会有意想不到的结果（例如自然环境下的自动驾驶），但利用有限逻辑来管理有限的生产场景尤其是制造业自动化场景，是这一代人工智能可以胜任并且可以切实落地应用的。

人工智能仍在迅速发展，而且在逐渐改变人们的生活方式。在研究领域，还有更多的人工智能算法等待计算机科学家去发掘。中国大多数的人工智能企业还缺少原创的算法，因而仍需重视对人工智能算法先进技术的储备，将学术研究和产业应用场景相结合，鼓励创新，积极挖掘人工智能算法方面的人才。人工智能算法的实现需要强大的计算能力支撑，特别是深度学习算法的大规模使用，对计算能力提出了更高的要求。2015 年，人工智能迎来了真正的大爆发，这在很大程度上与 GPU 的广泛应用有关。在此之前，硬件的计算能力并不能满足人工智能计算能力的需求，GPU 与人工智能结合之后，人工智能才迎来了真正的高速发展时期。因此，硬件计算能力的提升是人工智能快速发展的重要因素之一。

有一点，我们依然需要明确，数据工业不是绿色工业。智慧城市、智慧交通、智慧社区以及物联网，各种数据采集设备在 2020 年以后高速发展，带来了铺天盖地的海量数据。我们不可以单纯强调数据的大，大而无当只能消耗更多的资源。香农信息论的一个基本出发点就是"信息处理是一个物理过程"。这样一来，任何一个数据的操作，从采集到传输，再到存储和处理，都要消耗一定的物理资源，这些资源不仅包括硬件，也包括相应的能源。据有关数据调查显示，截至 2016 年年底，全国云中心的总耗能已经超过三峡的发电量，全球云中心的总耗电量已达到发电量的 3%，而这些云中心存储的大部分数据都是无法使用的。云中心也可以成为升级红利的一个具体案例。能量利用率（PUE）是衡量云中心建设和运营水平的一个重要指标。谷歌利用人工智能技术可以达到 1.08 ～ 1.10 水平，接近理想值 1.0，而中国很多云中心还停留在 1.50 ～ 1.60。这意味着处理相同的数据量会消耗更多电能，稍微地优化和提效就会有庞大的收益。

科技产业正在快速全球化。从基础研究到应用开发，产业升级的各个环节都包含着大量的国际合作。在建设自己的数据生态系统、培养数据科学和研发人才、发展半导体产业的同时，中国还需要将人工智能产业建设成为一个与全球市场相互融合的开放系统。

升级红利的基础

中国制造企业积极参与全球协作，通过政府和民间投资参与全球技术网络共享建设，成为高端制造技术研发的参与者，提升中国研究机构的产学研能力，为中国制造的升级服务。这将具有长远的意义。因此我们说中国的升级红利在于四个基础。

第一，**大规模基础建设的能力**。从高铁到 5G 的通信网络建设，再到强大的基础建设能力，当拜登宣布 3 万亿美元的基建投入的时候，中国的基础建设已经走在前面了。

第二，**庞大的制造业基数**。经过 40 年的改革开放，中国汇集了庞大的制造业基础，这个制造业基础是第一代农民工通过辛勤劳动造就而成的，虽然规模庞大但技术基础薄弱。它的弊端就在于竞争能力不强。一方面，当参与全球化分工之后，别的地方一旦具有了相同的劳动力水平但更便宜的劳动力价格，这些产业就会迁移。但另一方面，正是因为其规模庞大但技术基础薄弱，在合理使用和开发新技术而使之提质增效实现产业升级后，便可以大规模地提高其利润空间，增益是惊人的。

第三，**已有的科研能力储备为产业升级提供了前提**。尤其是众多的新技术都囤积在高校和研究所，而企业需要引入大量的新技术来升级制造业。产学研用之间堰塞湖的打通，带来的不仅是新技术而且是众多人才的补充，为制造业的升级服务。

第四，**产业配套的关键在于产业链的上下整合**。很多制造业领域的产业链非常长，分工明确。中国经过几十年的发展形成了明显的产业集群，如长三角地区和珠三角地区，就有很多完善的产业集群，很多生产零件的小企业分布在集成企业的周围。这种分布不仅降低了运输成本，为产品最终的规模化生产提供了最大的便利，整体降低了生产成本，也为新技术的同地研发模式提供了可靠环境。长三角地区、珠三角地区和西南地区形成的工业规模化体系，造就了相关产业的黏性。当一个地区具有了产业黏性，即使成本不是最低的，这个地区的产业也不会轻易迁移。这些制造企业的深厚基础，为产业的升级奠定了良好的基础。同时，中国政府的行动能力也为产业的迅速升级提供了有力背书。

MADE-IN-CHINA
MADE CHINA

实现英国工业战略的三个步骤

伯内特爵士

仅靠投资不足以振兴工业。

好消息！首相特蕾莎·梅（Theresa May）① 已批准投入 20 亿英镑用于基础研发，重点强调必须依靠科学、创新和技术来推动英国工业发展战略。但是，如何判断新工业战略切实有效？

有更多的民众应该会这样说："我家的孩子要去这条路上新建的工厂里做学徒了。"那么，什么时候才会有人开办新工厂，或者扩大现有工厂的规模？应当是公司接到了大量新订单，并且有能力生产订单产品的时候。

对于那些已经有生产经验的工厂来说，它们只需扩大生产规模；而我更希望看到的是，工厂会在这些新建的厂房里生产新的产品。拿到新订单后，工厂就会雇用更多的人，包括更多的当地年轻人。当然，这些年轻人得具备足够的能力做好这份工

---

① 英国前首相，已于 2019 年 7 月卸任。——编者注

作。这正是英国工业战略的第一部分——确保年轻人具备满足未来需求的各种能力。作为教育工作者，这也正是我的工作。

我们如何才能确保公司能够拿到订单？如果拿到订单，又如何确保这些公司开办工厂及雇用更多的员工？有三种可行的方式。有证据表明，政府对这三种方式均有兴趣。我希望如此，因为我们的未来与此息息相关。

第一，就像 2012 年我们为举办奥运会时所做的那样，订购和兴建相关的基础设施。奥运交付管理局成功使英国政府投资所取得的效益实现了最大化。各个政府职能部门提供资金，修建所需的基础设施（例如道路、桥梁、隧道和铁路等）。其订单由私营企业承接，而这些企业则雇用英国年轻人来完成订单。这些大规模基础建设留下的远不只建筑物，它还为我们创造了更为宝贵的财富：经验丰富且随时可以投身未来项目的劳动力。

第二，为各个国家级研究中心提供资金支持，使现有的企业能在这些研究中心研发出制造产品的新方法。

研发资金只有投入到能够发挥其最大价值的环境中，才能起到作用。采用新材料或新方法制造产品，不仅耗资巨大，而且充满风险。小型企业想要做到这一点，尤为艰难。它们可能会有一个很不错的想法，但是它们能否将想法转变为价格合理、质量过关的产品？它们确实需要采用最先进的设备来检验用户能否接受其产品，而无须在前期投入大量的资金。若未投入很多资金，就可以证实某个想法行得通，那么就可以先争取订单，再将这个想法付诸行动。

这种模式在许多地方都运作得很好，AMRC 就是其中的佼佼者。在这所研究中心里，科学家、工程师和企业共同合作，将好的创意转变为商业上的成功。公司进驻这些"科研重地"，一边进行创新项目，一边开展日常业务。公司可以先在创意实验室中制作出新产品，然后再购买所需的成套设备。如果公司制作出的产品价格合理，或其解决方案独具匠心，它们就会接到订单。公司可以借钱建造新的工厂，并开始雇用新员工。AMRC 专注于航空航天和汽车领域的先进制造业，已经帮助多家英国公司做到这一点，并在这一过程中使工作岗位又回流到英国。

第三，为大学科研人员研发的有望转化成新产品的新技术提供资金支持。这是工业战略中的一项关键且长期的内容，英国的大学在出资扶持新想法并使其商业化方面十分出色。要想让大学实验室中的新产品大批生产并在商店销售，大学则需要投入大量的时间、精力和资金。越来越多的英国大学开始自设企业基金或资金储备，从而向大学的科技成果衍生出的企业提供资金，支持它们的创新与发展，将理论应用到现实生活中。然而，要建成新工厂来生产新产品还需要付出更多的努力。投资者也需要寻找可靠的方法使其投资获得收益。运作得当，人人都可以从中受益。有各个研发部门的努力，有技术创新中心基金和企业基金的支持，英国的未来会更加光明。而如果没有这些新岗位，年轻人的未来将长期黯淡无光。

让我们欢迎新的工业战略吧。我们的新首相正努力让工业战略发挥作用，所以我希望首相和政府的工作顺利。我们的首相承诺会为英国带来改变，对于迫切希望这一前景到来的民众来说，她推动创新和工业向前发展的能力大小影响着他们的机遇。

我们需要企业和研究人员携手同心，为国家的利益而奋斗。我们需要采纳能够惠及众人的战略。我们也必须共同努力，为英国的年轻人实现这一战略。

MADE-IN-CHINA
MADE CHINA

智造 中国

携手合作，创造辉煌 ①

由英国谢菲尔德大学和曼彻斯特大学领导的 NAMRC，正在建立当地的供应链，与中国合作使用第三代核电技术，建造更为安全、有效和符合成本效益的发电厂。

---

① 原载《中国日报》。

　　该研究中心也正在帮助中国开发出更加有效率和有成本效益的新生代核电能源，以出口世界各地，谢菲尔德大学校长伯内特爵士说："我们不仅要将中国的核技术引入英国，还要与我们的中国合作伙伴共同开发出新产品，以便出口到世界各地。"

　　伯内特说，该研究中心的主要职责之一就是将中国的核技术引进英国并测试其安全性能。该研究中心将与英国国家核实验室合作，共同完成其安全性能的测试。2020 年由中国广核集团和中国核工业集团公司研发的第三代核反应堆技术——华龙一号被引进英国。伯内特说，他的团队相信中国第三代核技术的品质，并希望与中国合作伙伴共同研发出更好的新技术，特别是在小型模块化核反应堆领域进行研发，这种核技术在英国和世界其他国家都有很大使用潜力。

　　伯内特说，中国高品质核工业的背后是国家强有力的政策支持。他说："在中国，人们做事的步伐与我们有显著的不同。在资本经济中，人们总是担心投资的价格，所以他们可能任何事也做不成。我们需要用中国核工业的节奏来挑战我们自己。"

　　伯内特说，低成本高效益是中国核工业的另一大优势。"中国拥有一套成熟的核工业生态系统，"他说，"中国已经以一个令人真正钦佩的效率和风格，发展了它的核技术。通过帮助他们完善英国的供应链，来与中国发展一种良好的合作关系，这当然包括两国的工程师、科学家和企业家之间的关系。这一点很重要。"

他认为使 NAMRC 帮助推进中国核电技术的一个方法，就是采用来自英国航空业的高效的生产技术："我们可以把最先进的制造理念引入核工业，这在空客和罗罗公司中都得到了验证，它可以提高效率、优化潜能。"

伯内特说，在五六年的时间内，一个构架完善的中国核技术的供应链可以为谢菲尔德市带来约 10 亿英镑的收入，可为英国带来 50 亿英镑的产值。他说："通过与中国携手合作，我们将会拥有一种销往世界各地的更便宜、更好和更安全的产品。"

MADE-IN-CHINA
MADE CHINA

智造中国

人类是个共同体，没必要甩锅

2001 年我到牛津，那时牛津还是钱钟书时代的牛津，华人学生并不算太多。我那届总共 34 个。华人学生不是个太大的圈子，所以逼你和各国学生混在一起，一起划船、喝酒，喝醉了爬楼顶被学院的院长喝止，做了各种在北大读书时没有做过的事情。甚至跟师兄在楼道吵架，被拎着耳朵从办公室到实验室，也有师兄接连一个月每天从美国打长途电话过来，一个字一个字地帮我改博士论文。而后十多年间，天各一方，各自忙各自的生活，成家立业，娶妻生子。

当我们还在嘲笑英国的群体免疫、美国的焦头烂额的时候，我要去问候的是一个个曾经一起开心快乐、嬉笑怒骂，一起成长的朋友、师长、同学和故人。他们正经历我们刚刚经历的一切。

我们这一代人跟上一代人不一样了。上一代人成长于冷战，你或者爱这个国，或者爱那个国，或者极端地从这个国家跑到那个国家去怒其不争。对手、敌人这种非此即彼的思维方式让上一代人习惯了选边站，每个人都在正义化自己的选择。

下一代人也跟我们不一样，他们是互联网的原生代，从小习惯了身边各种不同的文化。跨过网络，他们有不同的朋友，这些朋友有着不同的肤色、操着不同的口音。他们对国界和种族没有那么明确的感觉。

国家对国家可能是政治，但人对人，就是细化了的一个一个的友情，山川异域，风月同天，那些过往的经历塑造了我们，也将塑造未来的我们。疫情过后，我们怎样重建这些支离破碎的友情和亲情，取决于今天我们的态度。

什么是人类进入文明社会的标志？有人说是火，有人说是使用工具或使用文字，但有考古学家说是一段重新长好的断过的腿骨。即使是狮子这种强悍的群居动物，受了伤都意味着会被淘汰，无法自己捕猎，同部落的狮子在不好的季节都难以果腹，更别说照顾伤者陪它恢复了。然而人类可以，当人类可以照顾自己部落的亲人、朋友时，人类就具有了文明。对我来说，我小时候受到的教育是，北京猿人是我们的祖先，那是50万年前的事情，离我似乎真的很遥远。但十几年前，当基因考古学开始蓬勃发展并说明全世界这70亿人是7万年前的一个几百人的非洲小部落的后裔时，我深深地震撼了。科学不是冰冷的，它一样能撼动人心，激起人内心的同情。

我们曾经那么近，现在又那么近。只有这样的近，我看到的不是一个个慷慨激昂的说法，而是一个个的名字，一个个独立的存在。

我们以大国心态扛起自己的责任，没让病毒在这个国家泛滥成灾，并且迅速地积累了大量的一手经验。这些经验对人类来说是宝贵的，因为它真的是用鲜活的生命换来的。扛得起责任，也大度地与全世界共享，这是个成熟的大国心态。我们切忌有一种被迫害妄想症，也切忌有一种穷人乍富的心态，若不能以平和的心态面对当下，不能以宽容和悲悯的态度面对人类自身的另外部分，那就还是弱者的心态。我希望除了财富和GDP以外，我们该有个扛得起人类命运责任的大国心态。任何阴谋、任何反人类的狭隘主张，都是不合时宜的。就人类自身而言，我们是一个共同体。欧内斯特·海明威（Ernest Hemingway）在《丧钟为谁而鸣》(For Whom the Bell Tolls)中引用了英国诗人约翰·多恩（John Donne）的诗句：

没有人能自全，

没有人是孤岛，

每个人都是大陆的一角，

便是一寸土地，

一旦海水冲走，

欧洲就变小。

任何人的死亡，

都是我的减少，

作为人类的一员，

我与生灵共老。

丧钟在为谁敲，

我本茫然不晓，

不为幽明永隔，

它正为你哀悼。

中国的制度红利

　　中美关系将是接下来的几十年里，国际外交政策中最复杂也最重要的方面。中国是最大的贸易国、世界第二大经济体，人口是美国的 4 倍，仅需适度增长就可在 2030 年前后超过美国的 GDP。中国经济的大部分是开放的且允许竞争的，这为美国的公司以及亚洲和欧洲的合作伙伴提供了贸易和投资的机会。但是在全球几个主要的经济体中，中国政府拥有庞大的国有企业部门，成为政府行为能力的保障。和经济实力同步，中国在处理与周边地区的国际问题上也越来越自信。

考虑到中国的人口和 GDP 的规模，中国必然是围绕全球公共事务（例如气候变化、新冠肺炎疫情和经济发展）进行多边合作的核心。例如，中国也毫无疑问是世界上最大的碳排放国，并且正在为许多发展中国家的燃煤发电厂提供资金。像几年前的 SARS 病毒一样，这次的 COVID-19 病毒也首先在中国发现并得到有效控制。要想应对未来的疫情，其他国家则需要与中国密切合作，建立更有效的全球机制。另外，中国还是发展中国家较大的官方债权国。在疫情衰退期，许多贫困国家面临着为公共服务融资和偿还债务的难题。帮助贫困国家需要多边共同努力，而这离不开中国的积极参与。

中美之间不是纯粹的合作伙伴或竞争者或挑战者的关系，它是三者的综合体。要想有效应对这种复杂关系，发达国家的政策制定者必须摒弃单纯将中国视为竞争对手或敌人的简单思维。

后工业化社会的新型经济危机

经济危机爆发时资本主义的顽疾，每隔几年就会来一次，而且会愈演愈烈。其根源在于生产相对过剩。从现代资本主义开始，经济危机一直伴随着资本主义的发展而发生。资本家用资本开设工厂，失去生产资本的劳动力在工厂里出卖自己的劳力而获得报酬。资本家通过工厂获得剩余价值，即除去工人的劳务支出、机器的折旧和生产原料成本后，销售商品所获得的一切利润。让公司这部机器盈利，再盈利，成为所有公司的目的。资本家也毫不掩饰对利润的渴望。除了提高效率、降低成本，最直接的办法就是"开源节流"：增加工人的工作量，减少工人工资等劳务支出。

显然，这个办法从工业革命的早期一直到 20 世纪初都是奏效的。工人的工作时间，从 12 个小时延长到 16 个小时，没有安全保障，没有申诉权利。资本所有者认为，保证失业率高于 20% 就会让工人除了劳动以外没有其他选择，工厂外面会有大把的人等着进来。看到这一切，马克思有了关于资本家对待资本的著名论断：如果有 10% 的利润，资本就会保证到处被使用；有 20% 的利润，资本就能活跃起来；有 50% 的利润，资本就会铤而走险；为了 100% 的利润，资本就敢践踏一切人间法律；有 300% 以上的利润，资本就敢犯任何罪行，甚至去冒被绞首的风险。面对利润，自己的生命都可以用作筹码，何况工人？于是公司拼命生产产品，同时拼命压低工人的工资。当每一家工厂都这样做的时候，必然会导致整个社会生产的产品没人有钱来全部消费掉的局面，发给工人的总工资远小于生产出来的产品的总价值。资本主义的经济危机就发生了。1879 年到 1890 年，美国的经济增长为 55%，而工人的收入增长只有 2%，多出来的产品怎么办？倒掉、毁掉，这你就看到了，一面是工人没钱买食物饿着肚子，一面是成吨的牛奶被倒入密西西比河。马克思得出了这样的结论：一面不断生产，一面无力消费，经过一段时间的积累就会爆发经济危机，这样的生产过剩是无法从根本上解决的，资本主义会在一次又一次的经济危机中苟延残喘，最终在无产阶级的手里灭亡。说这话的时候，是 1848 年，资本、公司和无产阶级，都处在他们的最初阶段。

社会和观察它的人都会受到所处时代的局限，资本主义在 20 世纪初的发展导致了所谓不可调和的矛盾，但也是有解决方案的。1914 年，除了第一次世界大战，还有一件更重要的事情发生，这件事改变了资本主义的原始模式。这一年的 1 月 5 日，亨利·福特（Henry Ford）宣布公司 8 小时工作制，最低日工资为 5 美元，而当时流行的是 9 小时 2.34 美元的日工资标准。"让每个福特汽车厂的工人都买得起福特汽车"，是福特给每个福特汽车厂工人的梦想。从此，人们以进入福特公司为荣，每个工人都努力劳动来保住自己在公司的职位。在这之前，为了不耽误生产，汽车厂的每一个职位需要雇 30 名员工来备用，因此企业的运营成本实际很高，车的售价也非常高。稳定的工人团队，使得安排流水线作业成为可能，从而进一步降低了汽车的生产成本。福特汽车厂的改制更大意义上是改变了公司经营目的的唯一性，除了唯利是图之外，资本也考虑到提高工人的生活水准，提高他们的消费能力，使生产者与消费者角色融合，避免因为消费和生产之间的总额差异而产生相对过剩，最后爆发经济危机。从这一年起，资本家和工人从完全的对立、有你无我的不相容阶段，进入一种共生共荣、你有我有的阶段。历史并没有按照《资本论》最初的预言演化，因为资本和代表资本的公司的形式发生了变化。

这一阶段物质生产矛盾的解决创造了大量中产阶级，成就了工业化时代的美国梦。只要努力工作，就能买得起福特 T3 汽车，有房子有工作，晚餐有美国派，周日去教堂。中产阶级开始分享社会生产进步的成果，并且有现金存入银行，进行投资。银行和投资机构迎合了这一需求，而事实上却开始利用这种需求为自己创造高额的回报。然而接踵而至的对财富的贪婪很快便创造了另一种生产相对过剩，资本主义进入了第二阶段。一面是有限的社会财富增加速度，一面是金融产品在金融服务行业的贪婪下，无节制地不断叠加生产。

金融产品是一种有意思的东西，它可以"生出"一代又一代各种各样的衍生品。以最简单的期货模型为例，这几乎是教科书般的经典，我们借用这个说法。芝加哥是美国东西和南北铁路交通以及五大湖区水路运输的交会点，因此成为美国工业产品和农业产品交易的活跃地带，产生了期货交易市场。我们都会有这样的感受，如果知道了未来的收入和开销，就可以放心地安排今天的支出。你知道下个月能领到多少工资，大概会有多少日常的开支，就可以决定这个月是否可以置办些超出实际消费需求的奢侈品。工农业生产也一样，如果知道今年秋天大豆的产量和预售的价格，就可以在春天决定是否扩产、是否有闲钱来置办些农用大型机械以提高生产效率。这样的需求对于大豆的购买者而言同样是存在的。在秋天把大豆买来，可以做成不同的产品，如果人们提前知道大豆的产量和价格，同样可以提前准备相应的生产设施和人力，以免到时候因为设备不足，或者设备开工不足而眼睁睁看着赚钱的机会溜走。

然而粮食的产量和价格，尤其是提前半年或一年，买卖双方都无法预期和决定。它取决于天气、全球产量以及许多不可预期的因素。于是银行出面，以银行的金融资产来为买卖双方作担保，对农民说保证到秋天后可以以某一价格出售大豆，对大豆的收购者说保证可以以某一价格来收购大豆。万一出现天灾人祸，秋天的大豆价格没有兑现预期价格，产生的损失由银行来承担。当然这样的服务不是免费的，银行要收取一定的服务费。正常的情况下，当买卖双方到秋天按照预期价格交易的时候，买卖双方都会很满意，银行也因此获得收入。当出现很多这样的需求时，银行可以通过平衡和估算来使得自己的利益最大化。这些农产品在生产之前给出的具有一定期望值的货物凭证，就成为期货，到时按预期交付。对银行来说，这是风险承担所带来的收益。当数量和交易范围够广泛的时候，银行可以说是稳赚不赔的。既然有一种稳赚不赔的东西，这些东西本身也可以被交易，于是在期货上面就衍生出了新的用来交易期货的行为和保证它增值的金融服务，成为各式各样的金融衍生品。

上海话剧院有一出话剧叫《资本论》，其中描述了两个令人印象深刻的情景。为了让话剧院生存下去，话剧院决定上市发行股票。每一个来看话剧的观众不仅可以买到门票，而且这些门票还可以兑换成话剧院的股票。如果话剧院的话剧总是很受欢迎，剧院就会越做越好，那么它的股票就会越来越值钱。那么怎么才能知道话剧受不受欢迎呢？可以在剧场里安装分贝检测器。掌声和欢呼声的分贝越高，持续时间越长，就说明话剧越受欢迎。分贝检测器的结果实时发布到股市，反映话剧院的经营情况，跟话剧院股票的价格直接挂钩。一切看起来都合情合理。然后，出现了奇怪可笑的场景：一群观众在剧场里疯狂地叫喊和鼓掌，分贝检测器的数据一个劲儿飙升，股票的价格也确实越来越高，更多股民争相购买，而舞台上却空无一人。另外一个类似的例子是高校的学术排名。当引用率代替了掌声，办一所大学也就像办剧院一样，学者们互相点赞就可以推高文章的重要性指数，堆积成本校教授的论文重要性指数，再堆积成为学校的论文总排名，进而转化为学校的国际排名。同样的模式也可以复制在比特币上。

另外一个情景是剧院老板花了大价钱约了华尔街大佬吃午饭。大佬给他讲了这样的一个故事。他写一张支票，承诺 3 年之后可以取到 10 亿美金，但需要剧院老板花 1 亿美金来买。剧院老板买了之后，出门可以按照 2 亿美金把这张支票卖给另外一个人，那人想想有 10 亿美金可以收，于是掏钱买了。这样一直转手到第九个人。3 年到了，他满怀欣喜地去取这 10 亿美金的时候发现根本没钱可取。投资有风险，入市需小心。但前面的 9 个人每个人都赚到了 1 个亿。

玩一个简单的博弈游戏。A、B、庄家三人参加。规则很简单，庄家手里有 100 块钱奖金，A、B 两个人出价高的不仅可以赢得庄家的 100 块钱奖金，而且可以把对方已经下注的钱赢走。赌局开始，A 出 1 块钱，B 出 2 块钱，A 自然要加价为 3 块钱，B 加价为 4 块钱。这样一直下去，直到 A 出到 99 块钱，B 还能再出钱吗？他如果不出的话，已经押下去的 98 块钱就都输了，而 A 会赢得 198 元。很快你就会发现，那个最初的奖金已经不重要了，而 A、B 两人都无法脱身，赌注已经远远超过 100 块。这时，A、B 不是为了赢得奖金，而是为了避免损失而不断地增加赌金。

　　类似的游戏可以包装组合成各式各样的金融衍生品，然后卖给自以为聪明的投资者。在这些投资过程中会有真实的回报，也会有真实的损失。当金融衍生品被不断地生产，而社会价值并没有对应增长的时候，就导致了新形式的生产相对过剩。因为贪婪而无限制生产的金融衍生品对于有限的社会生产力之间的相对过剩，也会隔几年就发生一次，愈演愈烈，每一次都会造成巨大的社会财富的损失，甚至是惨烈的席卷全球的冲击。从 1929 年开始，或者向前延伸到 1914 年，从那时起中产阶级大量产生，他们有了足够的闲置资金进入银行等金融机构，直至 2008 年席卷全球的金融危机爆发之后，越来越多的国家认识到金融需要社会参与监管，或者说一定程度的社会公共组织行为的宏观调控。

　　对比 19 世纪的物品生产过剩和 20 世纪的金融产品生产过剩，我们可以看出，生产过剩导致的经济危机无论是波及的范围还是剧烈程度都有了量级上的提升。进入 21 世纪，尤其是进入后工业化社会，当我们把社会生产分割成知识生产、制造、消费这三个阶段的时候，我们不得不担心也会发生类似的情况。知识生产会过剩吗？不难发现，知识生产过剩来源于两个方面。

　　一是来自企业技术竞争中的知识生产过剩。后工业化社会里的大中小型企业会不自觉地被卷入研发竞争中。每一个企业都在强调技术领先性，而政府和投资人也在不断加强这一印象，不断鼓励研发竞争以提高技术壁垒。于是整个社会都在强调知识生产，而事实上，企业所从事的大量孤立的知识生产都是重复的。这一家企业和那一家企业 90% 的研发都可以是高度类似的。整个社会里的企业都在这样的知识生产中被迫赶考，而实际的生产过程却消化不了这么多的科研成果，这本身就是对社会资本的极大浪费，最后会造成知识生产相对于产业需求的相对过剩。这一点笔者在 AMRC 经历的波音和空客的共享研发中深有体会。

二是来自科研机构的知识生产过剩。当我们在基础科研中大量投入资金，加强基础研究时，就有老先生说"盛宴已过"。每个科研人员都在强调自己科研方向的重要性，要求社会为自己的兴趣买单，为未来可能的突破买单。但我们可以看到，有多少专利最后会束之高阁。前面提到麻省理工学院 2019 年的科研投入达 18 亿美元而知识产权转化收入仅为 3480 万美元的时候，我不禁按了下计算器，结果是 1.93%。这不是个很糟的数字，以我在大学工作多年的经验来看，我敢说很多大学远不及此。当然，我们也可以说大学的主要任务不在知识生产，而在人才培养。对，我们习惯于要求社会为未来买单，就像期货所制造的金融衍生品一样。高校的科研成果无法顺利转化为推动产业升级的技术，从而造成的"堰塞湖"现象，同样会造成知识生产相对制造的生产过剩。不难想象，相对于从物品生产到金融衍生品生产的相对过剩而言，我们在后工业化社会中即将面临的知识生产过剩会更加剧烈，而且破坏性恐怕会更大，毕竟，我们有了人工智能作为帮凶。

当你读完这本书的时候，希望你会发现 AMRC 所创造的知识共享模式是至今看来针对这个问题最好的解决方案。这几乎是我们应对之前几种形式的生产相对过剩的全部经验：避免生产相对过剩的手段是，一定程度上由社会公共力量来组织生产和协调。它避免了企业间由于无序竞争而盲目生产大量重复的知识，同时使以大学为代表的研究机构可以将其研究成果系统性地输送给制造企业。或者说，这个模式所提倡的需求导向的知识生产和最大可能的知识共享，极大限度地降低了盲目知识生产造成的社会财富浪费。波音与空客在一起做研发提高供应商技术水平的场景代表了未来的趋势，人工智能轰轰烈烈的开源运动也代表了这种趋势。

这种知识共享组织的形成，对 AMRC 而言是以波音为主导赋之与大学的市场行为，在中国，其具体形式可以转变为由政府或大型国有企业来主导，这多是由历史的具体发展历程决定的。这种由政府和大型国有企业来代表社会力量的规划性组织，对中国来说并不陌生。从另一个角度来看，AMRC 把知识生产变为一种有序的社会组织，有效地利用共享机制来避免社会浪费，为更多的企业提供研发服务，最大限度上避免由知识生产过剩而导致的新形式经济危机，是一个富有社会主义式精神的解决方案。

科技成果转化的新模式

汽车刚被发明时，是个奢侈品，就像今天的私人飞机或定制豪车一样。这些奢侈品之所以贵，主要原因在于其生产和订单的不稳定，几乎每一辆车都要定制。由于订单不稳定，20 世纪初的汽车厂都是先接订单，再找工人来生产，缺什么补什么。因为没有稳定的订单，工厂也不会长期聘用工人，反过来，工人就会对每一次单独的雇用收取很高的工费。诸多因素下来，交付的日期也并不确定。小的零件缺少或关键的技术工人没及时到位，就会使整个生产过程延误好几个星期。这时汽车的生产成本自然很高，只有确实有钱的闲人可以把汽车当奢侈品买来玩。1914 年，福特汽车厂改制，发明了流水线，每一个专业位置的人都做自己最擅长的事，从而大大提高了生产效率，让订单稳定完成。订单稳定完成，企业就可以有效地管理供应链，进一步降低生产成本。

同样的规律也适用于新技术的转化。我们通常会将"技术导向"作为新技术孵化的标准模式。从 TRL1-3 级阶段的技术出发，拥有核心技术或想法的高校教授或其弟子，把科研成果拿出来，拍脑袋想个估值，只要投资人认可，这个技术就可以从天使轮开始，首先产品化，能够稳定生产后再商品化，以便能够卖得出去。这个企业良好运作，上市，投资人退出。问题是，科学家往往需要经过二三十年的训练才能在自己的领域内小有成就，按国内的规律，才能成为正教授，有一定的自主空间。而后面从产品化到商品化，再到企业良好运作、上市，投资人希望三四年的时间就能完成这一过程，因为"募投管退"这一系列投资动作做完，大多五年投资期的就要退出离场。这种技术孵化流程像极了福特汽车厂改制之前的汽车生产工业，先有订单，再去找可以设计、生产汽车的全能工程师，由这位工程师来组织所需的资源。具备这种能力的人员的紧缺，也造成了汽车生产成本的居高不下，汽车最后成为奢侈品。同样，由于从新技术原理到产品化，从产品化到商品化，再从商品化到企业运营成功，每一步都是前面的稳定性乘积，每一步的概率都不高，所以这样的投资失败率很高，即对资本的浪费是巨大的。对科技的投资也因此成为一个小众、高风险的活动，凭感觉和看人品，就像幸存者偏差，永远讲那几个自己成功的案例。

但我们看到，像 AMRC 这类的研究机构是以"需求导向"为原则的定制化技术开发，像工业 4.0 一样的消费定制化生产，"需求"由企业提出。企业会根据自身的行业经验和市场判断，远比科研人员和投资人更了解技术走向。企业根据自身的生产规模、销售规模，可以更为准确地知道新技术到了这里后多长时间能够变现，多长时间可以盈利收回研发成本。在双方合作的前提下，由 AMRC 这类机构来完成工程化研发，实在解决不了的问题再回到大学做基础研究，由教授带着博士生来解决卡脖子的核心问题。同样，科研人员掌握的核心技术，由工程师来完成工业化阶段的研发，再把这些相对成熟的技术交付给企业运营。整个过程适时地由资本介入，以合适的投资规模来适应不同的技术发展阶段，这样可以有效避免资本的浪费。我们常见的案例是，技术创始人按照自己所预想的价格来与天使投资人协商一个天价的估值，融进一大笔钱。这一阶段做产品化研发并不需要这么多钱，还需要大规模试错，但因为不缺钱，所以初创企业花起钱来也很大方。资金消耗得差不多了才找到产品方向，等产品要上市了，才发现资金不够用了，很多新技术公司死在 A 轮融资之前，就是这个原因。即使死不了，因为账上资金不够规模化生产，也不得不降价融资，这对于一个新技术企业的发展来说，都不是好的信号。

AMRC 创造了一种新技术孵化流水线的作业模式。正如 1914 年，福特汽车厂引入了生产流水线，把一些高校探索的技术经纪人孵化模式升级为流水线式，从而支持新技术落地，最大限度地避免知识生产过剩所造成的资本浪费。

工程师团队系统地介入原理性研究，和产业生产之间构成了"画龙点睛"的工作协同。由工程师完成画龙工作，点睛的核心动作由原发的技术团队，通常是研究院所的教授团队来完成，每一阶段都在做最专业的事情，从而使得产业转化的效率大幅度提高。

我们发现，这样的模式对高校的发展也是有益的。由工程师团队作为护城河和缓冲带，围绕在大学的基础技术研发团队和教授团队周围，这样可以有效地过滤企业的需求。很多企业的需求是工艺问题和流程问题，好的工程师足以解决。这些活跃在大学周围的工程师有足够多的机会接触到先进的科技发现，并能把这些发现转化成解决企业问题的方案。工程师团队实在解决不了的问题，才是真正卡脖子的核心问题，才值得教授团队联合攻关。而很多时候，这些问题就淹没在企业的众多需求中，厘清这些问题并提炼成科学问题是需要大量的精力和专业技能的。工程师团队在大学周围存在，可以有效地支撑大学的基础研究，使科研能够从想法变成可实施的方案，这也有利于大学里研发的技术沉淀下来，发展起来，推广出去。

AMRC 一定意义上给出了一个能够适应知识生产、制造和消费三个阶段的后工业化时代知识生产过剩新阶段的富有社会主义精神的解决方案：建立高效的共享机制和适度计划下的有效组织知识生产，从而避免社会财富的浪费。这种公共研发机构的组织，需要政府、高校、企业、资本的联动和全方位配合。中国的社会主义运营经验，具体体现在世界公认的政府动员能力和组织能力，这些能力也可以想象是这种联合机制建立的最佳土壤。如果这种知识生产过剩会成为继物品生产过剩、金融产品生产过剩之后的人类社会的新问题，我们相信知识生产新模式的及早形成会协助人类有效避免尚未规模化发生但又具有灰犀牛潜质的危机。

三场必须面对的战争

古埃及是研究人类社会的一个很好的例子。长达四千年的文明历史，经历了从发生到辉煌再到消失的全过程。随着诸多文献被破译，我们对埃及人的生活细节有了更多的了解。最近这些年的研究发现，金字塔不是奴隶建造的。考古发掘的文字记载了建造金字塔的出工记录，类似今天的考勤簿。建造金字塔的工人不出工而请假的原因形形色色。有说昨天晚上喝多了，有说今天要参加朋友的婚礼。位于金字塔附近的工人的临时住所也完全不像奴隶的房子，里面有着宽大的空间和舒适完整的配套家居。那么，没有奴隶主的压迫，人们为什么要去建造金字塔呢？认为法老要通过金字塔回到太阳神身边的这种信仰自然是一个解释，但我会从宗教的社会意义层面来说明我的观点。尼罗河孕育了古埃及文明，每年尼罗河都会定期发大水，大水退后，留下了肥沃的淤泥。古埃及人在这些泥土上种植庄稼，工作半年全年不饿。那么剩下这半年干什么？人永远有一颗躁动的心，吃饱喝足，没事情做的大量人口对统治者来说是个灾难，对社会来说也不是一件好事情。于是法老和神职人员用信仰使古埃及人以虔诚的心来消耗时间和体力：建造金字塔，为每一个法老建，要越建越大。

不得不说，这促成了古埃及文明的长期延续。当埃及人不再相信法老，不再为法老修建庞大的陵墓和宫殿时，古埃及人创造的文明也就迅速地在地球上消失了。

古埃及文明消失后的两千年，工业革命从英国开始。这一时期的工业文明改善了人类的生存环境，使人类文明进入现代。生产力水平和生产效率大幅度提高，顺便说一句，这也造成了人类历史上迄今为止很多发达国家最大规模的失业。曾经达到人口总数 95% 的农民，在这一时期后统统失业，如今只剩不到 5% 农业人口，但足以养活所有人，90% 的人失业了。由此看来，我们完全不必担心机器取代人类会造成失业。人类的经久不衰就在于不断地创造新的需求，从而创造新的职业。

先期工业主要集中于高耗能、高污染和劳动密集型产业。随着各国陆续完成先期工业化，社会财富大量积累，社会福利大幅提高，完整的社会保障体系逐渐建立起来。虽然还存在这样或那样的问题，但总体来说，中产阶级大量产生，社会进入比较稳定的枣核形结构。这一过程，从英国开始，扩散到欧洲，美国又推起了一波，进而是中国。2019 年，中国的人均 GDP 达到一万美元，这也标志着中国正式成为后工业化国家中的一员。

后工业化国家里，先期工业产业已经不再能适应社会发展的要求。高耗能、高污染、劳动密集型的生产模式成为人们在基本生活需求得到满足之后进一步提高生活质量的阻碍，因而被后工业化国家慢慢淘汰，转移到还没有完成先期工业化的国家。这集中体现在后工业化国家中人们收入的增加和对生活环境、生活品质的需求的提升。对这些国家的企业而言，生产成本也大幅度提高，包括能源成本、环境成本和人力成本。

但后工业化国家面临着一个社会问题：旧的工业不在了，新的工业在哪儿？

新的工业除了继续保持社会经济的稳定发展，更重要的是，让人们有事可做。对于没有完成工业化的国家而言，"手停口停"，人们忙于赚钱，白天不工作，晚上就没饭吃。对于后工业化国家而言，完整的社会保障体系已经实现了即使长期没有工作，人们也不会饿死。有了时间会做什么？

对美国而言，20 世纪 80 年代经历了后工业化国家的旧工业衰退，造成了五大湖区的锈带。在这些地区，毒品成了一个主要的社会问题。一个美国中部的县级监狱，关押的近 1000 名犯人，其中 3/4 都跟毒品相关。

对中国而言，迅速泛滥的短视频娱乐和网络电子游戏，是这个问题的另外一种体现。

升级制造业，创造更多新的工作机会，是这个问题唯一的解决方案。要记得，金字塔的建造也属于制造业。随着中国加入后工业化国家俱乐部，后工业化国家的人口总量占到了世界人口的一半，经济体量占到了全球 3/4。后工业化国家的新出路，成为关系到人类未来命运的共同战争。

中国的旧工业衰退，过去几十年已经在东北地区初露端倪。东北老工业基地，跟美国五大湖区的锈带面临着同样的问题，而且问题正在扩大化。

锈带在最近的两年里像瘟疫一样迅速蔓延到中国其他地方。从江浙地区一直延伸到广东，2018 年下半年开始，大量工厂关闭，不仅台资、港资以及外资在撤离，内地资金也在撤离。越来越多的中国制造业企业家把在江浙地区和大湾区的工厂关掉，设备运到越南和东南亚，以近乎 1/4 的价格雇用更多的工人维持和扩大原有的产业。即使钱能挣回到中国，但产业还是空心化了，本地的失业工人如何找到新的工作？

解决后工业化问题，促进制造业的发展，以实现共同富裕是我们面临的第一场战争。

太平洋的彼岸，美国正在紧锣密鼓地实施自救。但我们知道，特朗普式的孤立的闭关锁国的办法显然是无效的。土地、能源、交通和金融成本，这些制造业的核心要素，美国已经比中国更便宜了，唯一还剩人力成本。数字化和人工智能技术在制造业领域的广泛应用，就是在迅速降低人力成本。把制造业的发展成本降到比中国更低，从此以后全球的产业竞争优势就会偏到美国这一边。

高端制造业还没发生，劳动密集型制造业迅速离开，留给中国的时间并不多，再加上所谓的针对中美制造业竞争的"特朗普窗口"。不进则退，未来的制造业和随之流动的金融，一定会流向成本洼地。若不能有力把握和面对这个窗口的机会和挑战，Made-in-China 恐怕就会成为历史，中国将陷入长期的缓慢发展中，未富先老的经历是所有后工业化国家都会面临的问题。当然，中美之间的良性竞争对全世界而言是好的。

中美之间关于新的国际秩序的竞争，是我们面临的第二场战争。

作为一个受过极好量子调控实验训练的物理学家，我创办了一家漂亮的人工智能公司，也在学术界做着还没有得到官方认可的 AI-NOT 研究。我聚集了一批艺术家、物理学家、历史学家和工程师等，大家一起研究什么事情是人工智能做不了的。多多少少我们都会有些心得和证据，证明这样或那样的人工智能做不了。但夜深人静时，我常常想象自己就是电影《终结者》(*Terminator*) 中的人类反叛军领袖。当机器统治的时候，我们不得不站出来，钻到地下去，成为义军，对抗机器的暴政。天边走来了新物种，他们会做什么，我们该做什么。我不想我的孩子长大了，发现今天我教给他的事情，机器做得比他都好。机器对我们来说，是机遇也是挑战。我乐观地相信人类的最终胜利，但我有时也会有 1% 的怀疑。

面对新物种，是我们面临的第三场战争。

1931 年，伟大的天才数学家戴维·希尔伯特在面对他心目中人类的战争的时候，说了这样的豪言：

> Wir müssen wissen，wir werden wissen.
> We must know，we will know.
> *我们必须知道，我们必将知道。*

虽然事实上，希尔伯特一天之前就输掉了他的那场战争。我想我们这一代人，面对这三场战争，我们必须胜利，我们必将胜利。

2021 年 11 月于清华园

未来，属于终身学习者

我这辈子遇到的聪明人（来自各行各业的聪明人）没有不每天阅读的——没有，一个都没有。巴菲特读书之多，我读书之多，可能会让你感到吃惊。孩子们都笑话我。他们觉得我是一本长了两条腿的书。

———— 查理·芒格

互联网改变了信息连接的方式；指数型技术在迅速颠覆着现有的商业世界；人工智能已经开始抢占人类的工作岗位……

未来，到底需要什么样的人才？

改变命运唯一的策略是你要变成终身学习者。未来世界将不再需要单一的技能型人才，而是需要具备完善的知识结构、极强逻辑思考力和高感知力的复合型人才。优秀的人往往通过阅读建立足够强大的抽象思维能力，获得异于众人的思考和整合能力。未来，将属于终身学习者！而阅读必定和终身学习形影不离。

很多人读书，追求的是干货，寻求的是立刻行之有效的解决方案。其实这是一种留在舒适区的阅读方法。在这个充满不确定性的年代，答案不会简单地出现在书里，因为生活根本就没有标准确切的答案，你也不能期望过去的经验能解决未来的问题。

而真正的阅读，应该在书中与智者同行思考，借他们的视角看到世界的多元性，提出比答案更重要的好问题，在不确定的时代中领先起跑。

湛庐阅读App：与最聪明的人共同进化

有人常常把成本支出的焦点放在书价上，把读完一本书当作阅读的终结。其实不然。

时间是读者付出的最大阅读成本
怎么读是读者面临的最大阅读障碍
"读书破万卷"不仅仅在"万"，更重要的是在"破"!

现在，我们构建了全新的"湛庐阅读"App。它将成为你"破万卷"的新居所。在这里：

● 不用考虑读什么，你可以便捷找到纸书、电子书、有声书和各种声音产品；

● 你可以学会怎么读，你将发现集泛读、通读、精读于一体的阅读解决方案；

● 你会与作者、译者、专家、推荐人和阅读教练相遇，他们是优质思想的发源地；

● 你会与优秀的读者和终身学习者为伍，他们对阅读和学习有着持久的热情和源源不绝的内驱力。

从单一到复合，从知道到精通，从理解到创造，湛庐希望建立一个"与最聪明的人共同进化"的社区，成为人类先进思想交汇的聚集地，与你共同迎接未来。

与此同时，我们希望能够重新定义你的学习场景，让你随时随地收获有内容、有价值的思想，通过阅读实现终身学习。这是我们的使命和价值。

本书阅读资料包
给你便捷、高效、全面的阅读体验

本书参考资料
湛庐独家策划

- ✔ **参考文献**
  为了环保、节约纸张，部分图书的参考文献以电子版方式提供

- ✔ **主题书单**
  编辑精心推荐的延伸阅读书单，助你开启主题式阅读

- ✔ **图片资料**
  提供部分图片的高清彩色原版大图，方便保存和分享

相关阅读服务
终身学习者必备

- ✔ **电子书**
  便捷、高效，方便检索，易于携带，随时更新

- ✔ **有声书**
  保护视力，随时随地，有温度、有情感地听本书

- ✔ **精读班**
  2~4周，最懂这本书的人带你读完、读懂、读透这本好书

- ✔ **课程**
  课程权威专家给你开书单，带你快速浏览一个领域的知识概貌

- ✔ **讲书**
  30分钟，大咖给你讲本书，让你挑书不费劲

湛庐编辑为你独家呈现
助你更好获得书里和书外的思想和智慧，请扫码查收！

(阅读资料包的内容因书而异，最终以湛庐阅读App页面为准)

图书在版编目（CIP）数据

智造中国 / 马兆远著 . -- 北京：北京联合出版公司，2022.1

ISBN 978-7-5596-5802-9

Ⅰ.①智… Ⅱ.①马… Ⅲ.①智能制造系统—制造工业—工业发展—研究—中国 Ⅳ.①F426.4

中国版本图书馆CIP数据核字（2021）第261329号

上架指导：商业 / 趋势

智造中国

作　　者：马兆远
出 品 人：赵红仕
责任编辑：管　文
封面设计：ablackcover.com
版式设计：湛庐CHEERS 张永辉

北京联合出版公司出版

（北京市西城区德外大街 83 号楼 9 层　100088）

唐山富达印务有限公司印刷　新华书店经销

字数 323 千字　710 毫米 × 965 毫米　1/16　24 印张　1 插页

2022 年 1 月第 1 版　2022 年 1 月第 1 次印刷

ISBN 978-7-5596-5802-9

定价：99.90 元
